武术与武术文化教学

王　磊◎著

北京工业大学出版社

图书在版编目（CIP）数据

武术与武术文化教学 / 王磊著 . — 北京 ： 北京工业大学出版社，2020.4（2021.11 重印）

ISBN 978-7-5639-7343-9

Ⅰ . ①武… Ⅱ . ①王… Ⅲ . ①武术－传统文化－教学研究 Ⅳ . ① G852.02

中国版本图书馆 CIP 数据核字（2020）第 061532 号

武术与武术文化教学

WUSHU YU WUSHU WENHUA JIAOXUE

著　　者：王　磊

责任编辑：李　艳

封面设计：点墨轩阁

出版发行：北京工业大学出版社

　　　　　　（北京市朝阳区平乐园 100 号　邮编：100124）

　　　　　　010-67391722（传真）　bgdcbs@sina.com

经销单位：全国各地新华书店

承印单位：三河市明华印务有限公司

开　　本：710 毫米 ×1000 毫米　1/16

印　　张：18.25

字　　数：365 千字

版　　次：2020 年 4 月第 1 版

印　　次：2021 年 11 月第 2 次印刷

标准书号：ISBN 978-7-5639-7343-9

定　　价：52.00 元

前　言

　　文化是一个永恒的主题，是民族的血脉，是人们的精神家园。中国的文化传承了五千年，武术在发展的过程中集中体现了中华先民的生存智慧与积极的生活态度，是中华民族几千年传统文化智慧的结晶。今天，武术文化的传承与发展也面临着新的挑战，让传统武术文化在校园中发扬光大，让武术文化的思想精华引领学生建构积极完善的核心素养体系，成为学生的立身之本，是学校武术教育中必不可少的一项基本内容。

　　中国武术教育真正开始是在清末民初，武术在这个时期作为一种民族体育的抽象化代表，获得前所未有的发展机遇，不仅仅只是技术上的改进、观念的转换，而且是武术与文化思潮的紧密结合。民国时期武术教育在顺应社会现实脉络和自身演进中经历了初始、探索、全盛、滞缓四个阶段。从中华人民共和国成立到现在，学校武术教育不断得到加强和完善，其传承方式也由封闭、保守的"师徒制"变为开放、高效的"学校班级授课制"。武术能在国民体育教育中得到重视，是因为武术自身的文化，其诞生以来集技击之大成，取养生之精华，形成了享誉海内外的特色文化体系，蕴含了中华传统文化的精髓。现代社会文明需要传承，也需要思路的更新和换代，这些都是文化实践的一部分，依赖于教育的传播、交流与升华。选择武术和武术文化作为教育的重点，外可强健体魄、内可修身养性，最终达到育人的目的。当中国武德成为真正能代表中国人身份的文化标志时，我们会更加懂得民族精神的内涵，最终能够自信开放地屹立于世界多元文化之列。

　　全书分六个章节来进行系统的论述。第一章是武术概述，从多个方面简单介绍武术；第二章是武术文化与中华传统文化的关系，重点论述武术文化的概念、中华传统文化对武术文化的影响、武术文化与中华传统文化的融合；第三章是武术教学与学校民族传统体育发展路径，主要探讨武术教学中文化缺失的表现、学校民族传统体育发展路径；第四章是武术教学与文化传承，重点阐述

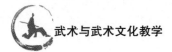

武术教学中的文化传承、武术教学对当代文化传承的价值、武术教学文化性传承的路径选择;第五章是武术教育的历史演变,对20世纪武术教育兴起的背景、武术教育不同时期的阶段性特征、武术教育在历史沿革中的思考、武术教育的当代使命进行进一步探讨;第六章是武术教学课程的基本内容与创新,对武术的基本功与基本动作、武术徒手套路教学内容、武术器械套路精选、武术文化教学的问题分析、武术文化教学的实践创新进行了详细讲解;第七章是武术教育改革与未来展望,主要论述了新时代武术教学理念的内涵重塑、武术教育国际化发展研究。

本书从武术文化、武术教学两大方面进行论述,试图揭示武术本身的教育与文化内涵,探索武术的文化价值和教育价值,为武术在我国当前教育系统中如何更好地发挥作用提供实例借鉴或理论参考。全书对概念、理论、原则问题会有较为全面的讲解,对一些难以理解的观点也会进行举例说明。全书在解释内容方面十分详细,以加深读者阅读和理解的印象。总的来说,本书是一本理论翔实、内容丰富的研究著作。

本书所涉及的内容较为广泛,笔者在撰写本书时参考和借鉴了大量的相关理论著作,得益于许多同仁前辈的研究成果,既受益匪浅,也深感自身水平有限。希望广大读者在翻阅本书后,对于书中出现的问题和不足,提出宝贵意见。

目　录

第一章　武术概述

中国武术有着悠久的历史，是中国传统文化的代表之一，受到各族人民的喜爱，在海内外都有很高的声誉。同时，武术更是一种充满魅力的运动项目，有着观赏和实用价值。本章是对武术的概述，从最基础的方面来介绍武术。

第一节　武术的基本概念

从历史上看，有不少归属武术类的名称。不同时期对武术的叫法不尽相同，春秋战国时期、汉代、清朝初期、国民时期分别将武术称为"技击""武艺""武术""国术"。1985 年，国际武术联合会筹委会的章程草案中统一使用"武术"一词，外文统一音译为"wushu"，此后成立的欧洲、亚洲、南美洲、非洲等各武术联合会均同意使用"武术"一词。

随着时代的发展，武术器械及武术套路发生了巨大的变化。人们不再使用冷兵器，专业的武术器械得到了广泛应用，拳械套路涌现，对抗性项目及武术竞赛逐渐规范，规则的制定逐渐完善，武术已经成为体育运动项目的重要组成部分。

武术是内在与外在兼修的中国民族传统体育运动项目，它以中国传统文化为理论基础，以踢、打、摔、拿、击、刺、劈、砍、扎等攻防格斗作为素材，其运动形式以功法、套路和搏斗三种形式呈现。

一、武术的概念

"武术"一词在中国古代各时期及各文学作品中代表的含义有所不同。在甲骨文中，"武术"的本义为"城邑中的道路"。在《辞海》一书中，"武"字有"军事战争""勇猛"两重含义。随着时间的推移，"武""术"的含义逐渐得到引申，在《说文解字》中，"术"字被解释为方法、技术。中国文化

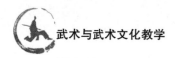

博大精深，从"止戈为武"这个成语中可以看出，"武"字是由"止"和"戈"二字组合而成，其含义也是一目了然，能够止战争才能称之为武。

武术无论是在古代被称为"武舞""技击""武艺"，还是在现代被称为"武术"，攻防格斗的特性始终是其最典型且区别于其他运动项目的主要特征。

"武术"一词的名称由古代的"戎""兵"演变至如今的"武术"，简称"武"，它是指中国古代人搏击厮打过程中所展现的内容及形式，包括功法、技能以及艺术三个方面。武术对中国古人来说至关重要，是中国古人攻守本能、攻守意识以及生产劳动本领的升华，是中国古人决胜的基础。其产生于中国古人的攻守意识，源于中国古人的攻守本能，发展于中国古人的生产劳动，检验于中国古人的搏打厮杀，实践于中国古人的攻杀战守，实现于中国古人的表演娱乐，实施于中国古人的修身养性，调和于中国古人的导引养生，应用于中国古人的守病治病，运行于中国古人的心智开发，运化于中国古人的益寿延年，运动于中国古人的身体锻炼，表现于中国古人的体质增强，是中国人心灵深处、文化深处、基因深处不可或缺的激发因子。

技击是中国武术的重要特点之一，技击方法灵活多变，内容丰富，形式多样，古时不受竞赛规则的约束和限制，具有较强的实用性和观赏性。中国武术技击方法按照意图、效果和核心动作特点等，可归纳为踢、打、摔、拿、击、刺等。武术项目的功能具有全面性，其技击动作是在身体各部位器官的共同作用下完成的，技击方法主要由腿法、拳法及掌法三大功法构成，还包括手部的勾法、爪法、桥法，臂部的肘法以及进攻时全身性的挤、撞、靠等动作。

中国武术的门类派别繁多，各流派的拳种、套路及器械的选择不尽相同，技击体系的多样性特征正是由各流派技击法不同的技术要求、动作结构、动作风格及运动量大小自由组合而形成的。

（一）武学的含义

武学又称"武艺学"，也叫"武术学"，是中国古人对中国武术的系统分析、完整阐述和全面辩证探索，是研究中国武术功夫、技艺、攻守、表演、导引、养生、健身，以及战术、战略、打法、阵势、智谋、德行等理论方法的一门科学。中国武学源于中国武术，是为武术运动服务的。而武术反过来又检验着武学，为武学提供素材，是中国武学的核心，即阴性主体。

武学将人与人、人与自然的斗争紧密联系在一起，并运用科学严谨的方法，从宏观上对人体运动与人体内在的各种联系和外在的各种联系以及内在与外在之间的相互联系进行研究，进而阐明武术运动的基本规律，为武术攻守、表演、导引、养生、健身服务，从而使武术成为一门具有东方特色的体育学科。

（二）武术基础理论

从阴阳学说来讲，中国武术基础理论是中国武术理论体系的阴性主体；从道气学说来讲，它是中国武术理论体系的禀性主体；从五行学说来讲，它是中国武术理论体系的金性主体，是用来研究和阐明武术基本概念、基本原理、基本构筑和基本规律的一门学科。它包括整个武术理论体系的基本知识、基本学说、基本藏象和基本章法，主要内容由阴阳、道气、五行、循径等方面构成，无论哪门、哪派、哪个拳种都离不开中国武术基础理论的支撑。因此，武术基础理论是学习和掌握中国武术各门学科知识和技能的理论基础，是研究和探讨中国武术的必修内容。

二、武术的文化表现

中国传统体育文化与西方体育文化所依存的社会环境、思想基础、价值取向以及体育传播的文化交融条件不同，是两种截然不同的体育体系。中国传统体育文化带有中国文化的特质，是具有鲜明的中华民族特色的体育文化形态。随着社会的进步与时代的变迁，西方体育文化在一定程度上对中国体育文化产生了影响，中西方体育文化的融合成为不可逆转的趋势。作为中华民族传统体育的代表性项目，武术在传授方式上得到了明显的改变，其传授不再局限于各流派师徒间的教授与传承，而是融入学校体育教育的范围，武术也随之被归类于体育领域。武术的技击性以竞赛的形式寓于体育之中，其增强体质及提高进攻防守技能的作用得到了广大群体的认可，并在各群体之间通过演习、训练以及竞技等形式进行技能、技巧及功力等方面的比拼。

武术作为在独特的环境中孕育和发展起来的中华民族传统体育项目，与西方现代体育相比，体育的本质及所追求的体育理念有所差别。西方体育与资本主义的市场竞争机制及发达的科学技术紧密结合，以竞技体育为中心，遵循人体结构、运动规律及原理，以提高运动技能及成绩、获取比赛胜利为最终目的，具有明显的世界性、科学性和竞争性。武术的理念与中国古代思想文化相结合，受到具有极强稳定性及鲜明独特性的中国社会文化背景的影响，使武术表现出典型的整体观特征，始终以人与自然的统一、人体生理与心理的统一为练习的出发点和归宿。武术巧妙地将人体的精神、意识和气息的运行与人体手眼身步的活动紧密结合，做到了"内外合一""形神兼备"。武术承载着中华民族传统文化的精髓，中国古人将世间万物与"做人"紧密相连，任何事情都要以做

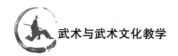

人为目的，武术文化中对"德""仁"的重视、对爱国主义精神的彰显，武术礼仪中的礼让为先、有礼有节以及习武之人追求自然、不断超越自我的特性都能够明显地表现出这一思想。中国武术文化博大精深，对武术文化的理解与探究应更加深入透彻，仅将武术作为一项普通的体育运动项目，不足以充分理解中国武术所承载的民族文化的真实内涵。竞技武术作为中华民族传统体育的重要组成部分，其具有武术特有的运动形式和方法，同时遵循现代竞技体育的基本原则，逐渐走向世界，向更高的国际平台发展。

中国武术在数千年的发展中，始终传承着中国传统文化，秉承"取其精华，去其糟粕"的理念，不断地追求卓越、完善自我，逐渐形成了具有文化延续能力和独立完整的文化体系。正因如此，武术才得以在遭到多次外来冲击的情况下都没有消亡，传承至今。

第二节　武术的内容与分类

一、功法运动

功法运动是武术的重要组成部分，以单个动作的形式存在，有强身健体或提高力量、耐力、柔韧、平衡等身体素质的作用，是攻防格斗和武术套路顺利进行的基础。常见的功法运动包括"浑元桩""马步桩""打千层纸"等，专习功法能够调节身心、增强腿力及人的抗击打能力。功法运动种类繁多，根据不同的作用与功效，可分为内壮功、外壮功、轻功和柔功。

1. 内壮功

内壮功有"气功""内功""内丹功"等多种名称，其作用原理为习武者通过吐纳的方式从外界吸取清气，与体内之气融合，对呼吸、身体活动、意识进行调整，充实体内真气。"身知"是内壮功的最高境界，即自己的身体本身知道气的运行，其练习方式是动静相结合的，常配合武术或静坐进行修炼。内壮功对人体内部器官具有较强的锻炼作用，同时能够达到强健体魄的功效。

2. 外壮功

外壮功又有"外功"之称。外壮功与内壮功相对，指习武者通过特殊的练习方式，锻炼自身的筋、骨、皮，达到外壮的效果，使自身具有较强的抵抗外物的能力，在与其他人的斗争中表现出更强的抗摔打性。外壮功与内壮功密不可分，内外结合是武术的重要表现形式。我们常说的金刚指、铁砂掌等都是典型的外壮功。

3. 轻功

轻功是真实存在的一种功法运动，其练习者表现为异于常人的超强的跳跃能力、奔跑能力以及闪转腾挪的能力，能够置身于承重力较弱的物体之上，表现出强大的"轻"和"稳"的特征。在电视剧和武侠小说中看到的能使人"飞檐走壁""上天入地"的轻功，是不存在的。

4. 柔功

柔功又称柔韧功，可表现出强大的张力及舒展性。柔功对武术来说至关重要，在武术运动中，不论是想要达到动作标准，展现出一定的运动幅度、速度和力量，还是想要在斗争中有效地进攻对手或躲避对手的出击，都与自身肢体的运动幅度、活动范围息息相关。柔功根据涉及身体的各关节部位，可分为肩部柔功、腕部柔功、胸部柔功、腰部柔功、腿部柔功、踝部柔功六种；根据练习方式可分为"静压"和"动转"两类。武术中的压腿、压肩、下桥等基本功均属于柔功。

二、套路运动

套路运动是武术运动的主要形式。武术套路是以技击动作为素材，按照一定的运动规律和要求，将不同的技击动作合理有序地编排组合而成的一整套武术练习形式，其呈现形式多样，内容丰富多彩，主要包括单练、对练和集体演练三种练习形式。

（一）单练

单练指的是练习者根据练习内容要求独自完成套路的练习方式，分为拳术和器械两大类。

1. 拳术

（1）长拳

长拳是中国传统拳派的重要组成部分，属于北派武术的一种，它是在诸多拳种的基础上，根据其自身的特点，整合创编而成的。如今的长拳是近三十多年来发展起来的拳种，查拳、华拳、炮拳、花拳均属于长拳之列。不同的拳种有不同的运动技术特征，对习武者力量、耐力、协调性、柔韧性等基本身体素质有着不同的要求。从名称可以看出，在长拳练习时，上肢和下肢的进攻主要

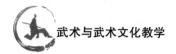

以放长击远为主，其动作幅度大、迅速敏捷、干净利落。长拳包含的内容繁多，结构复杂，对手法、步法、腿法、平衡、跳跃等都有着严格的规定。从长拳的动作特征可以发现，长拳对身体各方面素质要求较高。在运动生理学上，大肌肉群是主导长拳运动的主要肌肉组织，足够的肌肉力量和肌肉耐力是保障长拳运动顺利进行的必要条件，因而需要激活更多的肌肉组织，吸引更多的肌纤维参与到长拳运动中来。同时，动作舒展大方、干净利落的长拳需要身体各关节拥有较好的柔韧性和灵敏性。因此，长拳对人体健康的作用也是显而易见的，不仅能够促进肌肉力量、肌肉耐力以及身体柔韧性、灵敏性的发展，还能够改善人体神经肌肉系统的协调工作能力，提高呼吸系统和心血管系统的机能。

（2）太极拳

太极拳是我国闻名世界的代表性拳种之一，在 2006 年被列入中国首批国家非物质文化遗产名录。太极拳的思想核心与我国古代儒家思想、道家哲学、易学的阴阳五行以及我国传统的中医经络学等密切相关，是中华民族辩证的理论思维与武术、艺术、气功引导术、中医等的完美结合。太极拳讲求刚柔并济、以柔克刚、行云流水，主要包括拳术套路和器械套路两种，另有太极养生理论、太极推手以及太极拳辅助训练法等内容。随着时代的发展，如今的太极拳已经在全国各个地区形成了不同的流派，常见的流派包括陈式、杨式、武式、吴式和孙式等。各流派之间有着不可分割的联系，相互传承与借鉴。但由于人们对太极拳的理解认识、价值取向的差异性以及太极拳形式多样化、可变性强的特征，同时受到时间、地域等自然条件等因素的影响，各流派太极拳又拥有各自的特征及风格。太极拳讲求神、心、意、气、形融为一体，是一种极具东方特性的运动形式。太极拳对人体的意识要求较高，练习者要集中注意力，气沉丹田，用意识带领身体完成每一个动作，深切地感受动作与呼吸的协调配合以及气息的运行。太极拳能够舒筋、活血、通络，对人体呼吸系统、心血管系统以及神经系统有着明显的促进作用。太极拳这项舒缓的运动在老年人以及不适合参与剧烈运动的慢性病患者等人群中备受欢迎，同时为了弘扬和发展我国非物质文化遗产，拓展校园文化，加大优秀传统文化的传播力度，太极拳在部分地区已经走进校园，成为青少年日常活动的一部分。

（3）南拳

南拳，又称南方拳，是中国七大拳种之一，盛行于广东、福建等南方地区。在武侠传奇小说和影视作品中，南拳具有很高的出镜率，"反清复明""行侠仗义"是南拳从开始到结束最为典型的口号。南拳的种类按地域可分为广东南拳、广西南拳、福建南拳、浙江南拳、湖南南拳、湖北南拳、江西南拳、四川南拳等拳种，各地拳种又包括多个门派，较为常见的有广东南拳中的洪家拳、刘家拳、蔡家拳、李家拳和莫家拳，福建南拳中的五祖拳、咏春拳等。虽然南方人因为体型在力量上不太占优势，但灵活是南方人具有的先天条件，因此南拳减小了动作的幅度，以"快"和"稳"作为主要特性，步法上灵活多变，常展现出一些非常规性的动作，身体方向的改变迅速且难以判别，以此来干扰敌方对手。力量的爆发以及连续的输出也是南拳的特征之一，在保障下肢稳定的同时，连续的快速出拳是南拳取胜的标志性动作，这就要求习武者拥有较强的上肢力量以及强大的爆发力。因此，长期习练南拳能够促进人体各主要肌群肌肉力量、肌肉耐力以及爆发力的发展。

（4）形意拳

形意拳的基本内容包括三体式桩功、五行拳和十二形拳三部分，三体式桩功是习练形意拳的基础和内功训练方式，五行拳与五行的思想相结合，十二形拳是应用于实战的技法，其创编灵感来自十二种动物的动作特征。形意拳动作上强调上法上身、手脚齐到，意识上强调勇往直前、敢打必胜，其对称、严格、完整、和谐的动作特征，充分体现了形意拳"六合"的要求。长期习练形意拳能够提高整个运动系统机能，对增加肌肉力量、增大关节活动范围、提高韧带伸展性以及增加骨骼密度等都有促进作用。

（5）八卦掌

八卦掌是一种以掌法变换和行步走转为主的中国传统拳术，因其运动形式纵横交错，走向与"八卦图"中的卦象相似，故而得名八卦掌。八卦掌以掌法为核心，集八大圈手于一体，并配合下肢起、落、扣、摆的步法和全身拧转、旋翻协调配合的身法，整体以绕圈走转为基本路线，按照走、视、坐、翻的顺序依次完成动作，全身协调配合，动作行如流水。长期习练八卦掌，能够促进肌肉的舒张与收缩变化，增强身体的灵活性，达到改善静脉回流、增进心肺功能、提高有氧代谢能力的效果。

（6）八极拳

八极拳是短打拳法的一种，其发力点由脚跟、腰间、指尖依次传递，动作刚劲有力，爆发力极强，长期习练八极拳能够对人体力量、速度、协调的发展起到促进作用。

（7）通臂拳

通臂拳，以"两臂相通"的通臂劲而著称，它是一种以摔、拍、穿、劈、攒（钻拳）五种基本掌法为主要内容的拳法。通臂拳强调技击，注重手法、眼神、身段、步法以及规程和法则，在技击中不提倡使用蛮力，巧妙地运用"寸劲"是通臂

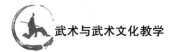

拳独有的特征，其讲求沾衣发力，招法果断，"冷脆"一词充分体现出了通臂拳的劲法及其技击的风格特征。在练习过程中，应遵循"三尖正"的基本要求，即前手尖、前脚尖、鼻子尖要在一条直线上，以达到动作气势贯通的效果，这也是通臂拳劲法形成的关键。因此，长期习练通臂拳能够对身体髋关节、脊柱、肩关节、肘关节以及腕关节等的力量的增加以及灵活性和柔韧性的提高起到良好的促进作用。

（8）翻子拳

翻子拳，历史悠久，有"八闪十二翻"的俗称。翻子拳动作架势较小，变化莫测，先柔后刚，要求上身紧凑、下身灵活，更突出腿部功夫。习翻子拳者应做到手领脚出，手到脚到，上下协调配合。长期习练翻子拳对提高身体上下肢协调性有一定的促进作用。

（9）劈挂拳

劈挂拳是典型的长击远打类的传统拳种之一，遵循"一寸长、一长强"的技击理念，其动作松长舒展、大开大合、收放自如、可长可短，对技击时间及空间的掌控要求较高。在练习时应注重身体各部位的协调配合，依靠腰部的扭转以及胸部的开合来带动手臂发力，有利于技击范围的扩大以及力量的融合。长期习练壁挂拳同样能够对提高身体各关节的协调性、柔韧性以及灵活性起到良好的促进作用。

（10）少林拳

少林拳，得名于少林寺，集各类拳种的优势于一身，是中国最具影响力的拳种之一。少林拳包含单练拳术、气功、器械三大类，其中以单练拳术种类最为繁多，有 70 余种。少林拳要求习拳者动作灵活，精通十法。所谓十法，即"三节、四梢、五行、身份、步法、手足之法、上法进法、顾法（开法、截法、追法）、三性调养法、内劲法"。拳术套路架势短小直接、刚健有力、朴实无华，步法进退灵活，路线以直线往返最为常见，具有攻防兼备、以攻击为主的特征。长期习练少林拳能够促进身体素质的发展。

（11）戳脚拳

戳脚拳是一种注重腿和脚上功夫的拳术，其动作舒展大方，矫健敏捷，以刚为主。戳脚拳包括 8 种基本腿法，"九转连环脚"是典型的戳脚拳，各路腿法环环相扣，一步一脚，连续出击。长期习练戳脚拳能够对增加下肢肌肉力量以及提高关节灵活性起到促进作用。

（12）地躺拳

地躺拳，又称地功拳、八折拳，是一种将跌扑滚翻的摔跌动作与拳、腿的技法相结合而创立的拳术。地躺拳要求习练者具有较强的身体素质，难度较高，在对抗中通过突然的躺地动作分散敌人的注意力，进而发起反攻，多利用杠杆原理击倒敌人。长期习练地躺拳能够有效地促进人体力量、速度、柔韧性、灵活性以及协调性的发展。

（13）象形拳

象形拳，顾名思义是以模仿外物之形而创立的拳法，包括对动物形态模仿形成的蛇拳、猴拳、虎拳、螳螂拳等，对人物形态模仿形成的醉拳等。象形拳作为中国武术拳法的一种，不能只注重对外物形态的模仿，还应取外物之意，创编过程中要将拳术的技击动作与外物的搏击特长紧密结合，充分体现武术攻防兼备的特征。形意拳讲求出神入化，习练者要达到一种忘我的状态，将自身与外物融为一体，长期习练形意拳对调节和改善人们的中枢神经系统有一定的促进作用。

2. 器械

器械包括短器械、长器械、双器械和软器械四种。

（1）刀

刀是短器械的一种，刀术指刀的使用方法和技巧，刀术套路由刀法以及全身的协调配合共同构成。刀术包括缠头刀、裹脑刀、劈刀、砍刀等17种刀法，以劈砍为主，注重身法，在各种动作中刀应紧随身体，其铿锵有力的刀声体现出刀术动作迅猛、气势磅礴的特征，"刀如猛虎"是人们对刀术最为形象的比喻。

（2）剑

剑是短器械的一种，自古在中国传统武术中地位较高，是兵器之神，也是重要的作战武器。佩剑者自带高尚、统帅之风，是判别境界及功夫高深的重要标志。如今，剑术已被作为全国武术比赛项目之一。剑术种类繁多，包括短穗剑、长穗剑、工架剑、行剑、绵剑、醉剑和双手剑等类别及击、刺、点、崩等剑法，不同剑术类型有着不同的动作特征及风格，但都具有潇洒、飘逸、轻盈、敏捷的特点。在练习过程中，持剑手与非持剑手应协调配合，再结合平衡、旋转、步型等动作，将剑术套路完整地呈现出来，剑术因其能强健体魄以及娱乐观赏性强，成为当下强身运动的首选项目之一。

（3）枪

枪是武术中常用的长器械之一，有长兵之帅、百兵之王的美誉。枪术是以拦、拿、扎等作为基本动作，并与各种步法、身法灵活组合汇编而成的套路形式。枪术持枪稳而不死，活而不滑，将"稳""活""准"体现得淋漓尽致。基本

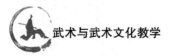

动作的练习应以腰部带动发力，并与上下肢协调配合。

（4）棍

棍是长器械的一种，棍术是棍的使用方法和技巧的统称，基本棍法包括抡、劈、戳、撩、舞花等。棍术对习棍者力量的要求较高，在练习中，应达到人棍合一、力达棍梢的境界，同时棍的两端可交替使用，作为古代兵器的一种，棍的威力和作用不容小觑。

（5）大刀（朴刀）

大刀（朴刀）是长器械的一种，由于大刀具有体积大、重量大的特点，练习者常以双手持刀，故又称双手带，"偃月刀"是典型的大刀。大刀的种类繁多，形状各异，进攻时常以大刀本身的重量及刀刃为动力劈砍敌人。在使用大刀时要将刀法和刀柄尾部攥法的使用相结合，发力时借助腰部力量，顺势发力。长期练习大刀和大朴刀，对上肢肌肉力量及耐力的提高有促进作用。

（6）峨眉剑

峨眉剑是双器械的一种。峨眉剑有别于其他剑术，整个过程表现为右手握剑，左手捏诀。在力道上峨眉剑注重点、劈、刺、撩的劲力；在步法上根据两侧剑刃锋利的特征，更加注重斜出；在身法上讲究扭转折叠；在剑法上要求干净利落，眼疾手快。

（7）双刀

双刀是双器械的一种，刀法包括劈、斩、撩、绞等，并以腕花、背花、缠绕花等动作形式呈现。"单刀看闲手，双刀看步走"，双刀的练习更加注重步法与刀法的一致性以及上下肢的协调配合。

（8）双剑

双剑是双器械的一种，剑法主要以穿、挂为主，练习时双手交替使用双剑，全身协调配合，做到剑法、身法、步法三者合一。

（9）双钩

双钩是双器械的一种，钩法主要包括勾、搂、锁、挂、带、托、压等。双钩的使用对人体的灵活性及协调性具有较高的要求。

（10）九节鞭

九节鞭，属软器械，有单鞭和双鞭之分，鞭法主要包括抡、扫、缠、拌等。鞭的长度与人体直立时的高度相一致，鞭的运动路线呈圆周状，抡起鞭来犹如飞转的车轮，收放自如，灵活多变。鞭花是其主要的动作形式，在练习时，应熟练掌握鞭花的技术，同时要做到步法为身法服务，将注意力集中到身形上，达到鞭随身动的境界。

（11）三节棍

三节棍，属软器械，又称三节鞭，由以铁环相连接的三条等长的短棍构成，其棍法运行速度快、力量猛、丰富多样，包括劈、扫、抡以及各种舞花等，具有攻防兼备、伸缩自如等特点。

（12）绳镖

绳镖，属软器械，由长绳和镖头组合而成，是软器械的一种，缠、绕、抡、击等是绳镖主要的运动形式。绳镖套路是绳索在肢体周围自由游走时，由身体做出的多种缠绕收放的动作汇编而成的。但绳子易变形的形态特征，使得绳镖控制方向以及准确击中目标的难度大大提升，这便要求习练者恰到好处地运用自身力量，准确地找到出击时机。流星锤与绳镖的作用原理一致。

（二）对练

对练是中国传统武术项目的一种，是两人或两人以上的多人按照已有的固定套路动作进行攻防格斗的练习形式。对练套路由单练（拳术、器械）项目与武术的各种基本技击方法共同构成。武术最初是军事训练手段的一种，具有较强的对抗性与实战性，对练方式将武术动作融入多人的实际对抗中，很好地诠释了武术的这一特性。在这种模拟真实战斗的环境中更有助于人们对武术每一个技击动作的认识、理解与运用。为了提高运动员的运动技术水平，培养其勇敢、机敏以及团队协作的精神，在练习中应要求其要熟练地掌握动作技术、准确地使用技击动作，并强调队员之间的协调配合。徒手对练、器械对练、徒手与器械对练是武术对练的三种表现形式。

1. 徒手对练

徒手对练，是以徒手的踢、打、摔、拿等功防技术为基本动作，在双方运动员使用相同拳种单练套路技击动作的基础上，按照进攻、防守、还击的运动规律，结合各种不同形式的手法、腿法、身法的多人配合的套路模式。单练拳术的多样性、多人运动形式下技击动作的组合和配合方式的增加以及步法路线的灵活多变性，使得各对练套路独具特色。

2. 器械对练

器械对练，是运动员双方手持器械，以器械的击、刺等为主要攻防技术的对练模式。由于器械种类的多样化以及对运动员双方所持器械种类是否相同的无规定性，器械对练的形式并不单一。短器械对练、长器械对练、软器械对练、长器械与短器械对练、单器械与双器械对练等都是器械对练的主要表现形式。

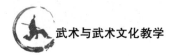

各武术器械具有其独特的风格，不同武术器械对练，其风格也不尽相同。

3. 徒手与器械对练

徒手与器械对练，是运动员一方徒手、另一方手持器械进行攻防对抗的对练模式，对练中常以双方争夺器械的形式呈现，如空手夺刀、空手夺枪、空手进双枪、单刀对空手枪等。徒手与器械对练要求持器械的一方熟练掌握器械的性能及使用方法。徒手的一方应做到动作轻巧敏捷，具有准确地判断出击的时间与空间的能力，并选取有效的招数进攻。

（三）集体演练

武术集体演练是武术套路的一种练习形式，是集体进行徒手、器械或徒手对器械的练习形式。武术的集体演练历史悠久，始于周代，以后历代传习，经久不衰。当今武术集体项目已经成为武术竞赛项目之一，被赋予一定的规则：在演练人数和时间上应达到六人或六人以上，不少于三分钟；在演练内容上要符合中国武术攻防兼备的风格和特征，整套动作应包括规定的步型、步法、身型、身法等，器械项目也要遵循器械的使用规则；在呈现形式上，演练可伴随音乐进行，演练过程中要求有一定的队形变换，同时布局要匀称，以体现出队伍的整体性。武术集体项目在演练时对运动员神情、技术以及多人的配合有着严格的要求。武术集体项目参与人数较多，演练中常配有节奏明快、独具特色的古典音乐或民族音乐及符合演练风格的服饰，整体呈现出威武壮观、扣人心弦的舞台效果，这样可以加强观众对中国武术的认知，激发观众对中国传统文化的兴趣及认同感，使观众从中可以获得舒畅、优雅的感受。集体基本功、集体拳、集体剑、集体大刀等都是武术集体演练的主要项目。

三、搏斗运动

搏斗运动是指两人在遵循竞赛规则的基础上，以对抗的形式进行斗智较力的攻防性运动，武术竞赛项目包括散打、太极推手、短兵、长兵等。

（一）散打

散打是中国武术重要的竞赛形式，是两人按照一定的规则，使用踢、打、摔等技击方法进行对抗的搏斗运动。散打以取得比赛胜利为主要目的，身体素质、运动技术和心理素质是决定运动员竞赛成绩的重要因素。在散打竞赛中，运动员注意力高度集中，全身肌肉的机械张力大，动作迅速敏捷，可同时使用上肢及下肢进行攻击，属于无氧与有氧相结合的运动项目。散打的练习对肌肉力量、呼吸系统和心脏血管系统机能的提升有促进作用，同时也能够提高防身自卫和实战能力。

（二）推手

推手多用于太极运动中，是两人按照一定的规则，使用掤、捋、挤、按、采、挒、肘、靠等技击方法，借助对方力量顺势发力，使对方身体失去平衡，进而制胜对方的搏斗运动。推手训练是双方信息传递与反馈的过程，通过肘、腕、拳、指等感知对手情况，在不断的训练中应实现由皮肤知觉传递向气场感应传递以及意念传递的高层次信息传递层面过渡。

（三）短兵

短兵与击剑和剑道的运动形式相似，是两人按照一定的规则，以尺寸较短的冷兵器为器械，使用击、刺、劈、斩等技击方法，与对手相抗、相搏的对抗格斗性武术运动。在比赛时剑法与刀法交替使用，进攻路数变幻莫测，要求双方集中注意力，及时准确地判断防守与进攻的招数，对中枢神经系统的支配能力以及对外界刺激的反应能力要求较高。短兵的练习对提高人体各器官、肌肉、组织的协调配合能力有促进作用。

（四）长兵

长兵是指两人按照一定的规则，以尺寸较长的冷兵器为器械，在武术枪、武术棍等长器械劈、崩、挑、砸、拦、拿、扎、点等技法的基础上，采用命中积分和击倒相结合的方式来判别胜负的竞技性武术项目。

第三节 武术的起源与发展

一、封建社会武术的产生与发展

武术被视为我国优秀传统文化的代表，其产生和发展积淀了中华民族精神的众多元素。武术源于我国古人的生产实践，武术的发展与人类社会的进步密不可分，原始社会生产力水平低下，人们通常以狩猎的方式为生。在围捕猎物的过程中，人们利用自然条件下存在的木棍、枝条和石器等工具以及人体自发的本能性随意性动作，与猎物进行搏斗。在捕猎与自保的过程中，人们逐渐学会了劈、砍、刺的低级进攻动作以及基本的防守能力，虽然人们还没有将这些

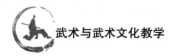

动作作为技能进行专门练习的意识，但已经被众多学者定位为武术形成的物质基础。

商周时期，冶铜业的出现加剧了军事斗争，武器作为战争中不可或缺的战斗工具，得到了不断改进。"射箭"在当时除了用于作战、狩猎外，已成为教育内容的"六艺"之一，并有了比赛的形式，而"武舞"则是武王伐纣前夕用来训练士兵、鼓舞士气最常用的方法。这些方法被以后的武术套路所借鉴。古籍上的"角力""拳"，虽然并非专指徒手格斗，但后世已引用其狭义的含义，专指二人徒手格斗，如前者有古代的"相扑"和今日的"摔跤"等、后者有古代的"拳打"和今日的"拳击"等。

春秋战国时期，随着生产力的发展，封建制度逐渐取代奴隶制度，时代的急剧变革，加剧了诸侯间的群雄纷争，战争随之而起，战场上人与人、人与兵器、兵器与兵器之间的对抗接踵而至，技击术得到了广泛的应用。春秋初期，管仲在齐国便面向全国招募"拳勇股肱之力，筋骨秀出于众者"；齐桓公春秋两季还举行全国性的比武较力的"角试"，以选拔天下武勇之人。

这一时期，随着生产力的发展，铁器的使用使得锻造工艺突飞猛进，当时不仅盛行击剑，文人佩剑也蔚然成风，剑客、剑士、剑家也相继出现，从而推动武术中的剑术项目步入宫廷和民间。至此，军事技术与民间武术并行不悖的格局也已逐步形成，并开始了渐进的发展。

在文化的交融中，这一时期的人们对养生的思想提出了不同的主张，形成了"动养"的观念，开始注重形体的锻炼。特别是战国时出现的《黄帝内经》提出了注重整体、强调精气、平衡阴阳的保健思想。

秦汉三国时期，是中国封建社会的上升时期，由于人们较长时间处于相对安定的状态，各种娱乐活动相继出现，特别是"宴乐兴舞"的兴起，这一时期武术的发展与军事技术和时代的需要紧密相连，武术发展成为适于实战的技击动作和专门在各种宴会上进行娱乐表演的套路技术两类，后者便是当今武术套路运动的雏形。至此，军事技术与民间武术并行不悖的格局也逐步形成，并开始了渐进的发展。自西汉武帝开始，角抵戏发展迅速，有君民同乐的"角抵戏"，有招待外宾的"大角抵"。到了东汉时期，"角抵戏"又称为"百戏"，它综合汇集了歌舞、音乐、武戏、杂技、幻术等内容。秦汉时期国势强盛，"角抵戏"已由中原地区辐射到远方，例如，"角抵戏"从中原地区传到了高句丽（吉林集安长川一号高句丽墓壁画中有关于角抵运动的百戏写真）。由于《汉书》中所述"角抵"，并没有具体解述内容，因此从东汉至魏晋，有几位学者提出了注解。颜师古引文颖注："名此乐为角抵者，两两相当角力，角技艺射御，故名角抵，盖杂技乐也。巴俞戏、鱼龙蔓延之属也。汉后更名平乐观。"要明确了解注解，我们从西周的"讲武；之礼"时代，按"礼"，有射和御的比试，《礼记·月令》有"习射御角力"，"角"就是角技（比试技巧），所谓"角力"就是角技巧。

两晋南北朝时期，由于玄学、道教的影响，官僚追求长生不老之术。养生理论和炼养功法有了很大发展，道教的内丹术功法日渐成熟。道教提出的炼养精、气、神思想，所谓炼精化气、炼气化神等对后来的武术都产生了很大的影响。同时，这一时期对武术技巧、速度、耐力、力量诸方面均有严格的要求。对于人才的选拔按照《通典》一文所述标准严格执行。

进入唐朝后，剑术逐渐在战场上消退，众多的文人及民间艺人开始习练剑术。剑术的发展遍及朝野、文人、武将、妇女、道家等。其表演艺术的发达，使剑术演练技巧发展到很高的水平。裴旻的剑法著称于世，是当时剑术领域的最高代表，有"唐朝三绝"的美誉，这一时期设立的"武举制"更是对武术的发展起了极大的促进作用。

宋元时期，其商业经济活跃，市民尚武风气日盛，民间出现了各种各样传习武术的群众组织，如《宋史·兵志》记载的"弓箭社""英略社""锦标社"等。套路化的武艺成为一些市民街头卖艺的谋生形式，这使得武术文化盛行于民间。宋代角抵也叫相扑，相扑手可在用枋木搭高的露台上争交，百姓在下观看。有裁判按规则判输赢，如不准"揪住短儿""拽起裤儿"，可以"拽直拳，使横拳"和"使脚剪"。同今日着装的中国式摔跤不准用拳迥异，也同古代草原赤裸上身的相抱角力有别。总之，宋元时期古代武术的发展形成了一定的规模体系，不仅有套路武艺的较大发展，还出现了打擂比武的"露台争霸"等。武术形式呈现出更加多样化的特点，并沿着自身的规律不断向前发展。

明清时期，武术文化在全国盛行并得到了空前的发展，各地区形成了独具特色的武术流派，同时铸造工艺水平的完善与发展，充实了中国武术的内容，为十八般武艺的形成与发展提供了有利条件。清代，部分文人将中国古典哲学及养生理论与武术理论相结合，在不断实践的过程中创立了许多拳种，其中著名的太极拳、八卦拳和形意拳等都是由此而来的。同时，这一时期武术理论体系也在发展中得以初步形成，出现了《武编》《阵纪》《纪效新书》《练兵实记》等武术专著。

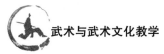

二、近现代以来武术的发展

1840 年鸦片战争的炮火震撼了中国，以"刀""枪""剑""斧"的冷兵器为主的武术逐渐退出战争舞台。20 世纪初，清政府试图借鉴西方的练兵方式，聘用"洋教官"，使用洋式武器，习洋式操，禁止一切中式兵器的使用，来寻求救国救民的途径。但严复的"自强""保种"思想、康有为的"仿洋改制"及谭嗣同学习"西洋体操"的主张等均未治愈"国弱民弱"的沉疴。

中国资产阶级民主革命的代表孙中山先生认为"体育"关系到强种保国和民族盛衰，提出了"自卫之道"和"尚武精神"。

在这种"强种强国"意识形态的影响下，众多的武术组织和社会团体油然而生。中国近代最有影响力的社会武术团体之一"精武体育会"于 1910 年在上海成立。

1911 年，由全国武术名家联合创编的《中华新武术》一书在当时具有较大的影响和作用，此书以中国传统武术的技击法为基础，结合西方兵式体操的教练方式编成了新式武术教本。此教材先后被定为军警必学之术，列为全国各中、高学校的教学内容。

1928 年，国民党南京政府的权威武术机构"中央国术馆"的成立，在当时社会上产生了较大的影响。1933 年，武术被列为民国时期第 5 届全国运动会男女竞赛项目。该运动会对武术竞赛条例和细则进行了初步的规范，使武术摆脱了旧有的较技方式，逐步向经济体育的方向发展。

中华人民共和国成立以后，武术成为社会主义文化和人民体育事业的一个重要组成部分，在不到十年的时间里，全国各地区不断召开武术座谈会及表演和竞赛大会，先后将武术列为体育院系必修课程，成立中国武术协会，并将武术正式列为体育竞赛项目，不断完善武术竞赛规则，编定武术竞赛规定套路。

国家政策在很大程度上促进了武术的传承与发展。在高校教育上，我国确立了武术硕士学位，规定了武术运动员技术的 5 个等级标准。为响应国务院批准的将武术推向世界的指示，我国相继在西安、日本、北京等地区举办了多场国际武术赛事。1987 年在日本横滨举行了第一届亚洲武术锦标赛，武术开始成为正式国际比赛项目。为适应武术发展和全民健身的需要，1996 年国务院批准设立武术博士学位，1997 年 12 月 30 日，设立武术段位制，这一切标志着武术已在亚洲扎下了深厚的根基，同时得到了世界人民的初步认可。

21 世纪初，我国不断完善武术指导思想，实现武术竞赛规则的科学性、简洁性及易于操作性，不断将中国传统武术项目推向国际性平台，为中国武术进入奥运会创造条件。随着时代的发展，中国武术被世界各国所关注，为了使武术更好地走向世界以及满足国际化武术竞赛的需要，我国将刀、枪、剑、棍、拳等各种竞赛套路规范化，并出台了相应的套路规则。我国多次举办武术套路研习班及国际武术教练员、裁判员培训班，并派遣教练员外出至世界各地，这为武术套路的推广以及竞技武术走向世界奠定了基础。武术的国际化、世界化是中国传统体育文化得以传承和发展的必经之路。

第四节　武术的特征与现代功能

一、武术的特征

（一）攻击技术的独特性

武术无论是功法运动、套路运动还是搏斗运动，都具有其独具特色的技击性，它不像拳击运动那样主要表现为上肢的攻防对抗，也不像自由体操动作那样不讲攻防。一方面，武术套路中的每一个动作都有各自不同的技击特点和攻防规律，攻中的防、防中的攻，攻防兼备，体现武术动作技击性的多部位、多角度、多方向、多变化的特点；另一方面，不同流派的武术其技击方法也各不相同，可谓百花齐放、百家争鸣。

（二）内外合一的统一性

武术项目刚柔并济，注重内在的心理、神情、意识气息与外在手法、眼法、身法、步法的协调配合。内与外、形与神是相互联系和统一的整体，既要求内外合一，又讲究形体规范、精神专一。这是武术区别于其他体育项目的根本所在。

（三）广泛的适应性

武术项目的徒手拳术与器械种类繁多，单练、对练、集体演练等呈现形式丰富多彩，不同徒手拳术与不同器械的组合方式多种多样，所组成套路的动作结构及风格不尽相同，同时年龄、性别、时间、季节、场地和器材等自然条件对参与武术项目的制约较小，人们可根据自己的身体素质条件及目的来选择合适的项目进行锻炼，武术已经成为深受各年龄段人群喜爱的运动项目之一。

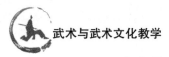

二、武术的功能

（一）强身健体

古往今来，武术一直是中华民族自强不息精神的重要体现，由于武术的运动方法特殊，外可以活动身体肌肉、韧带、关节，内可调理五脏六腑、疏通经络，同时武术运动极其注重呼吸的方法、气息的运行以及意念的活动，以达到人器合一、天人合一为最高境界，对人体内环境的稳定、气血及气息的调养、人体机能的改善能起到重要的促进作用。在武术教育的过程中，传授者还能传授一些健身知识和健身技能，培养习练者常年健身的习惯，增强习练者的体质。

（二）自卫防身

武术最初作为军事训练手段的一种，现作为竞技体育项目的一种，其技击性的本质特征显而易见。长期习武之人，不但能增强体质，还可提高身体的灵活性和反应能力。习练者通过对抗性动作的练习可掌握各种攻防的技击方法，提高防身御敌的能力。

（三）提高人格修养

武术教育对道德素养有很大的提升。"未曾学艺先学礼，未曾习武先习德"一直被视为习武者的行为规范和准则。由古至今，武术以"习武先习武德"的思想得以传承，武术教育向来重视"武德"的培养，武术的练习是内外兼修的过程，没有内在的"德"，不足以谈外在的"形"，仅从武术的礼仪方面就能看出武术最基本的道德规范。习武不仅能够提高人格修养，还能够对社会主义和谐社会的构建与发展起到显著的促进作用。

（四）医疗保健

武术运动强健体魄、增强体质的作用已经被全国乃至全世界认可，武术中长拳、南拳等刚劲有力的拳种，能够有效地提高人体上下肢力量耐力以及心肺功能；太极拳、八卦掌等动作行如流水、刚柔并济、注重内外合一的拳种，对人体呼吸系统、内环境的稳定有一定的调节及促进作用。

（五）娱乐观赏

武术运动中竞技比赛的对抗性、激烈性，表演项目的震撼性、娱乐性具有一定的观赏价值。套路运动注重动与静的结合，展现出中国传统武术项目的节奏美；踢、打、摔、拿等攻防技术的巧妙结合扣人心弦；"内外合一、形神兼备"

的和谐统一所表现出的武术神韵更是引人入胜。对抗中双方激烈的争夺、精湛的攻防技能、敢打敢拼的斗志，更是给人们带来了强烈的视觉震撼和精神冲击，极大地丰富了人们的文化生活。

（六）教育意义

武术项目对中华民族传统文化知识的传授及智力的发展具有促进作用，武术项目集中国传统哲学、伦理道德、医学、军事、宗教、美学与艺术等传统文化元素于一身。武术教育既有助于学生对中国传统武术文化的理解，又能够培养学生的宽容、忠诚、爱国、正义、责任、尊敬侠义等美好品格。

第二章　武术文化
与中国传统文化的关系

武术是中国传统文化内涵的深刻体现，也是民族精神的体现。习武之人对武德的崇尚是武术文化的重要内涵，武术的道德规范与文化内涵在不同的时期有着不同的内容。本章从几个不同的角度来对武术文化与中华传统文化的关系进行剖析。

第一节　武术文化的概念

我们生活的世界就是文化的世界，文化在我们身边的各个角落，因此，文化现象的产生也是随时随地的，就像是我们习惯性的用摇头表示否定，更多的例子像是，当我们在聚会上举杯对饮时，当教师教学生一篇课文或一个公式时，当中秋赏月或除夕包饺子时，当婴儿周岁生日"抓周"时，当科学家进行发明创造时，等等。人类的每一项日常活动，都体现出一种文化。

一、文化现象的讨论

文化是一个多学科的、历史的、地域的概念。就学科而言，不同的学科存在不同的文化定义；就历史而言，不同的历史时期存在不同的文化定义；就地域而言，不同的国家存在不同的文化定义。世界上有 200 余种文化的定义。很多学者深刻、理性地反思文化，认识到了文化的普遍性。不论是日常生活，还是各种社会活动和历史运动，都显示出了文化的深刻内涵。文化的本质是广泛的，如何理解文化的定义，不仅是如何理解"文化"一词，更是如何构建一门学科的问题。从 19 世纪后期以来，文化现象的描述与阐释在达尔文进化论的影响下，引发了古典进化论学派、传播论学派和历史特殊论学派的争论。汉语中的"文化"一词兼有本民族固有词汇和翻译词汇的双重特点。说它是本民族

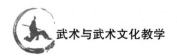

固有词汇，是因为"文化"一词在中国出现得较早，最早见于《周易·贲卦》："观乎人文，以化成天下。"西汉以后，"文"与"化"才合成为一个词，如"圣人之治天下也，先文德而后武力。凡武之兴，为不服也；文化不改，然后加诛"（《说苑·指武》），"文化内辑，武功外悠"（《文选·补之诗》）。在这里，"文化"是和"野蛮"相对照的。在汉语中，"文化"是指对人品德的教化、心灵的陶冶，因此，它是属于精神方面的。

（一）不同的文化观点

第一，德国哲学家兰德曼（Michael Landmann）认为，文化是人的第二自然。人类先天自身方面的不足，使得人需要通过后天的训练弥补先天的缺憾，在这个活动过程中，便构成了文化。兰德曼认为："文化是人类的'第二天性'。每一个人都必须首先进入这个文化，必须学习并吸收文化。"

第二，文化是一种生活方式。这种观点没有把文化当作一般的文化遗产等实体，更着重于从文化本体性的角度思考，认为文化是对人类、社会、自然运转都产生巨大作用的一种模式。美国文化人类学家本尼迪克特·康伯巴奇（Benedict Cumberbatch）认为："文化行为同样也是趋于整合的。一种文化就如一个人，是一种或多或少一贯的思想和行动的模式。"

第三，部分学者认为，文化是自觉的精神和价值观念体系。他们以此来强调文化的内涵，但他们所认为的文化，主要指思想、价值、观念等精神唯心存在，属于某种狭隘的文化定义。人类学家克利福德·格尔茨（Clifford Geertz）认为："文化若是无所不包，就什么也说明不了。因此，我们是从纯主观的角度界定文化的含义，指一个社会中的价值观、态度、信念、取向以及人们普遍持有的见解。"

这里指出以上三种文化观点，目的在于研究文化的本质，阐述文化的创造性、自觉性和整合性。

（二）中国传统文化解读

明白了什么是文化后，我们就很容易理解"中国传统文化"的概念了。张岱年、方克立两位学者在他们主编的《中国文化概论》中说："本书所论的中国文化，是指由中华民族在东亚大陆这片广袤的土地上创造的文化。""中华民族是中国文化的创造主体。""文化是一个生生不息的运动过程。任何一种民族文化，都有它发生、发展的历史，都有它的昨天、今天和明天。"其中，作者认为的"中国文化"，是指1840年以前中华民族在东亚大陆所创造的文化。白全贵、师全民两位学者主编的《中国传统文化概论》也赞同此观点，他们认为："中国传统文化，是指中华民族在漫长的历史长河中创造的独具特色的民族文化。从内容上讲，它是以汉族为主体的中华民族共同创造的，从时间上讲，它指的是 1840 年鸦片战争以前的中国文化。"

　　汉语中的"文化"一词与西方的"culture"在词义上有着本质的区别。"文化"更加强调人类的社会活动，属于精神层次。而"culture"源于拉丁文"cultural"，本意为动词，有居住、训练、留心、注意等多重意思，16、17 世纪被译成英文和法文，并被引申为培育、化育的意思，侧重于物质生产，相当于广义文化的概念。西学东渐之后，将西方的"culture"意译为"文化"，是非常确切的。因为随着时代的发展，"文化"一词的内涵及外延已适应了人们对它的要求。这里的"自然"，指的是自然界以及人身上的各种自然属性。哲学上认为，"传统"是发展的，不仅包括古代，也包括现代。在《辞海》中，"传统"指"历史沿传下来的思想、文化、道德、风俗、艺术、制度以及行为方式等"，《辞海》是从广义角度理解传统文化的。需要指出的是，这里的"传统"是历史流传下来的东西，当然包括现在。但是，我们经常把"传统"理解为是过去的，是不属于现在的。比如各种"历史遗产""传统文化"和"文化遗产"等词，都在强调它们是属于历史的，是存在于过去的。部分学者将中国传统文化称为"中国文化"，如张岱年、方克立两位先生主编的《中国文化概论》，虽然"本书所论，重点在中国文化的'昨天'，具体而言，是以 1840 年鸦片战争以前的中国文化，即通常所说的中国传统文化为主要对象"的，但书名称"中国文化"；而白全贵、师全民两位先生主编的《中国传统文化概论》，在书的最后论述到"中国传统文化的危机和嬗变"与"走向世界的中国文化"，在这两部分中涉及"中国传统文化走向近代的艰难历程""中国传统文化向现代文化的革命性转型""中国文化在 21 世纪的走向"，内容涉及今天和未来，书名却称"中国传统文化"。同样，在张岱年、方克立两位先生主编的《中国文化概论》的最后两章"中国传统文化向近代的转变""建设社会主义的中国新文化"，不仅内容论及 1840 年以后，乃至中国文化的未来，而且章节的题目直接称"中国传统文化"。张岱年、方克立两位先生主编的《中国文化概论》和白全贵、师全民两位先生主编的《中国传统文化概论》，虽然后者在书名上特别强调了"传统"，而且两本书的论述方式也有很大的区别，但从论述的历史跨度来看，却是相当一致的，更何况在《中国传统文化概论》中对"中国文化"和"中国传统文化"的基本思想和基本提法也和《中国文化概论》一致。所以说，无论是称"中国文化"，还是称"中国传统文化"，本质上并无大的区别，两者可以理解为同一个意思。只是"中国文化"更强调从古至今的整个中国文化，而"中国传统文化"更强

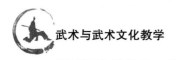

调"历史沿传",特别是"1840 年以前"的中国文化。

因此,"中国传统文化"并不是某一特定历史阶段诞生的文化,而是自古以来形成的所有的中国文化。在这种认识下,我们讨论的"中华武术文化"也应是从古以来形成的,不能囿于"1840 年以前"。中国传统文化是中华民族在社会活动中创造的精神和物质财富的总和;或者说是中华民族进行实践活动和精神活动的方式,以及创造的精神和物质成果的总和。

二、中华武术文化的认知

讨论过"文化"和"中国传统文化"的关系后,武术文化的内涵便清晰了。从定义简单来说,武术文化是和武技有密切关系的中国传统文化。武术依托于传统文化,随着传统文化的发展而发展。在漫长的历史演进中,武术文化创造了深厚的群众基础和社会价值。

武术最初起源于人们自身活动和生产实践、社会活动以及军事战争的需要。它是中国传统文化的产物,在中国传统文化五千年的漫长发展中,武术也不可避免地蕴含了传统文化的历史积淀,带有浓厚的文化特征和鲜明的文化特色。中华武术以儒家的中和养气为核心,杂糅了道家中的守静致柔和释家的禅定参悟等思想,从而形成了一套具有深厚内涵的庞大武学体系,是世界上独特的"武文化"。中华武术是中华民族的珍贵文化遗产,是中华民族智慧的结晶。

武术体现了中华民族的性格和气质,包含了中华民族对武术之道的特殊见解。中华武术讲究刚柔并济、内外兼修,不同于具有日本特色文化的空手道,也不同于带有热带丛林风格的泰拳和追求刚烈勇猛、展现自我的欧美拳击。中华武术不光追求外在的形体美,更着重于其深奥的内涵。中华武术是哲理的体现,先哲们通过武术的一招一式,追求对生命和宇宙的思考,追求一种独特的人生境界。因此,武术蕴含了古老东方文化独特的哲学思想。在漫长的发展过程中,武术不断汲取中国传统文化的营养,以丰富其内涵,从而具有深厚的哲学意味。太极拳在拳术的表象之下,体现了中华文化以柔克刚、阴阳辩证等哲学思想,因此,太极拳被不少外国人称为"哲学拳"。另外,中华武术还具有审判价值和健身价值。

武术全面表现了中华民族对攻防技击的理解和运用,从武术中可以看出中华民族的民族精神、意志、思想、哲学观、美学等各种民族特点。武术文化以武术为载体,内容上具有哲理性,方法上具有科学性,因而构成了一套严谨而独立的科学文化体系。武术是中国传统文化的重要组成部分,有自身独特的本质和内涵。中华武术具有丰富的内涵和特殊的运动方式，具有强身健体、修身养性、娱乐等社会功能，在中国有着广泛的群众基础，自诞生以来源远流长，经久不衰。武术作为优秀的传统文化，不仅受到国内群众的热爱，也越来越多地受到世界各国人民的欢迎，越来越多的外国人开始练习武术。同时，武术精神也象征着民族气节，是中华民族百折不挠的精神所在。随着人类社会发展越来越密切，世界各种文化之间的交流变成常态，深刻理解中华武术的内涵也更具有现实意义。

中华武术是中国传统文化的一部分，主要体现在以下两个方面。

第一，中华武术以中国文化为基础，汲取了中国传统哲学、美学、兵法、艺术等多种形式。

第二，中华武术是一种独特的运动文化。它拥有其他文化无法比拟的独特的运动风格、深厚的文化底蕴和复杂的功能结构。

需要指出的是，武术的概念不是一成不变的，它随着历史的发展而产生变化，既有内容的增减，也有对其他文化的融合吸收。金岳霖先生认为，"最好的明确概念的方法，是以内涵定义为主，以外延定义为辅……这是明确……概念的最有效的方法"。因此对武术文化的概念做一个正确的表达就显得很有必要，包括其内涵和外延。武术文化是以技击技术为核心，以中国传统哲学思想为基础，包括与武技密切相关的器物、传承形式和民俗，以及由它们所蕴含的民族精神共同组成的中国传统文化。

首先，武术文化必须以技击技术为核心，没有技击技术就不可能有武术文化。其次，武术文化包含了四个层次的内容，即物态文化层、制度文化层、行为文化层和心态文化层，而心态文化层则主要表现为民族精神。武术文化属于中国传统文化，是一种动态发展的文化，它贯穿古今，至今还在不断地发展变化。

三、武术文化的独特观点

武术的总体文化特色与生命活动相关，具有泛道德主义倾向，既具有中国传统文化的特点，也包含了对中国传统文化的思考和外在表现两层含义。一是在理论上，武术文化深受中国传统文化思想的影响；二是在行为方式上，武术文化受到中国传统文化基本精神的制约。文化特征和技术特征相辅相成、互相影响，二者很难单独分开。但与技术特征相比较，文化特征更加深入、抽象，更加难以把握。

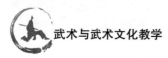

（一）人与自然的和谐

　　崇尚自然的和谐精神，重视内修外炼。武术追求人与自然相互融合的"天人合一"思想，强调人与自然、社会，人自身内外要和谐统一。"天人合一"指的是人与自然的关系。武术文化认为，人应该与自然保持和谐，以实现天人相通。武术运动是人体的运动，人体运动与自然运动有着密不可分的联系，只有顺应自然规律，尊重自然规律，全身心地投入自然宇宙之中，才能适应自然变化，实现练武的目的。自古以来，中国人追求男耕女织的理想生活，爱好和平，不喜欢对外扩张和发动战争。因此，中国人更注重向内发展，注重自身、个人的完善，"内圣外王"被奉为最高境界。正如王阳明所说"不离日用常行内，直造先天未画前"。因此，中华武术不光要求技击技术，更要约束自身行为，向内追求道德高尚的境界。

（二）德艺双修的观念

　　武术强调"德""艺"双修、以德为基的学练观念。尚武崇德与和谐是武术文化的重要内涵，"文以评心，武以观德"说明了武德在中华武术文化方面的重要地位，武术吸收了中华传统文化中重道德、讲礼仪的优秀传统，并用惩恶扬善的观点来协调习武者与他人、自然之间的关系，力求达到这三者之间的和谐关系，与今天所提倡的和谐社会也有异曲同工之处。武术也同样追求和谐，将"道德"与"和谐"合二为一，正如万籁声先生在《武术汇宗》中说："是以武功之道，非有坚韧不拔之志者，难得有大成功；非忠义纯笃者，难得大造就；非谦和恭敬者，难得有善终。""坚韧不拔""忠义纯笃""谦和恭敬"正是对习武者道德标准的完美诠释，表现出习武过程中注重德艺双修，并以德为根本的重要性。

（三）内容形式紧跟时代

　　武术发展的各个阶段，都与我国政治、经济、文化有着密切的关系。武术是在几千年前生产力发展水平低下的环境中萌芽而发展的，在频繁的军事战争和对外征伐中，武术得到了很好的发展。随着社会生产力的进一步提升，武术的内容和形式也在不断完善，增加了适应社会发展变化的新内容、新形式与新内涵。武术在其漫长的发展历程中，不仅保持了武术文化的根本特征，而且随着时代的发展又产生了适应时代的新的武术文化。中华文化复杂而又具有深刻内涵，包含了多种不同特征的文化，各个部分相辅相成、互相影响而发展。以地域来划分，可以分为晋文化、巴蜀文化、吴越文化、荆楚文化、岭南文化、中原文化等。在自然地理和人文影响下，各个地区的文化演变出不同且各具特色的文化特征。因此，不同地域的文化特征丰富了武术的内涵，各种武学流派使中华武术文化博大精深，经久不衰。

（四）符合中华传统文化

武术是中华民族文化的智慧结晶。在武术的形成过程中，中国传统文化产生了重要的作用，是武术体系形成的不可或缺的理论基石。同时，武术文化在方方面面也体现了中国传统文化的特征，代表了中国不同的人文阶层，处处都渗透出中华民族的传统生活方式和处事态度。传统武术文化将道家、儒家、佛家思想巧妙地结合起来，展现了中国人的"中庸思想"和追求和谐、信守"自强不息、厚德载物"的处世特点，表达了中国礼仪之邦的历来风范。总之，武术文化强烈的复合性是其几千年兴盛不衰并不断发展进步的最终源泉，也是使武术文化在人类文明的长河中始终绚丽多姿的文化基因。

（五）符合中国文化审美

钱穆先生认为，中国传统文化的本质是一种审美文化。中国人自古就有一种独特且自觉的审美习惯和审美意识，使中国人对艺术甚至生活方式都抱有审美的态度，用美的视角去看待世界的一切事物，将日常生活中再普通不过的事物都赋予高雅的美学意义，以及富有诗意的理想化，以此来追求一种精神上的桃花源世界。在这种独特审美文化的影响下，中国传统武学也表现出了将武术艺术化的特点。

除了外在的形式美，更重要的是，武术还具有深层次的意蕴美，这与中国传统文化的影响有很大关系。意蕴指韵味、神韵、意境等，是中国传统文化追求美的独特表现。武术强调动静结合，动中有静，静中有动。练武时，眼睛要全神贯注，同时还要有内在的情绪和意志。武术的"动"要讲究韵味。武术套路将各种动作和谐、巧妙地联系在一起，某一招一式之间都传递出美的意蕴，在极具欣赏价值的同时，也体现了生生不息的生命节奏，蕴含哲理。

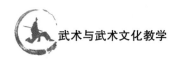

第二节　中国传统文化对武术文化的影响

中国传统文化对中国武术文化的形成与发展起了重要的作用，使中国传统武术文化也具有了哲学的意味。中国传统武术有民俗文化的蕴含，有养生医学的理论，在竞技方面还能体现出攻防之间的智慧较量。可以说中国传统武术是一种深受中国传统文化影响的运动，与中国传统文化在各个方面产生深刻的联系。

一、古代哲学的影响

中国古代哲学包括很多传统的思想以及学术流派，以《老子》的"道"、《易经》中的"阴阳八卦"和儒家学说为核心，也包含了许多其他各家各派的思想。中国古代哲学具有强烈的社会现实性、博大的系统性、鲜明的主体性。武术文化诞生于中国传统文化，在其产生和发展的过程中，很大程度地受到了中国传统哲学的影响，将许多哲学思想和观念融入其中，经过不断地完善、吸收与发展，形成了具有深厚传统哲学色彩的独特文化体系。

（一）武术文化与《易经》

中国传统武术历来都有"起于易、成于医、附于兵、扬于艺"之说，"易"指古代哲学代表作《易经》（也叫《周易》），武术文化与中国传统哲学有着密不可分的联系。《易经》被称为诸经之首、大道之源，蕴含着丰富朴素的哲学思想，是中华民族的智慧结晶。《易经》作为我国最古老的哲学经典，阐述了天地间的万象变化，是博大精深的辩证法哲学书。

《易经》是中华民族的集体智慧结晶，也是中国最早的一部以占卜形式阐释哲学思想的著作，中国传统文化思想多起源于此，如影响中国社会两千余年的儒家思想就以乾卦为首卦，乾卦象征天、主动、性刚健，故儒家学派以进取为主。道家则以坤卦为首卦，坤卦象征地、主静、性柔顺，故道家发展了以守静为核心的哲学。

商周两代，受社会生产力和知识水平的限制，人们对许多自然现象无法提出合理的解释，于是他们只能借助鬼神，相信迷信，以占卜来解释自然之理，《易经》便随之产生。《易经》一书包括《经》和《传》两部分，《经》主要是六十四卦的卦辞与三百八十四爻的爻辞，《传》主要是解释卦辞和爻辞的七种文辞。

《易经》是中国传统文化思想的源头，中国传统文化主要是由儒道两家融合形成的。虽然在历史发展中，两家各有占据文化主流的时期，并且儒家长期作为中国古代封建社会的正统思想，然而，无论是道家，还是儒家，其主要思想都可以在《易经》中找到其明显的思想源头。根植于中国传统文化的武术文化，其发展也与《易经》有着密切的关系，武术文化在发展中汲取了《易经》丰富的思想养料，成为武术技击理论的基本原则。

《易经》最大的特点，在于将天、地、人结合起来，作为一个整体，从而构建了一个巨大的宇宙动态模式，这个模式的核心是"易"，"易"有变化、变通之意。《易经》通过抽象性的符号组合，以及每个符号代表的含义彰显出自然的运行之理。《易经》的哲学内涵对武术的发展产生了重要影响。武术家们普遍认为，武术之道是与自然之道相联系的，武术本质特征中也有自然之道的体现。

在各种中华武术中，太极拳极具特色，具有深厚的哲学思想，并且影响力较大。太极拳性命双修，动修命，静修性。传统中医理论认为，心主性，肾主命，心为火，肾为水，通过调节身体内阴阳平衡，可以达到健康的状态。性命双修，就是通过练拳，使身体内水火相容、阴阳平衡，从而健康长寿。太极拳不仅是一种拳术，可以保健、锻炼身体、陶冶性情，更因其深厚的哲学思想，吸引了海内外成千上万的人对它产生浓厚的兴趣。

太极是中国易学文化中的最高境界。《易传·系辞》曰："是故易有太极，是生两仪，两仪生四象，四象生八卦，八卦定吉凶，吉凶生大业。""太极者，无极而生，阴阳之母也。"无极生太极，出现阴阳，阴阳转化，互相调剂以生万物。把太极理论运用于人身，把人体看成一个太极。既为太极，必有阴阳。人体心为阳，肾为阴，上为阳，下为阴，阴阳相济，太极为真，人才能够得以长寿。

当"太极"一词首次出现在"六经之首"的《易经》一书中时，它便与吉凶大业紧密相连，由此不难看出"太极"对于人类生存发展的重大意义。自诞生起，儒、佛、道三家便与太极产生了密切的联系。儒家重视对太极义理的解释，道家则重视对太极道法的运用，即便是外来的佛教也将太极阴阳图奉为寺庙佛钟的吉祥图案。由此可见，"太极"体现出来的思想境界是儒、道、佛三家所共同认可的。

（二）武术文化与道家思想

道家思想在整个中国传统文化的发展历史中都有着极其重要的作用。道教是我国土生土长的传统宗教，可以这样认为，道家思想是中国传统文化思想的哲学基础，正是它决定了中国哲学思想的发展方向与发展模式。道家尊奉老子

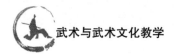

为教祖，奉《道德经》为主要经典，认为人通过后天的修炼，是可以得道成仙的。中国古代尊重祖先，敬奉上天，有着敬天祭祖的传统，正是在这样的宗教信仰背景下，道家思想得到了很好的发展，并吸收了阴阳家、墨家、儒家等其他学说流派的思想，沿着方仙道、黄老之学的某些宗教观念和修持方法而逐渐形成。道家思想在我国传统哲学思想中影响深远，被认为是中国传统文化思想的哲学基础。

道家思想是中国传统武术最主要的思想源泉。道家思想对武术文化的影响主要体现在两个方面：首先在于认识论上，武术吸收了道家思想中天人合一、道论、气论的哲学观点，以此来解释武学的本质；其次在于方法论，武术吸收了道家"无为而治""物极必反""以静制动"等思想，作为指导武术技击的原则。

老子是道家思想的代表人物，他认为，"道"是宇宙万物的本源，中国武术文化也吸收了这一思想，把"道"当作武术最本质、最核心的特征。这对中华武术文化产生了深远的影响，如太极拳的基本拳理就是据此生发的。拳技中阴阳、进退、动静、刚柔、虚实种种变化，相反相承，互为因果，同出一宗。武术的精微之处如同老庄的"道"，无一处在，又无处不在，只可意会不可言传。

道家崇尚本体观，道家认为，"气"是宇宙万物生长的本源，"气"即"道"的体现，正所谓"道生一，一生二，二生三，三生万物"。中国传统武术全盘吸收了道家"气"的论述，以此来解释武学中的博大精深的奥秘。清代著名武术家苌乃周在《中气论》中就指出"元气"是武术的根。这里的"元气"指的就是太极，就是道。历来武术中各个流派，无论注重修炼内功还是外功，都十分重视"养气"，强调"养气"是练武的最重要、最基本的条件。

"天人合一"是道家的主要思想之一，备受道家学者推崇。"天人合一"有两层含义：一是认为天人一致，宇宙自然是一个大天地，而人则是一个小天地；二是天人感应，认为人和自然在某种本质上是相通的，可以建立起联系，因此做任何事都应该遵循自然规律，人应该与自然和谐相处。庄子说："有人，天也；有天，亦天也。"天人本应该是合一的，但由于人建立了各种典章制度、行为准则、道德约束等，人逐渐丧失了最初的自然属性，与自然不协调。因此，人类行为的最终目的，就是要打破这些社会强加给人的各种障碍，解放人性，使人重新回归自然，最终达到"天人合一"的境界。武术是人体的运动，同时与宇宙自然运动也有着密不可分的联系，要想达到练武的目的，就必须遵循自然规律，顺应自然，实现人与自然的和谐统一。

尽管武术拳种众多，流派林立，但都遵循"不懂阴阳则不懂中华武术"的基本原则。阴阳是对立的不同的属性，但中华武术却可以将二者融合起来，达到阴阳平衡的状态。

中国的武术家认为，只注重练武而不修道的人只能算是末等武人，只有将武术与哲学思辨贯穿起来，内外兼修，使外部的形体动作与天地自然精神完全合二为一，才能真正算是武学大师。老子"反者道之动，弱者道之用"的观点，充满了辩证法的思想光辉，这句话认为，对立着的事物并不总是对立的，两者也有向其对立面转化的趋势，这是运动的基本规律和自然平衡之理。老子的这一思想被广泛地运用于武学战略思想中，成为中华武学的基本原则。

（三）武术文化与儒家思想

在中国古代社会，儒家所传承的礼仪，包括习俗和制度两方面，它们囊括了古人所有的生活领域。在这种文化背景下，礼仪作为国家首要的意识形态，人的一生都要生活在由各种礼仪构成的文化体系中，受礼仪的制约与规范。儒家是礼仪的积极倡导者，儒家的"礼"几乎包括了一切行为准则，从方方面面指导中国古代社会的人和事，因此，武术也深受礼仪的影响，并与儒家思想产生了千丝万缕的联系。

孔子将"六艺"作为士人必学的科目，即礼、乐、射、御、书、数。其中"射""御"就是关于武术的课程。孔子认为，文化教育和武术教育同样重要，杰出的人才应该两者兼备，同时，孔子不仅本人武艺高强，还培育出了如冉有、子路和有若等文武兼备、勇猛威武的弟子。因此，儒学创建之初就与武学产生了密切的关系。

西汉时，武帝采纳董仲舒的建议，"独尊儒术，罢黜百家"，自此一直到1911年辛亥革命的爆发，在这两千余年的时间里，儒家一直作为中国封建社会的主流文化，在中国思想史上占据主导地位，并成为封建统治阶级维护自身统治的思想武器，在这期间，中国传统武术也逐渐发展成熟，并深受儒家文化的影响。中国传统武术强调"武德"，认为练武之人必须具备"武术的道德"，这与儒家提倡的"仁"有异曲同工之妙。"仁"是儒家学说政治观和社会观的核心，是一个含义广泛的道德范围，有关"仁"的思想，都记录在《论语》一书中。"武德"就是以"仁"为基础构成的，"习武先习德""艺无德不立"等流传至今的无数名言，都是"武德"的具体体现。有史以来的武学大师们，在择徒授艺时，都将武德作为选拔弟子的首要条件，其次才考虑天分、根骨、悟性的条件。尽管武术界武学门派林立，各个派别都有自己的传统武学，但是在其门规、家法中，都开宗明义地阐明武德。

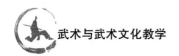

中国传统武德讲究乐于助人。子曰："见义不为，无勇也。""仁者必有勇，勇者不必有仁"可见具有崇高武术精神的侠者，也必定会见义勇为。这是习武者体现自身价值的机会。除此之外，"劫富济贫""替天行道""惩奸除恶"等，都是中国传统武德的不同体现。

"武德"与儒家文化的结合还体现在对国家的热爱上。爱国是一种崇高且神圣的情操，历来的习武之人，都有浓烈的爱国情怀，这也是"武德"内涵中最高层次的体现。西汉骠骑将军霍去病面对武帝豪华府邸的赏赐，不为所动，喊出了"匈奴未灭，无以为家"的豪言壮语，表达了自己保家卫国的坚定信念和深厚的爱国情怀；明代戚继光抗倭十余年，确保了沿海人民生命和财产安全，"封侯非我意，但愿海波平"，这句诗充分表达了戚继光保卫祖国海域、抗击倭寇的决心。他们舍身为国、壮志激烈的精神，正是中国传统武术自立自强的生命所在。在爱国主义这面旗帜的指引下，无数中华武林豪杰产生了强大的凝聚力和奋发力，中国传统武术也在不断进步和发展。

儒家文化认为，"义"是君子的本质，君子以"义"为上，每个人的行为准则都要符合周礼和道德，必要时要"舍身取义"。武术文化和儒家文化中的"义"相融合，使许多英雄豪杰也遵守"义"的要求，他们在抵御外侮方面发挥了十分重要的作用，其壮怀激烈、勇赴国难、舍身为国的精神是中国传统武术的生命力之所在，是武德的最高境界。

同时，武术文化还传承了儒家文化中的"忠"的思想。儒家文化提倡"忠孝"，在家尽孝，为国尽忠。但是"忠孝"思想却在很大程度上制约了中国传统武术的发展。"忠君"是其思想的核心，但"君叫臣死，臣不死不忠"，就出现了所谓"愚忠"。

"仁"是孔子社会观和政治观的核心，而为了达到"仁"所实行的一系列行为准则被称为"礼"。同样，"礼"的思想在武术文化中也被发挥得淋漓尽致。在武术界，师徒如父子，"一日师徒百日恩""一日为师终身为父"的观念深入人心，而师兄弟之间的深厚情感也不是今天普通朋友之情可以相比的。在传统武术界，双方比武之前必须抱拳行礼，以示尊敬，同时，点到为止、互相谦让也是拳友之间进行友好交流与比试的标志。双方要相互礼让，尽可能让对手发挥出全部实力，即使发生争执，也要尽量忍让，不可随意出手攻击。

二、兵家理论的影响

武术与军事是同根同源、相辅相成的，二者的本质都在于攻防格斗。二者相互促进、相互渗透，不仅体现在格斗技术上，更多的在于二者都反映了战略战术等基本思想。这些思想对于今天的军事战争和武术竞赛仍然有重要的参考和指导作用。

我国春秋时期著名军事家孙武所著兵书《孙子兵法》是中国历史上成就最高、影响最大的一部兵书。虽然只有短短6000余字，但其体现出来的大智慧、大谋略，以及博大精深的内涵、深刻的哲学思想及杰出的见解，在两千多年里都对军事战争产生了重要的意义，而且其思想至今还在影响社会的各个领域、各个方面。中国传统武术深深根植于中国传统文化，其战略战术思想也直接来源于《孙子兵法》。与古代其他兵书相比，《孙子兵法》更多地论述了战略思想和兵家的哲学理论，具有深奥的哲理性。因此，从古到今，《孙子兵法》均被列为兵家首读之书，同时也成为武术技击理论的指导思想。

三、民俗文化的影响

中国国土辽阔，诞生了悠久灿烂的历史文明，孕育了56个多姿多样的民族文化，因此就会出现"十里不同乡，百里不同俗"的现象，从而形成了各不相同的民俗文化。在中国传统文化的发展过程中，形成了形式多样、丰富多彩的民俗文化。它深入群众，贴近生活，是一种生活方式，也更是一种生活的样子。例如，中国人用筷子吃饭、过年放鞭炮……这些活动虽然看似平常，却蕴含了非常丰富的中国传统思想。

在文化视野中，民俗是一种文化模式，是人们会遵循的标准形式。一般来说，民俗文化模式是约定俗成的，主要依靠人们的自觉遵守，但当它成为某种文化模式时，就会体现出出乎意料的权威性，制约着每一个人，并对人们的思想产生巨大影响。即使民俗被我们当作一种很普通的生活方式，它却也体现了中华民族独一无二的思想文化。

"一方水土养一方人"的说法我们也经常听到。在一个地区的发展过程中，民俗对人的心理和性格的形成产生了巨大的影响。在长期的生活中，人们会形成独特的文化与性格。武术在中国民俗文化中也有着十分重要且特殊的地位。中国古代民俗中，历来有崇尚武学的传统，并且源远流长，经久不衰。汉唐时期，武术就作为一种主要的民俗文化，走进了人们的日常生活中，佩剑成为君子的象征，逐渐形成潮流。宋明清时期，武术的发展达到了顶峰，武术与民俗融合为一体，武术成为民俗文化重要的一部分。至于逢年过节、集市庙会，武术更是不可或缺的节目之一。

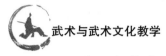

（一）花会

"花会"是对汉族民间在春节等节日进行的各种游艺活动的统称，源于元代佛教的"行像大会"。"花会"顾名思义，指花的集会，走进花会，正如走进了民俗文化的大观园。由于人们居住地不同，因而在生活环境、宗教信仰、生活习俗等的影响下，形成了风格独具特色的民俗。这些民俗在表现形式、风格、内容等多方面都独树一帜，极具鲜明的地方特色。

花会由庙会逐渐形成，在发展过程中，依托于歌舞表演，带有强烈的地域风格特点，在北方农村城镇深受人们欢迎，流传很广。它的许多技艺传递着民族深层的互感互识的感情密码，也闪烁着万古永存的民族精魂，负载着中华原始文化的基因和传统国学的内涵。不同地区的花会表演虽然各有千秋，但其中很多节目都与武术相关。例如，流传于北京地区的"五虎少林棍"、流传于沧州地区的"武术扇""落子"等，都是武术与花会表演结合的显著艺术形式。近年来，伴随着农村脱贫致富，花会也得到了更好的发展。

（二）杂技

杂技作为一种表演艺术，以高难度的动作深受欢迎。它与武术同时出现，其复杂动作的完成离不开对武术的基本要求，直接反映了人体机能彼此之间的相互配合。武术和杂技，有时可以相提并论，许多武术表演，也可以当作杂技节目，而古老的杂技艺术，也离不开武术的影响。另外，杂技较其他艺术形式，更接近武术。

流传至今、经久不衰的杂技艺术，也影响了中国传统武术文化的发展。考古证明，石器时代就已经出现了"流星索"，一开始它只是被古人当作捕获猎物的投掷工具，但在杂技和武术里面，它都被改造成了武器。冷兵器时代，"流星锤"占据了重要的地位，经过不断的发展和改造，又形成了"强镖"；而在杂技中，出于表演效果的需要，又在"流星锤"的基础上创造性地发明了"水流星""火流星"等高难度的富有观赏性的节目。古人在狩猎、战争中积累的原始攻防技能，逐渐形成了中国传统武术的源头，同时也成为中国杂技的源泉。"弹弓"也是最早的狩猎工具。但随着时代的发展，弹弓的狩猎功能逐渐消失，弹弓术转而演变成一门具有观赏效果的杂技艺术。

东汉文学家张衡在《西京赋》里生动描述了长安的繁华，记载了"扛鼎""缘竿""钻圈""跳丸剑""走索""吞刀吐火""鱼龙变化"等精彩杂技。隋朝时设立的太常寺，掌管礼乐，教授杂技表演。隋炀帝于大业六年（610年）在长安端门外举行百戏演出，据说当时光表演所穿的锦绣服饰，就动用了长安和洛阳所有的绸缎，光乐队人数就多达 18 000 人，表演时的伴奏之声，传到了数十里外的地方。

宋代的民俗生活有了更大的发展，出现了兴盛一时的民间艺术演出场所"瓦舍勾栏"。其中的杂技表演"射弩"，已经把射箭变成了赏心悦目的表演之一。"拉硬弓"原本是军队中考核将士的项目之一，作为士兵的必备武艺，但在杂技表演中，不光是"力"的展示，更兼具了娱乐性质。清末，北京天桥的杂技艺人们，能同时拉开五张重一百余斤的弓。

马戏作为杂技动物戏的一种，具有很强的生命力，至今仍受到观众的喜爱。马术最初也是士兵征战沙场必备的武艺之一，经历从车战到骑战的演变，养马驯马的技术也有了很大的发展，最终走进了杂技表演中。

中国古代武术和杂技相互交融、共同发展，许多战场上的兵器都演变为杂技表演的道具，如"流星锤""飞叉"等，都在杂技中焕发了新的生命力。许多落魄的武林人士流落江湖，四处卖艺，进行武术表演，以此作为谋生的手段。

中国古代的戏法，很多都讲究功底，手、眼、身、法、步是戏法演员的基本功，缺一不可。古彩戏法演员要将许多道具藏在身上，表演时根据节目的需要，从身上随机变出，这些道具有的是光滑的器具，有的带火，有的带水，往往体积庞大、重达百余斤。演员们身藏道具，在罩袍的遮蔽下，不光要显得不臃肿，形象匀称，还要气定神闲，从容地进行表演。要做到这些，不光要注重力量的训练，更要注重技巧的训练。因此，古彩戏也被内行称为"文戏武活"。

四、宗教文化的影响

在世界史上，宗教曾作为唯一的意识形态和精神权威统治人类精神达几千年，成为人类历史发展过程中一种具有必然性的广泛存在的复杂文化现象。在中国历史上，道教、佛教及其他宗教都以其特有的价值和功能在中国古代封建社会发挥着特殊的作用，同时也给中国传统文化的诸方面，包括武术文化打上了宗教印记。宗教对武术文化的发展起了重要的作用。

道教是中国本土诞生的唯一的宗教，其对于武术的影响更加深刻、全面，是其他宗教无法相比的。技术上，道教中的服气、运气、吐纳之术等都在武术中有所体现；而在精神层面，道教讲究无为、贵柔、主静，这些思想直接影响了武术的内涵延伸和自身发展。例如，太极拳的产生就是深受道教思想影响的完美体现。

"天下武功出少林"，少林功夫的发展体现了佛教思想对武术的影响。佛

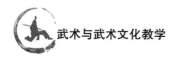

教诞生于古印度，西汉时传入中国，至唐朝时，已产生了多个流派，其中禅宗大师慧能对佛教思想进行改革，提出了"放下屠刀，立地成佛"的思想，使禅宗成为当时佛教主流。禅宗主张顿悟，认为佛性人人皆有，更加符合中国人民的民族自尊心和传统文化习惯，逐渐向各个文化领域渗透，武术也深受其影响。这种影响，代表了佛教思想与中华武术密不可分的关系。这种影响在少林拳术中有着突出的表现。少林拳术讲究"拳禅一体"，是佛教文化与中华武术融合的体现。首先，少林拳术将禅法与拳法相结合，以禅理解说拳理；其次，少林拳术外部依托于寺庙为其创造的良好的发展环境，而内部又深受佛教思想的影响，使其在武德、武风、武技的形成上深刻地刻上了佛教思想的烙印。而与此同时，佛教思想也因少林武术的广泛传播而获得了更好的发展。可以说，少林武术和佛教思想是相互促进、相互发展的。

武术与其他宗教也有着密切的联系，如一些中国本土的原始宗教、民间信仰等。这里所说的其他宗教包括两类：一类传播于少数民族地区和边疆地区，有的是诞生于少数民族的原始宗教，也有的是道教和佛教的演变分支；另一类诞生在汉族地区，也就是流传已久的民间宗教，这些宗教无法获得封建统治者的承认，只能以秘密的方式流传于民间。这些宗教的源头可以上溯到东汉末期的太平道和五斗米道等，当时社会民不聊生，走投无路的贫苦百姓转而投身于宗教，举起了农民起义的大旗。唐宋以来诞生的明教、白莲教等都是当时广为流传的民间宗教，这些宗教或多或少都与佛教、道教有着某种千丝万缕的联系，其兴衰成败与社会状况有着很大关系，当社会安宁时，这些宗教只能以秘密的方式在民间流传，而当王朝末期、天下大乱时，他们又打起"为民除害"的旗帜，聚集信徒，组织声势浩大的农民起义，反抗统治者。

五、戏曲艺术的影响

虽说戏曲的起源是歌舞，但作为世界重要戏剧体系之一，从戏曲独具风采的表演艺术来看，应该还有它极具观赏效果的武术艺术。中国戏曲中的武打，有踢、打、摔、合手、击刺等主要动作，在各种类型音乐的配合下完成，效果一气呵成。武术为戏曲艺术提供了技术，还深刻影响了戏曲的表现形式和内容，也使观众逐渐喜欢上了这种带有武打动作的戏曲，这种改变是武术对戏曲全方面、多层次渗透与影响的结果。

当然，戏曲武功与中华武术也有着明显的不同，它们分属于不同的传统文化，虽然也有着相互的渗透和影响，但最终都朝着不同的轨迹发展。戏曲武功以戏曲为基础，同时结合了武术的成分，对戏曲本身和戏曲人物的塑造都起到了推动作用。戏曲艺人吸收了武术中的技巧、身法等，将之引申到戏曲表演中，逐渐发展成了戏曲的表演手段。中国戏曲以叙事性为其结构核心，同时讲究唱、念、做、打的基本形式要素，其中"做"和"打"来源于武术的影响，没有强烈的戏曲色彩。

东汉时，武术和戏曲已有了初步的结合。当时著名的角抵戏《东海黄公》中，已含有"打"的成分。但当时戏曲中的武打仍只是锦上添花的作用。宋朝民间艺术有了飞速发展，戏曲不再作为宫廷皇室才能享受的奢侈品，开始向民间渗透，并走向成熟。同时，戏曲与武术的结合步伐也大大加快。元朝时，武术开始成为戏曲必不可少的一部分。明清时代是中国戏曲的升华期，除了戏曲自身的各种因素，武术也起着十分重要的作用。这一时期，铁路的出现致使镖局纷纷倒闭，那些风云一时的镖师各奔前程，其中一些镖师栖身梨园，指导戏曲演员练把子功。这些到戏班中指导练把子功的镖师大都武艺高强、有门有派，有了他们的参与，戏曲武打风格日趋多样，功法日臻完善。与此同时，一大批深受市民喜爱的反映江湖豪杰的武戏出现在舞台上，出现了专演武打戏的戏班子。清代兴起的各种地方戏，大都以演武戏为主，其中最具代表性的是粤剧和川剧。川剧讲究"三分唱、七分打"，粤剧不光重视武打，还重视唱、做、念等文场功夫。粤剧要求要有气势、有魄力。

戏曲武打主要靠把子功、筋斗功、腿功来体现。这些动作大都美观花哨，但仍能看出武术的影子。把子功起源于武术，是武打里面的基础功，主要是对武打器械的训练等。把子功融合了各种武术技巧，经过发展演变后应用于戏曲。例如，把子功的许多招式都来源于武术，"三十二刀"就来源于武术中的"双刀进枪"。"三十二刀"至今较完整地保留着"太极刀""八卦刀"的神韵。筋斗功则吸收了武术翻、滚、跌、扑等技法。在戏曲表演中，蹿高跃险，上天下海，多用筋斗表现。除了一般武术基本功法外，武术套路中普遍使用的旋风脚、鲤鱼打挺、侧空翻也被戏曲武打吸收，演变为飞脚、拔浪子和跃肩。随着戏曲的蓬勃发展，武打戏在戏曲中占据了越来越多的作用，并最终成功地脱离于戏曲，自成一家。和戏曲生旦净丑的角色划分一样，武戏也有武生、武旦、武净和武丑的行当。至此，武打作为一种全新的艺术形式被确定下来。

中华武术与戏曲虽然分属不同的艺术类别，但两者有着密不可分的紧密联系，它们相互渗透、相互影响，都朝着各自的方向繁荣发展。

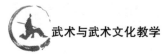

六、养生健身的影响

在几千年的文化传承中，养生健身与武术在同一个体系中发展壮大，它们都是对人体文化的认知与理解，有着共同的理论基础。中华武术注重内外兼修，俗话称"内练精气神、外练筋骨皮"，这与中国传统的经脉理论、精气神理论等有很深的渊源。武术养生讲究内外结合，使武术由单纯的武打技巧转变为强身健体之术，并成为中华武术文化的重要部分。武术养生在中华民族养生史上占有重要地位。我国古代人民很早就有了养生的观念，并创造了能够修身养性的"五禽戏""八段锦"等活动，这对武术的发展产生了重要影响。

（一）五禽戏

禽指动物。五禽是指虎、鹿、熊、猿、鸟五种禽兽。戏有游戏之意。五禽戏是中国古代人民创造的一种特殊的健身方法，通过对虎、鹿、熊、猿、鸟五种动物的动作来模仿，以达到强身健体的目的。五禽戏是由东汉末期著名医学家华佗最早创编的。相传五禽戏是华佗在《庄子》二禽戏的基础上加以改编而成的。

据《后汉书·方术传》记载，华佗云："吾有一术，名五禽之戏：一曰虎，二曰鹿，三曰熊，四曰猿，五曰鸟。亦以除疾，兼利蹄足，以当导引。"五禽戏的要诀在于仔细观察五种动物的动作，抓住其中的特征进行模仿，这样就可以实现强身健体、修身养性的目的。

五禽戏自诞生以来，就备受推崇，经久不衰。五禽戏既可以全部练习，又可单练一禽，甚至只练习其中的几个动作。古人认为，练习五禽戏可以疏通筋脉、舒展筋骨、增强体力。五禽戏作为最知名、流传最广的强身健体的方法，历来都受到人们的称赞。

（二）易筋经

易筋经是中国传统的养生功夫，它重视姿势、呼吸与意念的锻炼，按人体十二正经与任督二脉之运行进行练习，锻炼起来，气脉流注合度，无迟速痞滞的偏倚现象，是气功中的上乘功法。易筋经相传为明朝天启四年（1624年）天台紫凝道人假托达摩之名所作，并逐渐演变为多个流派。"易"是变通、改换、脱换之意，"筋"指筋骨、筋膜，"经"则带有指南、法典之意。顾名思义，易筋经就是改变筋骨，通过修炼丹田真气打通全身经络的内功方法。易筋经从道教、功法、阴阳学说等方面进行论述，经过不断改编形成了众多版本。

易筋经是一种以强身健体为主的锻炼方法，其主要特点是动静结合，内静以收心调息，外动以强筋壮骨，具有伸筋拔骨、舒经活络、调理脏腑、通畅气血的功效。它通过头、颈、胸、腰、骶椎逐节牵引屈伸，使全身经气发动，阳气充足，有效改善背部及四肢的活动功能。锻炼时要求身体端正，全身松紧自然，意念宁静集中，气守丹田，呼吸自然，意志统一，循序渐进，量力而行，动作协调，并配合腹式呼吸。

（三）八段锦

八段锦是中国古代的一种气功功法，在我国古老的引导术中，八段锦流传最广，具有保健养生的作用。八段锦主要是针对脏腑、病症而设计的一套练功功法，其动作精炼、舒缓，运动量适度，长期锻炼可以舒经活血、延年益寿、增强脏腑功能，又因其优美似锦的动作，深受练习者的喜爱。

八段锦既有坐八段锦和立八段锦之分，又有太极八段锦和少林八段锦之别，但基本动作都相差无异。八段锦动作简单、功效明显，即使现在也广受欢迎。现代人工作紧张，压力大，久坐导致身体关节僵硬受损，加之长期不规律的生活习惯，落得一身职业病。而通过八段锦的持续锻炼，能有效缓解关节疲劳，通畅血脉，打通经络。八段锦只有八节动作，简单易学。

第三节　武术文化与中国传统文化的融合

一、传统审美文化体现

（一）中华武术的审美主体

中华武术最初起源于我们远古祖先的生产活动。在原始社会时期，人类比较弱小，为了躲避猛兽的伤害，便学习飞禽走兽捕食、打猎的动作，以此来和猛兽、大自然作斗争。原始的武术便在这种情况下产生。之后经过发展，逐渐演变为一系列动作优美、娴熟流畅的招式，在狩猎前举行大型祭祀活动时，或在日常活动中，都会进行表演，即舞武。表演者会受到观众的尊敬，获得极大的自豪感，而观众也能从中学习武打技巧。

随着社会生产力的提高，人类社会出现了私有财产，人类进入了阶级社会。为了保护私有财产，原始的军队便应运而生。此时，武术不单单是一种生产劳动方式，更满足了军事训练的需要。

先秦时期，战乱不止，因此尚武的风气格外浓厚。依托于文化的不断传播，武术也走出军队，逐渐向宫廷以及民间渗透，成为一种新的娱乐形式，武术之

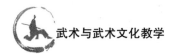

美也同时孕育。先秦至两汉，中华武术作为审美对象正处于形成初期。此时，武术已经成为被大众广泛接纳的一种新的娱乐方式，鸿门宴上，"项庄舞剑"作为娱乐表演，便是印证。儒家中"仁者爱人"的观念将武术与美和善结合起来，最终发展为"武德"；而道家思想对武术美学的影响更为深刻，直接渗入武术的本质，使其具有了深刻的哲理与内涵。宋朝时，武术的娱乐功能有了更大的发展，佩剑成为当时文人墨客流行一时的社会风尚。元朝统治阶级出于维护自身统治的需要，禁止武术活动，但武术也并未灭绝，反而以其强大的生命力积极扩展生存空间，转而以另一种形式存在，这种形式便是与戏曲杂剧的结合。这种结合使得武术被保存了下来，并为其注入了美感，拓宽了武术的发展道路。明清时期，中华武术的发展达到成熟，各个流派百花齐放、百家争鸣。此时的武术完成了量的积累，终于迎来了质的飞跃，出现了许多实用性和观赏性俱佳的武学新套路，武术的理论体系也达到完善。

武术的美学内涵也经历了漫长的发展过程，不断得到补充和丰富，并最终形成了极具风格的美学特征，使中华武术具有了极强的吸引力，呈现在人们面前。中国古代哲学认为，人的生命在本质上是一种"气积"，气是一种活力很强，在人体内运行不止的精神物质，是构成人体、维持人生命活动的基本物质之一。气散则身不存，气止则生命寂灭，所以养气历来受到人们的重视。武术中的许多拳种都讲究"气"，正所谓"外练筋骨皮，内练一口气"。养气，就是要提升自身的审美和情趣修养。武术中境界的高低，反映了对气的运用的不同。因此，武术美学和养气有着密不可分的联系，达到对气的熟练运用，就可进入武学的美妙境界。

中国传统文化认为，主体的身是"形"，主体的心是"神"。身与心一起统一于"气"中。而心作为气之精华，则起到了主导全身之气的作用，正所谓"形之君也，而神明之主也"。在审美活动中，主体内在心灵的需求，支配着主体的感性生命，唯有其心乐，而后才有耳目之乐。"耳之情欲声，心不乐，五音在前弗听；目之情欲色，心弗乐，五色在前弗视。"（《吕氏春秋·适音》）在武术训练中，习练者要做到"形神合一"，即外部的武术招式要与内在的精神合二为一，神随形转，形随意动，通过武术招式的外部表现来体现武术的独特内涵，反映武术的规格意识、劲力意识、攻守意识，通过手眼身法步的协调配合来反映武术的技击、意向、运动节奏、劲气势态和风骨神韵。比如，太极拳看似轻灵柔和、缓慢平滑，却连绵不断、虚实分明，练起来有如长江大海滔滔不绝，可以达到四两拨千斤、以柔克刚的效果，给人一种形断而神不断、无极无限的美感。设想一位习武者在练习长拳套路时，心神分离，双目飘缈，形先到而神未至，形神离散，武术将失去内在美与外在美的和谐统一，失去艺术感染力。所以，光有形似不行，要用完善的技术将内在的"神"与外在的"形"统一，和谐融为一体，既有耐人寻味的外表美，又有内涵深厚的内在美，使内外兼修的形神统一贯穿在整个武术运动过程中。

（二）中华武术的审美追求

武术自身除拥有极富特色的艺术色彩外，还具有极高的美学价值。武术因其自身丰富多彩的美学因素，表现出了十足的魅力，吸引着越来越多的练习者。中华武术的形成是"武技"和中国传统文化相结合的结果。一方面，武术体现了中国传统文化的特征，将过程简约化，将历史浓缩化，将精神内核提炼化；另一方面，武术的美学取向不重写实，转而追求"气""意"，形成了形式美、意境美、生活美三者结合的审美风格。

1. 追求形式美

世界上任何事物的美，都有具体的感性形态，构成美的感性形态的是内容和形式。美的内容和美的形式是相互依存、相互制约的。世界上没有无内容的形式，也没有无形式的内容。

武术象征着人类生生不息、繁荣向上的生命活动，观赏武术活动，可以激发我们极大的审美情趣。各种武学流派、武术招式，以及各种拳法、器械演练等，无不讲究外在的形式美。这种形式美主要体现在三个方面：首先，人们在外形上按照美学规律，对武术的结构、内容进行改造，使其具有令人赏心悦目的观赏效果；其次，人们在演练技巧上对武术不断进行美学创新，创造了多种多样的武术美学表现方式，比如通过轻快、柔软、多变的一系列动作，充分展示人体的曲线美，激发人们的审美体验；最后，武术美学着重于把人体塑造为审美对象，通过人的动作、体态以及意识的变化，体现出人类蓬勃向上的生命活力。

2. 追求意境美

"意境美"是武术美学讨论的焦点。意境美的出现，标志着对武术美学的追求超越了一般的外在形象美，而进入内涵意识领域，使武术在精神文化方面也具有了意义，更具民族特色。"意境美"体现在武术结构、自我欣赏和被欣赏的统一上，这样武术的价值就得到了升华，不再局限于武术招式的娴熟，而在动作的基础之上，追求身与心的美学体验。一套优美、精彩纷呈的武术表演，除了直观的动作、姿态的外形美外，一招一式都要创造出一种坚忍顽强的形象，展现出力之美，同时要以强烈的氛围感染观众，带动人们的情绪。

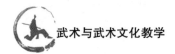

除了武术招式的美感外，武术动作的命名上也体现出武学美感。武术拳谚把抽象的事理形象化、平凡的知识新鲜化、科学的规律情趣化，把宽大、深厚并带有总结规律性的内容集中浓缩在严整、简短的一两句话之中，言有尽而意无穷，譬如"吐为落雁，纳为鹰扬"，仿佛是一幅优美的图画展现在我们面前，极为传神地表达了武术套路的丰富内容和"情节"，而这种情恰恰又是武术本质中内涵的意境反映。意境美融节奏、和谐、阴柔、阳刚、形神、技击等具体美的要素于一炉，使人们整体感受武术不同于其他艺术形式或运动项目的美感。意境美展示了武术自己的风格和富于想象的内容，从而揭示出武术的创造特征。整体的意境美使武术的本质融于行云流水般的套路演练中，以势夺人，以形娱人，以神感人，以气贯穿始终，如一首优美的抒情诗或奔放的进行曲，使人们在刀光剑影中享受美，品味醇厚的武术文化。

3. 追求真实美

武术的真实美来源于武术的大众化。武术作为生活中的真实运动，有着广泛的生活基础。许多武术招式都源于日常生活，经过不断发展完善而形成，如鹰拳里的鹰击长空、回首望月、苍鹰捕食等动作，体现出苍茫荒野上雄鹰展翅高飞、盛气凌人的气魄。同时，鹰拳还兼具画家笔下栩栩如生的鹰的神韵，散发出一种独特的意境美，给人以强烈的真实感。武术之美在于运动，同时在神态、风姿、节奏上又展现出具有民族特色之美。

4. 追求人文美

人文美，是指武术经过人为改造之后，用来表达人类思想、文化、意识的武术美学。中华武术是在中国古代文化、哲学、思想、宗教等的基础上发展而来的，因此不可避免地成为中国传统文化的一种载体，由内而外都体现着中国传统文化之美。武术在中国传统文化的影响下，向内积极挖掘人文关怀，向外体现出中国传统文化的发展源流。中华武术的各个流派，都有其各自独特而丰富的人文内涵，有的超然洒脱、有的庄重严肃、有的绚丽多姿……这些都奠定了武术文化发展的根基，是武术文化的外在表现。而中华武术共同追求的"明德""悟道"，才是武术人文美的最终表现。

武术具有很高的美学价值，能给人们带来美的体验与享受，武术因此具有顽强的生命力，源远流长，经久不衰。

（三）中华武术与古典美学

中国古典美学是中国人在长期的生活实践中积累的审美经验，从美学的历史中我们能够深刻地了解这种美学的形成与产生。中华武术对古典美学的融合形成了独特的审美特征，总结起来就是神、形、意、气、韵。

1. 武术的"神"

中国古典美学讲究"神"，当一些艺术作品达到了极高的美学要求时，其便具有了"神韵"。中华武术历来强调神形兼备、内外合一的和谐美。尽管各种武术拳种具备的美各不相同，但都重视内部的意气和外部的神气的和谐统一，以此更加符合生命的自由运动。除此之外，武术家们认为神美是更高层次的美学追求，在形美的基础上，继续向内挖掘其内涵，以求神美。脱离开神美，中华武术便失去了独特的韵味，名存实亡了。

形似指外形上相像，而神似指神态、神情上相似，神似是形似的更高追求。练武者首先要对武术动作进行模仿，以求形似，之后通过对武术审美价值、特征的理解，分析其内涵，概括出生动的神态情状，在动作中表现出精神气质，这样才能达到神似，这是练武的最高境界。武术通过"形"而传达出"神"，表现了中华武术之美。

2. 武术的"形"

武术的"形"是指武术的招式、动作等，是武术的外在表现。不同于"神"通过感受来欣赏美感，"形"是可以感知的实体，主要通过视觉唤起人们的美感。中国古人认为，形与神是互相依存的统一体，形是神的基础，神是形的延伸与核心。范缜《神灭论》："是以形存则神存，形谢则神灭也。"武术中，"形似"，指练武者通过练习，使自己的动作、样貌与被模仿者一致，达到以假乱真的效果。"形似"是练武的基本要求，可以传达出逼真、鲜明、具体的审美效果。但是，仅仅停留在"形似"阶段，而不进一步追求"神似"，就会显得粗浅、缺乏内涵，无法形成自身独特的韵味而持续发展。

3. 武术的"意"

意境是艺术审美的最高境界。它表现的生活图景与表达的思想情感整合一致，形成一种艺术境界。中国古典美学讲究"意存笔先，画尽意在""写一时之意，意尽则止""以意授于思，言授于意""义深则意远"等，主张通过自己的主观感受，去体验艺术创造中表现的对象，把握艺术形象的特点。中华武术受到这一方法的影响，要求练武者在练武过程中，将个人对现实的审美加以融合，达到更高的审美境界。这种审美境界是主观的审美体验与客观的生活形象融合后形成的，被称为"意境"。武术是一种写意的艺术，武术的一招一式不单是动作的重复、对客观对象的再现，更多地蕴含了练武者的主观情感。武术的写意性引发了对气质的追求，形成表演的艺术形式。

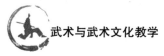

4. 武术的"气"

中国古代哲学认为，"气"是宇宙万物的物质本质。历代武术各派都强调"气"在武术中的重要作用，认为"气"是武术的核心要义。"形需气而成，气需形而知"，因此，"养气"就受到了普遍的重视，成为武术修炼的基本功。"养气"是指伦理道德和审美情趣的修养，既要提升自身的道德修养，养"浩然之气"，同时还要加强审美情趣，提高对武术的理解、感受、创造能力。武术讲究"外练筋骨皮，内练一口气"。练武者必须熟知各种拳法，并勤加练习，熟能生巧，在大量的练习实践中，掌握各种拳术的真谛，这样才能修炼成"气"，创造出自己的武学风格，继续发扬光大中华武学。

5. 武术的"韵"

武术的神韵美，指武术的一些动作，如含收、挺放、吞吐、旋转、扭拧等与演武者的精气神等融合形成的独具韵味的精神状态。六朝时期玄学盛行，人们受其影响，谈论空虚玄远之学，逃避现实，躲避政治斗争，追求放荡不羁、使酒任性的生活态度，把韵作为理想的人物美。之后，韵的使用逐渐扩展到艺术领域，如书法、绘画、诗词等，成为艺术家们的共同理想追求。

艺术中的韵，往往是作者借助艺术作品来抒发自己的主观审美体验，具有生动活泼、清新典雅、委婉含蓄的审美意境。而在武术中，往往表现在练武者的神态、情绪、动作上，体现了独特的中国古典美学，能够激发欣赏者的无限遐想，以获得古人通常所说的象外之象、味外之味、言外之意，从而唤起绵绵无尽的美感。韵，蕴含了武术的含蓄之美。

武术表演者将主观情绪融入武术招式中，表达了对生活的独特审美体验与情趣，即使每个人的审美判断和审美经验不完全相同，导致对"韵"的理解不尽相同，呈现出差异性和不确定性，但"韵"这一美学范畴，始终是武术美学重要的审美特征之一。

二、武术技法的文化融合

武术技法是武术文化中非常具有代表性的一部分，对于技法的掌握可以说是一种历代人民总结出来的古典技艺，被崇尚与发扬，形成与我国传统思想相融合的理论，并与生活、文化、医学、艺术等密切关联。

武术的技法原理在长期的武术练习与实践中，得到了充分的检验，具有了普遍的规律性，成为应该遵循的理论和规律。中华武术主要有五大类基本技法：以打为主的手法、以长攻为主的腿法、以变换为主的步法、以活为要的身法和运用眼神的眼法。武术技法深受中国传统文化背景的影响，与传统文化融合，是中华民族传统武术文化的重要组成部分。

（一）内外兼修

中华武术讲究内外兼修，这是中国古代哲学中的"天人合一"思想与中国传统文化结合的体现。内外兼修是中华武术与中国传统文化的一个共同的特点，中国传统哲学认为和谐是社会中的最高原则和价值观，强调万物都要处于和谐状态。内外兼修是基于"天人合一"的思想提出来的，其主要追求的是人与自然、人与社会以及个人内外的和谐。中国历来重视和谐的思想，内外兼修在武术中又体现出自身独特之处，主要表现在以下几个方面。

1. 神形兼备

武术的招式与动作是由人体四肢、躯干通过不同的运动、变化，互相协调而完成的，这一招一式的变换便构成了外在的"形"，通过"形"，要传达出武术的内涵、见解、精神等，即武术内在的"神"。中国人习惯于把内在的情感放在中心位置。外在的"形"与内在的"神"是统一的，没有外在动作表现出的"形"，就无法感受内在的"神"；若只有外在的"形"，而忽视了内在"神"的传达，就显得动作空洞、肤浅、缺乏感染力。形神问题不仅仅是简单的武学技术问题，更是中国古代哲学中的一个重要范畴。东晋画家顾恺之最先将"以形写神"概念引入画论，为其刻上了美学意义的烙印。绘画的"形"是为了更好衬托"神"，绘画的目的就在于"传神"，不仅要追求外在的"形似"，更要突出画作内在的"神"的意蕴。此后，中国传统文化的许多艺术范畴都引入了"形"和"神"的概念，武术也从中吸收了营养。

2. 内外三合

内外三合，指内三合和外三合。内外三合的理论在中华武术众多拳种里面都有所提及。例如，清代的《六合拳谱》中说："心与意合、气与力合、筋与骨合、手与足合、肘与膝合、肩与胯合。"清代太极拳传人陈长兴在《太极拳谱·陈谱·三合第六》中说："夫所谓'三合'者：心与意合，气与力合，筋与骨合，内三合也；手与足合，肘与膝合，肩与胯合，外三合也。"从这些论述可以看出，内外三合作为身法的重要部分，强调身体动作的协调配合。"合"是协同、共同的意思，"合"也有和谐、协调的意思。

3. 内练和外练并重

"外练"，主要指由人体骨骼、关节、肌肉所组成的运动系统，以及由运

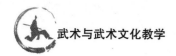

动系统完成的各种动作。论及"内练"常涉及中国古代养生术中"精、气、神"的问题。《老子》中说："是谓深根固柢，长生久视之道。"《吕氏春秋》中认为"精气日新，邪气尽去，及其天年。此之谓真人。"道教的经典《太平经钞》中说："精气神三者混一，则可延年长生。"长生、修仙当然是无稽之谈，但其中关于养生的理论却有着科学的解释。在武术中，要想时刻保持良好健康的和谐状态，就要注重调整呼吸，使呼吸和动作相互配合。各种拳术都讲究运气和动作的相互配合，只有二者和谐统一，通过流畅的呼吸运动，武术动作才能更加收放自如，从而使人体器官得到有效的锻炼。

在武术训练中，"手、眼、身、法、步"要保持协调统一，同时将"精、气、神"理论与力和功结合起来，这便是最基础的武术训练方法。这也是养生理论、武术理论和训练方法相互融合、共同发展的结果。中华武术可以分为内功拳和外功拳，二者对内练的重视程度是不同的，但是中华武术都是既注重外练，又重视内练的。

（二）人与自然和谐

和谐是中国传统文化的最高价值观，中国古人以和谐的方式看待世界，把宇宙看成一个和谐的整体的世界，这些思维方式对中国传统文化产生了巨大的影响，是中西文化呈现差别的根本原因。重视和谐就是要达到人己物我的和谐，注重人与自然、人与社会及人的自我身心内外的和谐统一。武术讲究人与社会的和谐，所以习武者在解决生活中人与人矛盾的时候，不会随意用武。中华武术讲究和谐的思维方式，与中国古代的养生术有很大的关系。中国传统文化深受宗教思想影响，同时，又体现出浓厚的人文主义和理想主义精神。中国传统文化认为宇宙是一个整体和过程，有开始就有结束，有生就有死，不存在永恒的精神实体和与此岸世界迥然不同的彼岸世界之类的观念。

中国古代哲学中的"气"，分为物质之气和精神之气。物质之气是世界的本源，是构成世界万物的最原始的物质，精神之气是指流动在人体内的"气"，又称为"内气"。练武时要讲究"气"的运用，通过调整呼吸，使气息和动作协调一致，并通过运气使内脏也得到锻炼。因此，中华武术无论各门各派都十分重视运气和动作的协调配合，不仅可以起到放松的效果，还能得到有效的锻炼。

（三）"天人合一"的观念

"天人合一"是中国传统文化的主体，强调要与先天本性相合，之后，在"天人合一"的哲学基础上，董仲舒提出了"天人感应"学说，程朱理学引申为天理之说等。"天人合一"对中国传统文化和思想产生了重要影响，并逐渐向中华武术渗透，对中华武术的各个方面也产生了极为重要的影响。"天人合一"的内涵是十分丰富的，因此对中华武术的影响也是多方面的。

"天人合一"还包括封建社会的伦理道德、人与人之间的关系等内容，尤其是中国封建社会的道德原则，遵循以"三纲五常"为核心的封建等级秩序，即君为臣纲、父为子纲、夫为妻纲。发展于中国封建社会的中华武术，"武德"也深受"天人合一"思想的影响，遵循封建社会等级秩序和道德规范。这在当时的社会背景条件下是普遍的，虽然有消极的影响，但在调整人与人、人与社会之间的关系、维持社会稳定方面也起到了积极的作用。

三、书法文化范畴体现

书法是中国传统艺术无比珍贵的宝藏，近现代的武侠作家有从书法笔势悟出武技"铁画银钩"的描叙夸饰。按道理可以这样认为：书法与武术的基本理论，在某些方面是相同的，二者可以相互借鉴。良好的武术功底可以使笔力刚健，下笔如有神；书法中的某些哲理也可以在武术中有所体现。武术与书法，形式不同，表现方式也不同，然而二者在各自发展历程中早已建立了联系，并互相促进、互相融合。现代不少书法家都从武学中领悟创作灵感，如当代著名书法家杨萱庭先生就善于把武术的精华之气注入书法。

书法与中华武术都是中国传统文化的重要组成部分，二者一文一武，都有自己独特的内涵、规则、特点，但这两种文化又不是相互独立地发展的，在理论和技法等方面，二者有着相似之处，并在各自发展中互相影响、交流、融合，产生了广泛而复杂的联系。中国汉字不同于西方字母文字，字母表音而汉字表意，在形态上属于象形文字，这一点在武术中也有所体现，如武术拳种的象形化、武术动作招式的命名等。

在书法文化的范畴方面对武术进行分析，二者有太多的相同之处，并且在长期的文化发展中，二者也被融合在一起，从更深的层次与广度来体现中华民族文化的特点。

（一）书法和武术都有力感

书法中的一笔一画，都讲究力道，要"下笔如有神"，武术中的一招一式更是对力量的体现。优秀的书法作品入木三分，笔锋回转之处如"铁画银钩"，高超的武术则拳拳致命、招招有力。如果没有力量，武术就变成了花架子，书法也显得苍白无力，流于表面而无内涵。书法和武术都讲究对力的运用，但这

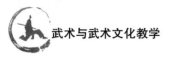

并不是蛮力、随意、不分情况的，而是要求灵活、自然，要起到四两拨千斤的效果。

（二）武术和书法都重视气

力是练习武术的基础，但只有力量，而不练气、养气、用气，即便有天生神力，也只能事倍功半。因此必须将力与气结合起来，在练力的基础上，以意导气，力从气出，这样才可以发挥出武学的全部效果。太极拳就十分重视练气，要求练习时一气呵成，形意贯通。书法也讲究气，握笔时要让体内的气从身体通过手直达笔端，再融入作品中去，这样才能做到下笔如有神。

（三）武术和书法都下功夫

拳谚说："要得惊人艺，须下苦功夫。""拳练百遍，身法自然，拳练千遍，其理自见。"武术和书法要达到炉火纯青的地步，就要经过持久的艰苦训练，俗话说："书法好坏挂起来看，武术好坏贴肉看，武技高低不靠吹，一拳一脚见功夫。"书法的一点一画称点画功夫，拳术的一拳一脚称拳脚功夫。没有长期持久的训练，书法不可能行云流水、雄健洒脱，如游云惊龙；武术也无法做到刚健有力，只能是一些花拳绣腿。因此，只有注重基本功的练习，武术和书法才能达到真正的大境界。

（四）武术和书法都要与道合一

与道合一是书法和武术修炼所能达到的最高境界。与道合一是指通过长期持久的练习与体会，与社会、自然相通，突破技艺上的枷锁，真正做到与自然合而为一。

（五）武术和书法都讲究韵律

武术和书法讲究动静结合、虚实结合。在书法中，除了字作为主要欣赏对象外，书法家还把空白也看作字，即所谓的"计白当黑"。武术更是讲究变换，一招一式都蕴含着千变万化之理，在变化中寻找破敌之术。书法能使软绵之笔锋入木三分，亦讲究刚柔之法。武术是动静鲜明的技艺，《孙子兵法》中说："故其疾如风，其徐如林，侵掠如火，不动如山，难知如阴，动如雷霆。"动、静之间，极有韵律，正如"动如涛，静如岳，起如猿，落如鹊，立如鸡，站如松，转如轮，折如弓，轻如叶，重如铁，缓如鹰，快如风"。书法艺术是线条艺术运动的结果，它用抽象的线条表现出韵律节奏的美妙。

第三章　武术教学与学校民族传统体育发展路径

本章围绕武术教学中文化缺失的表现、学校民族传统体育发展路径两方面阐述武术教学中的文化教育。

第一节　武术教学中文化缺失的表现

最近这几年，由于受到西方竞技体育文化的熏陶，中国武术，作为中国传统文化的代表，却也开始从传统向现代转型，这里面颇具代表性的运动项目就是"竞技武术"。与此同时，由于深受整个大环境以及体育行政部门的影响，竞技武术成为一种不同于传统武术的新形态。毋庸置疑，为了使中国武术真正走向世界体育的大舞台，竞技体育在背后做出了巨大的贡献。只不过，中国武术毕竟是在中国传统文化的基础上发展起来的，随着对西方体育思想的过多借鉴和学习，中国武术却忽略了自身应当保留的一些好东西。武术与西方现代体育项目都有着一样的健身价值和养生价值，若把蕴含着深厚传统伦理思想和独特教育功能的武术仅仅作为体育运动项目来发展的话，就会使得悠久的武术文化难以得到传承。

一、重"武"轻"礼"

武术的发展离不开中国所特有的土地和文化，而且武术本身也一直作为中国传统文化中的重要部分而存在。武术是一项有着悠久历史且独具民族特色的传统体育项目，其中也沉淀着中华文明所特有的思维方式和文化体系。从事武术教育的过程也是传统文化得以传承的过程。但是，现在学校的武术教师过分追求武术技术的教学，也就是说，重视武术动作和武术招式的教学，而忽视了武术思想、动作内涵和武术礼仪的教学。例如，在学校武术课程中，教师只讲

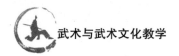

授武术套路的一部分，对攻防的意义以及武术的礼仪文化很少讲解，这使得学生只能学习动作的形式。假如我们仅仅教学生学习武术，就会让学生对于这种教学方法产生反感。唯有将与武术文化相关的知识巧妙地融入日常的武术教学中，才会使这种现象得到改变，从而使武术得到广泛的传播和发展。

武术礼仪，在武术文化发展的过程中扮演着重要的角色，武术的礼仪文化可以进一步规范练武之人的行为。之后练武之人因长时间对于所定规范的遵守，也就慢慢内化为一种习惯，即武德。这样看来，武术中礼仪文化的存在，会使习武之人得到全面的发展。同时，礼仪文化也是中国传统文化中一种独特的文化符号。若将武术中的礼仪文化彻底丢弃，就意味着对传统文化的抛弃，武术也将随之退化为缺乏内在灵魂的躯壳。中国武术，正因为有着悠久的中国传统文化作为内涵支撑，所以才被称为博大精深的武术文化。唯有把武术教育从外在的传授技能内化为文化的传承，才能真正解决学校里针对武术教育"重武轻礼"的问题。

二、重"技"轻"德"

武术，代表着中国的传统文化，其宣扬的最高道德标准只有一个字，那就是"仁"。正是由于深受儒家思想的影响，习武者才孕育出"内外兼修""德技并重"的武德作为约束自我的规范。正是有了这样的规范要求，才促使越来越多的习武之人在追求个人技能和道德的合一之外，还会把自己看作社会的一员，承担起社会的责任和义务。

只不过近些年来，西方文化的流入，使得传统的"崇尚武德"的思想正处于萎缩状态。近些年来，西方文化的过度流入与传播，背后除了有经济全球化作为推动者之外，处于不断转型中的社会经济结构也成为带动武术走向"重技术，轻道德"误区的重要推动者。

不容置疑，最近这几年，我们竞技体育和武术之所以能得到快速的发展和推广，是因为体育产业化和市场化的发展趋势在背后为其发展做出了巨大的贡献。只不过，来源于西方的发展模式，对于根植于中国传统文化的武术项目也许并不合适。因为西方文化强调的核心点在于人与人之间的竞争以及对物质的欲望得到满足，这就会使整个社会产生更多的拜金主义者和金牌至上者。正是在此价值观的影响下，虽说武术得到了更广泛的推广，但却渐渐失去了武术的灵魂——武术精神。最近这几年，正是因为长期忽视对武德的修养，致使越来越多的竞技武术中出现了违规、打黑拳、兴奋剂等一系列丑闻，同时在一些竞技武术项目中出现了打架、斗殴、挑衅等恶性事件。

武德规范，作为一种有着悠久传统的行文规范和道德观念，注重的不单单是习武之人个人的道德教育，还可以作为净化整个社会道德氛围的传统道德思想。我们应当持守"礼始礼终"的原则，加强武德精神的培养，重视武术礼仪的教育学习，从而使武术持续走在健康可持续发展的道路上。

三、重"利"轻"义"

武侠精神是中国武术文化中一种与众不同的武术文化，习武之人所持有的的强烈的社会责任感，正是侠义思想的核心所在，其具体的行为包含舍己为人、替天行道、劫富济贫、惩恶扬善等。而在以往传统的武术观念里，所谓的侠义思想，在一些练武之人身上表现为"苟利国家生死以，岂因祸福避趋之"的民族精神；可是到了近现代，对于侠义思想的定义更加宽泛，常常会把它提升到国家或民族的层面上。

1978 年以后，伴随着市场经济体制的正式确立，在当前的社会环境下，狭义视角下传统的"重义轻利"观念正处于一个尴尬的处境。正是侠义精神的缺失，使得人们对于物质和金钱的追求欲日益膨胀，导致了以权谋私、拜金主义等社会现象的出现。对于类似的社会败坏现象，众多的学者一致认为需要加强公民的精神文明建设，同时要在传统武术文化传播过程中强调侠义精神的重要性，进而提高当代人的素质，更好地继承和发扬武术精髓。

四、重"技艺"轻"内涵"

国学，作为中国传统文化而存在，若把对国学意识的培养融合到武术教育的过程中，定会使作为民族传统文化的武术得到更好的继承和发扬。只不过，当下中国武术的发展形势，仍然受到西方体育文化的一些影响，这使得颇具中国文化特色的武术尚未真正发展起来，与此相关的武术教育也受到冷落处于社会的边缘地带。国内很多人对于武术缺乏认识，或者根本没了解过，甚至还有人把武术教育当作一种野蛮、粗暴的教育方式，他们认为学习武术只是那些不成才的孩子的选择。现今这个时期，为了让武术教育得以全面的复兴和发展，就需要把武术教育的位置提升到跟中国传统教育同等的位置。如此一来，武术教育肯定会引起更多人的重视，同时也进一步拓宽了武术传播的通道。

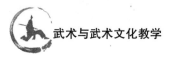

五、重"现代"轻"传统"

与其他学科（如语文、数学、英语等）的教学不同，武术教育的过程需要学习者的实践。完善武术文化体系的过程也是一个身体感知的过程。目前，传统武术的外在表现形式偏离了时代发展的道路。当今社会比较看重同步的发展，"共同体"成为最近搜索中的热门词汇，而个别地方至今保留着"传内不传外"的继承思想，正是这样的思想成为武术进一步传承发展的重要阻碍。伴随着时代的进步，武术的传承也应当跟随时代而发展。在中国传统文化得以传承的过程中，对于外来文化要一视同仁、一并接纳。同时我们要取其精华去其糟粕，使得武术精神满足时代发展的需要，从而促进武术的传承与发展。

六、重"精英教育"轻"大众教育"

为了使武术的发展与社会价值需求相匹配，就应该让武术走进人民大众中间、走进真正的社会中，使得武术的品德与精神教育在社会中的影响力得到广泛传播。当下，虽有各类武术赛事推动着武术不断地向前发展，但是到目前为止，武术在广泛的人民大众中间尚未掀起大的浪潮。虽说现如今太极拳在世界范围内得以传播，但却无法代表国内 56 个民族各自的特征，而且太极拳也没在国内得到广泛的普及。所以，武术教育亟须通过大众化发展路线使其得到普及。只有让武术走进社会大众并被大众所喜爱，才能促进武术的传承和发展。

第二节　学校民族传统体育发展路径

一、学校民族传统体育的路径抉择

时间推至 2011 年的 10 月 18 日，党的十七届六中全会正式召开，在大会上顺利通过并发布的《中共中央关于深化文化体制改革推动社会主义文化大发展大繁荣若干重大问题的决定》（以下简称《决定》）特别指明，当今世界正处于大发展、大变革、大调整时期，世界多极化、经济全球化深入发展，科学技术日新月异，各种思想文化交流、交融、交锋更加频繁，文化在综合国力竞争中的地位和作用更加凸显，维护国家文化安全的任务更加艰巨，增强国家文化软实力和中华文化国际影响力的要求更加迫切。由此可见，在我国政府所设定的国家发展目标中，"文化软实力"开始占据一席之地，并在前期理论研究和实践活动的根基之上，渐渐被提升为衡量整个民族文化发展的标准。想要进一步发展文化软实力，就需要多向那些文明方面比较领先的国家借鉴学习。

从法国所掀起的文化复兴运动，一直到世界最美语言的诞生，再到以影视作为传播载体传播到全球各个国家和地区，以及从美国所倡导的"三片"文化，也就是芯片、大片和薯片到日本所宣扬的"酷文化"——主要载体是游戏和动画，以上所列国家的经济发展主要依赖于自己国家的独特文化。它们通过不同的传播方式和多媒体平台及载体大力传扬本国的文化符号，以期获取国际的认可，使文化软实力不断得到提高，从而增强本国在国际上的影响力。

可是，在深入了解世界各个国家文化软实力的发展历程后发现，虽说各个国家的突破点不完全一样，但在有关路径和方向的选择上却有着近乎相同的成功经验。在这里特别以西方国家从事自身文化宣传的机构为例进行介绍。法国成立了一个法语联盟，到现在已经有将近 140 年的历史，在全球范围内设置了1000 多所类似的机构来为法语的传播提供服务，使得法国的思想价值在世界范围内产生了深远影响；德国则是成立了歌德学院，距今已有将近 70 年的历史，该机构在全球范围内已达到 140 多所；在英国，主要是把英国文化协会作为传播平台，该机构距今已经有 80 多年的历史，主要对外传播英语教学，使其他国家的人民加深对英国文化的了解。以上这些建立于世界各地的机构，它们的责任就是助力各民族传统文化的继承和传播，另外它们还得到各国政府的全力支持。正因为文化软实力得到政府的充分重视，使得以上负责宣扬民族文化的机构开始在全球范围内快速发展壮大；也正因为有来自人民大众的对于民族文化精髓的认可和支持，这些机构才得以顺利发展到全球各个地方。由此看来，民族文化发展的机遇来自政府部门的重视。不过由此引发的一系列竞争，为全球各民族人民找寻文化标杆迎来了新的挑战。因此，世界文化发展的过程中往往会把文化软实力的发展作为一个大背景，而这些相对于民族传统文化来说，既是一次难得的机遇，同时也是一次不小的挑战。在此文化背景下，如何才能在取长补短的基础上，找寻到与本民族文化发展相契合的路径，将会是抓住机遇直面挑战的首要事务。

传统体育，是中国传统文化中的一部分，目前也要直面文化软实力影响下的各样机遇和挑战。因为长时间深受旧思想的熏陶，传统体育一直被看作登不了大雅之堂的文化。现今这个时代，怎样才能通过文化软实力发展中带出的机遇，使得文化发展的需要得到满足，进而充分彰显它的内在魅力，从而获取长远的发展和进步，这一问题的解决与文化软实力背景下学校民族传统体育的路径选择密切相关。透过以上所举的事例不难看出，唯有选择一条方向正确的路径，才会使学校的民族传统体育得到进一步的发展和壮大（武术在民国时期正

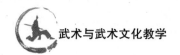

式进入学校课堂，极大地带动了民族传统体育的发展，如果选择的是一条方向错误的路径，必将致使新中国成立初期民族传统体育的发展走上一条消极、衰亡的道路，后来由于受到苏联教育思想的影响，武术教学工作变得过于追求武术的基本技术和基本技能，久而久之，使学生陷入了只喜欢武术却不喜欢武术课的困境）。正是文化软实力发展的大环境，推动着学校的民族传统体育来到一个充满机遇和挑战的十字路口。有关路径的选择已经成为一个亟须解决同时又不得不考虑的现实问题。

（一）"独具特色"的路径抉择，彰显中华民族自信力

来自美国的著名心理学家泰勒在自己所写的著作《自信力》（*The Power of I am*）中特别指出"自信力作为一种强大的内在精神力量，是对自我能力和价值的充分肯定"。谈到中华民族的国际自信力，往往需要把整个中华民族看作一个整体，它拥有着极强的民族精神力量，是对民族能力和价值的真正认可和肯定，而且民族自信力在生活中的各个方面都可以清晰地彰显。远在毛泽东生活的年代里，他曾针对民族自信力这么说："我们中华民族有同自己的敌人血战到底的气概，有在自力更生的基础上光复旧物的决心，有自立于世界民族之林的能力。"这句话表明了抗战时期我国人民大众对于战胜仇敌的自信力。直到如今，随着中国加入 WTO，对外贸易开始迅猛发展，而这些恰好彰显出中国对于自身经济发展的自信力。体育，是评判一个国家国民体质的重要指标，也会对民族自信力产生深远的影响。远在 1896 年，中华民族被西方国家称呼为"东亚病夫"，正是这个称号，大大降低了整个中华民族的自信力。不过，进入 2008 年当中国成功举办了奥运会之后，中华民族真正挺直了腰背，也彻底走出了"东亚病夫"称号所带给人的自卑，民族的自信力得到极大的提升。正如 2008 年 8 月 10 日的《纽约时报》中所说的那样："唐人街十二位德高望重的华人社区领袖……走进鸟巢时，有人哭了，因为骄傲，因为快乐，也因为震惊。"当时的这些华人领袖表现出的自信和骄傲，更多是源自中国体育事业的腾飞。这些感受和变化也从客观的角度体现出中国正从一个体育弱国，一步步发展为如今的体育强国，并成为提升人民大众自信力的强劲的推动力。

通过前期的调查不难发现，当下国内的学校中民族传统体育的发展仍依赖于武术教学，而武术之外的其他传统体育的发展相对比较缓慢。在日常的武术教学中，竞技体育是极为重要的核心部分，因为健身武术、传统武术缺乏系统的培养，渐渐就沦为边缘部分。众多学校开展的传统体育教学几乎都是"千篇一律"。要想使这种现象得到改善，就需要大力倡导各地的学校充分利用地理

优势，与学校的实际情况相结合，开创出更多的特色项目，竭力做到"人无我有，人有我特"的层面。

首先，要把区域优势充分利用起来，从而实现"人无我有"的全新特色。俗话说："十里不同风，百里不同俗。"这正是我国所特有的民族特色，往往各个地方都会有独具特色的民族传统体育项目，把这些项目稍微进行加工改造就可以进入学校课堂。比如，若把在广州颇受欢迎的南狮工程项目直接带入学校的课堂，不仅可以使这一项技艺得到很好的传承，还可以让学生对岭南一代的文化遗产有个更清晰、更全面的认识，彰显出中国传统文化的博大精深，从而建立起强劲的民族自信力。

其次，深入结合学校当前的真实情况，努力去实现"人有我特"的发展特色。伴随着时代的发展和社会的进步，真实的空间距离正在被逐步拉近，这使得各民族之间的交流会更加频繁、深入。一些大众化的民族传统体育项目正在陆续进入学校中，在体育项目发展的过程中，一定要确定好立足点，构建起项目的特色。比如，舞龙运动已经从民间引入众多的学校里面，但在个别学校里却显得冷清。而中南大学、湖北大学等高等院校都大力开展这项运动，并在社会中引起了很大的反响。究其缘由主要是与学校结合自身所定的特色发展计划息息相关。

所以，针对学校民族传统体育对外交际，增强自信力的根本在于持守"人无我有，人有我特"的原则，而且国外发展民族传统体育也是这样，正如恽代英烈士所说："那些在事业上失败的人应该改变他们的方法。如此事已完全失败，改一事再做，总不要坐着失望，坐着嗟叹，自己短了自信力同兴趣。"可见，民族文化发展的动力源于自信，而自信的产生主要仰赖个性。因此，学校民族传统体育的发展要牢牢抓住"人无我有，人有我特"的八字方针，只有这样才能在国际舞台上彰显中华民族的自信力。

（二）"科学系统"的路径抉择，提升中国文化竞争力

在世界经济一体化和文化多元化的综合大背景下，要想使中国文化走出国门，走向世界，就务必要使中国文化在全球竞逐中脱颖而出，同时还要通过变革来增强中国文化自身的竞争力。

竞争力指的是竞争对象在相互比较过程中所彰显出的优势和实力。文化竞争力主要包含三个方面。

首先是文化产业的竞争力。很明显，竞争力可以通过量化的数字来体现。比如国家版权局会每年统计一次国内众多公司的贸易总体情况，一个个数字所

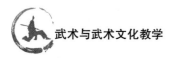

彰显的正是当前国家在国际贸易中的文化态度——主动的或是被动的。

其次是文化价值观的竞争。这类竞争主要放在文化产业数字的背后进行，以美国的文化产业为例，美国文化的全球化在全球发展战略中占据重要位置，同样也是整个国家的重要决策，从 20 世纪 60 年代开始，美国在国内外巨大的压力下完成了社会结构调整。因此，美国成为历史上第一个把文化变革融入社会结构调整中的国家。直到今天，美国通过三次产业布局的调整渐渐增加了知识、文化和高科技所占的比重，从而成为名副其实的"文化大国"。而美国追求的全球范围内的霸权地位，实际上是为了让其文化价值观得到世界的认可。

最后是文化竞争力，也就是社会制度的竞争。文化竞争力相关数字背后实则是文化价值观之间的博弈和较量，主要通过不同社会制度下核心价值观不同引发的竞争来表现，同时还会通过不同社会体系之间的竞争来加以体现。比如，中国与美国之间展开有关文化价值的竞争，表面上看，仅仅是两个国家不同文化产业的竞争，而实则是社会主义制度与资本主义制度之间展开的竞争。综合来看，所谓的文化竞争力，不仅是文化产业之间的竞争，究其本质，还是由不同的价值观和制度所引发的深层次的竞争。因此，想要提高文化竞争力，并不只是意味着仅仅提高文化产业的发展，同时还要进一步加强文化产业本身所彰显出的价值观和制度的吸引力。落实到具体的实践层面，想要使文化的持续力和文化生产力得到提高，那么就需要在大力发展传统教育的过程中，要同步发展传统体育文化的生产力和持久力，从而使中华民族传统文化竞争力得以持续增强。

目前，在文化软实力迅速发展的大环境下，文化竞争力主要来源于文化的可持续性。历史本身是由人们创造的，但不是由他们随心所欲地创造的，也不是根据他们的选择来创造的，而是他们在直接遇到、不断建立和继承过去的条件下得以创造出来的。

当然，文化的发展也遵循上述的规律。因为中国是一个高度集权的国家，伴随研究的步步深入，相关的学者们发现，从政策的初步制定到最终的落地实施，需要一个过程。文化的解读往往也需要一个过程。众多的教师往往会在刚接受新政策没多久就想要对它加以实践，但是被告知目前已撤销了一些新的政策。若长时间处于这种恶性循环的话，就会导致教师对相关的政策和制度失去应有的自信，产生"守株待兔"的消极心理。与此同时，在规则的制定过程中，如果传统民族体育缺乏规范且明确的项目规则，就很容易使参与者失去兴趣。这样将对整个项目的可持续发展产生负面影响。就目前来看，阻碍学校民族传统教育可持续发展的根源在于其本身选择的道路太宽阔或太分散。

　　想要使以上的种种状况得到改变，就需要开辟出一条"科学系统，可持续发展"的新路径。首先，需要有清晰且明确的意识。民族传统体育在学校中是作为一门学科来学习的，教学大纲和教学模式可被称为大学科下的子学科，是传统体育得以顺利进行的基本保障。其实教学大纲和教学模式既是一种政府行为，又是一种师生行为，因为最终的落地实践是需要身处教学一线的教师和学生来完成的。相关调查显示，教学大纲之所以会出现频繁改动的情况，究其原因，不仅仅是教学观念的不断更新，同时还与一些教师对于课程内容的理解深度不够以致产生一些误解有关，因在实践过程中无法达到预期的效果，最终被迫对大纲进行修改。因此，想要使科学系统得以可持续发展，亟须引导教师积极参与到教学大纲和教学模式的制订和研究工作中。若大纲有需要修改的地方，一定要做到改之有据，切忌头痛医头、脚痛医脚的行为。其次，民族传统体育项目主要来源于人们日常的生活，所以，与其相关的规则制度都是当时依据人的性情而定下的，缺乏深入的考究。因此，在将其引入学校民族传统教育的过程中，应对相关的制度和规则进行改进，努力将其规范化。因为只有科学的、系统的学校民族传统体育教育，才能带动起中国传统文化的可持续发展，继而彰显出其竞争力。

　　所谓的竞争力，主要指的是两个或两个以上的参与者之间相互比较而体现出来的综合能力。通过相互之间的竞争所体现出来的相应指标，同时也是个体实力的反映。一个国家的国际竞争力最终通过文化软实力得以彰显。据统计，对于文化产业总值在国内生产总值中所占的比例而言，美国为25%左右，日本为20%左右，欧洲为10%～15%，韩国已超过15%，而中国仅为3%左右。

　　在整个文化产业中，体育产业所占的比重很小，意味着民族传统体育在学校里注定没什么竞争力。而这可以从学校和教师对于民族传统体育的重视程度，以及它处于应试教育之下的"小三门"地位中看出来。民族传统体育在国内都尚且如此，在国际上就更没什么竞争力了。

　　不过，在国际性的大舞台上，民族传统体育依然是中华民族特有的象征，虽然它们目前受到众多国外友人的欣赏和追捧，但它的制度和运行规则仍需更多成长。现代奥运会能否如火如荼地开展，离不开其规范的项目体系和科学的锻炼过程。然而，中华民族传统体育在自身的竞争目标上不强、体制上不明确，导致在传播过程中缺乏竞争力。想要构建出一个相对平等的平台，首先，项目的规则必须以量化方式呈现。比如，上文提及的花炮活动，虽然不能照搬它的规则，但还是可以汲取它们的经验，然后结合自己的特点来制定相应的规则。因为唯有通过明确、清晰的制度规则，方可使国外友人在外来文化语境中接受

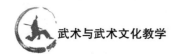

并参与到民族传统体育项目中，从而带动其实现可持续发展。其次，敢于直面各样的竞争。如果没有竞争和比较，文化就无法很好地彰显其个性，也就无法取得一般意义层面上的伟大成就。不过，作为整个民族的优良传统，比如"友谊第一，比赛第二"等理念还是需要继续传承下去的。但从文化教育本身的可持续发展性来看，学校民族传统体育要想得以长足发展，就需要与现实生活相结合，大力培养学生的竞争意识。

对于任何一种文化形态来说，随着文化的不断发展，文化冲突是其发展过程中的必然产物，或生或死也是每一种文化必然要面对的命运。而文化正是在持续的竞争中得以新生和创新的。所以，学校民族传统体育，应当坚定不移地走科学系统、可持续发展的道路，只有这样才能使中国传统文化的竞争力得以提升，同时也使民族向心力和凝聚力得以增强。

（三）"入境问俗"的路径抉择，提升国家形象亲和力

亲和力，最早的时候，被应用于免疫学，后来被人称作"抗体、抗原结合的强度"，渐渐地，它开始应用于俚语领域中的人际交流。所谓亲和力主要指的是一个人或一个群体在交际过程中对身边其他人或群体所生发出的宽容和爱。而国家形象指的是国际社会对于一个主权国家的综合国力、政策活动以及相关活动和成就的整体认可和评价。良好的国家形象是一个国家与其他国家开展友好交流与合作的重要前提。国家形象是国家文化软实力的重要组成部分，是国家认知与国际体系中其他行为体认知的结合。

时至今日，由于权力政治在发展的过程中屡屡受挫，世界各国开始深入去认识与国家形象相关的亲和力。正如中国共产党第十七次全国代表大会的报告中所提到的"中国将成为一个更加开放、更加友好的国家，为人类文明做出更大贡献"，之所以有这样的决定，是因为当下的中国有着重要的国际地位。伴随着综合国力的不断提升，整个国际社会对于中国的看法发生了很大的变化。众多企图破坏中国国家形象的报道经常被登载于报纸，更有一些试图歪曲事实、颠覆是非的报道，这些无疑成为中国复兴道路上的绊脚石。想要使这一问题得到解决，除了给予媒体必要的、正确的引导以外，还要组建一个长期的、稳定的影响机制，通过巧妙的方式来展现中国文化，努力树立起有着"中国亲和力"的坚强形象，使得中国文化在国家形象塑造的过程中，彰显出其包容、沉浸、渗透的功能。国际亲和力既会受到现代文明的影响，又会受到传统文化中当代价值的影响，比如中西医对于患者本人的作用和影响。现代文化就像是西医，"治标不治本"，却见效特别快，比如现代网络、电视媒体的快速发展。

而传统文化就像是中医，虽然可以"标本兼治"，但药效比较缓慢，比如中国儒家文化、民族传统体育、茶文化等。

2008 年北京奥运会的开幕式上，总导演全力塑造出一个文化独特、追求和谐的中国形象，不仅使得整个世界为之震惊，同时也让更多被"中国威胁论"所误导的国际友人对于中华民族重新产生了好感。开幕式既展现出体育文化的多元化，同时也表现出中国传统文化中"入境问俗"的风俗习惯。在这里，"入境问俗"主要指的是个人在跨过别国的国境线之前，先问问他们的禁令，进入别国的都城之前，先问问城中的风俗，从而在交流和意识上与当地人达成共识。因此，在发展学校民族传统体育的道路上也要从这个方向切入，以使中国在国际舞台上的亲和力得到切实的提升。

国家形象是在国际社会交往、互动过程中，透过相关信息的输入和输出而发生的自我认知与国际认知之间博弈的结果。因此，国家形象的亲和力往往由国际关系中所体现出的自我认知的亲和与国际认知的亲和共同组成。而国内风俗习惯的亲和，往往需要得到国力各民族风俗习惯的认可。同理，国外风俗习惯的亲和往往需要得到国外各民族风俗习惯的认可。俗话说得好："力在则聚，力亡则散！"对于传统习俗来说，只有先尊重对方的习俗，才能得到对方完全的信任和支持。俯瞰整个国家形象，其中影响颇为深刻的主要有代表国家政治的政府理念、制度及行为，社会上各类的企业、机构、团体及民众个人行为，除此之外，还包括国家的历史、文化及自然环境和社会环境等，这些都是组成国家形象的重要部分。其中，外在表现最直观的当属在漫长历史长河中沉淀而成的民族风俗习惯。通过调查不难发现，目前国内的大多数学校往往把传统体育下的风俗习惯当成耳旁风来看待，并把这些风俗习惯看成一种封建迷信，从而对此持完全否定的态度。其实，民间风俗习惯中包含着浓烈的中国传统文化，而民族传统体育彰显出的风俗习惯，也是展现国家形象的重要组成部分。如果只是全盘否定，或者完全接受，都不利于构建起一个具有强大亲和力的国际形象。唯有选择"入境问俗"才能指明学校民族传统体育未来发展的道路和方向。

对于塑造国家形象方面，好莱坞在其中起了关键性作用，想象一下为什么美国所树立的国家形象会在世界范围内产生影响力；当然我们也可以尝试从这个角度来解读，当美国依照单边政策的相关规定而开展"全球军事化"的时候，美国那些优秀的文化却无法改变其国际形象上的衰落。所以，在对国家亲和力进行提升的过程中，一定要使学校民族传统体育坚定不移地走"求同存异"的思想路线。第一，各样的活动要以习俗作为根基。所谓的文化冲突指的是国际文化交流过程中所表现出的极端的、非常规的行为。风俗习惯的冲突是文化冲

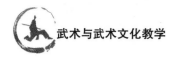

突中的一种表现，主要源于各自文化的独特性和差异性。例如，西方认为龙是"恶"的形象代表，是一个凶猛的翅膀怪物。在中国传统体育运动中，龙是中华民族代代相传的图腾，是承载云雨、消灾降福的吉祥物。舞龙，作为一类祈求好运的运动，主要应用于节日、祭祀、祝贺、驱魔等习俗。所以，笔者期待国际友人能够透过中国的舞龙活动对中国产生友好的印象，进而感受中国的亲和力。第二，作为一个独立的国家，对于其他国家的风俗习惯应给予充分的理解和尊重。由于各种各样的民族文化都会不自觉地带有一定程度的排他性和自觉良好的优越感。我们一旦近距离接触到其他国家的风俗习惯，就有可能会因思维模式、行为举止的差异而产生一些误解、分歧和矛盾。不过，想要在国际大舞台上树立起国际亲和力的形象，就一定要先学会尊重他国的风俗习惯。在通过学校民族传统体育来对中国传统体育进行宣传时，切忌通过贬低他国民族习俗的方式来抬高自身的地位。

　　总体来看，在信息全球化时代，政治、经济、文化、技术的融合，使得文化冲突和习俗冲突已在所难免。因此，要想在国际交往中构建起良好形象的亲和力，不仅要用包容和发展的心态去看其他国家的风俗习惯，而且要特别留意并尊重他国的风俗习惯，同时向着"因势利导、求同存异"的目标直奔。

（四）"和而不同"的路径抉择，扩大中华文化影响力

　　什么是影响力？影响力指的是在人际交往过程中，人身上所具备的影响、改变他人心理和行为的能力。一种文化的形成往往是无数人民大众共同辛劳的结晶，因此，世界上各个民族的文化都会产生其独特的影响力，只不过影响的程度会有所不同，形成的方式也不一样。虽说美国的文化史只有短短的两百多年，但在世界文化影响力上却占据着重要位置。曾几何时，埃及的文化极其昌盛，只不过到了世界文化竞争力日渐激烈的当下，却渐渐走向了没落。那么，衡量一个国家软实力强弱的标准是什么呢？那就是不断提升文化的国际影响力。有关提升文化影响力的行为主要分为强制型和信服型，而在文化不断发展的道路上，主要的表现有殖民文化或共享文化。整体来说，中华文化的本质在于"以文化之"这彰显出中华民族"和而不同"的信服型影响力。另外，文化的自觉认同是中华民族传统文化产生影响力的重要来源。

　　正如孔子在《论语·子路》中所说的："君子和而不同，小人同而不和。"在这里，孔子把礼教、君子与"和与同"的思想相联系，从而提出要清除一切表面上的相同和一致，促进内在的和谐与统一。要想使民族传统文化影响力得到增强，就需要严格遵守这样的发展道路。如果文化在一个不和谐的环境中发

展，就会像"四时不和不能调，岁谷不熟不能适"（《史记·日者列传》）。然而，即使要实现各民族优秀文化之间的和谐统一，也不能因此就消灭其他各民族的优秀文化，盲目追求外在形式的"同"。如果只是单纯地追求"同"，则"若以水济水，谁能食之？若琴瑟专一，谁能听之？"（《左传·昭公二十年》）。正如《国语·郑语》中所言："夫和实生物，同则不继。以他平他谓之和，故能丰长而物归之。若以同裨同，尽乃弃矣。"以往的历史可成为我们的借鉴，远在春秋战国时期，百家争鸣，著书立学，坐而论道，出现了一大批思想家和经典著作，比如《论语》《道德经》《孙子兵法》等，都是那个时代的巅峰之作。不过，由于封建社会所施行的"罢黜百家、独尊儒术"的国策，严重阻碍了文化的发展，经典之作也销声匿迹，而这些不仅是封建官僚制度的悲哀，更是中华民族传统文化的悲哀。鉴于此，要想使当代文化得以快速发展，就需要坚定地持守世界各民族传统文化发展的基本规律，那就是"和而不同"，从而不断地提升中华文化的影响力。

在传统文化发展的历程中，作为分支的学校民族传统体育教育同样也要遵循以上的价值取向。第一，其实，学校民族传统体育本来就跟儒家中的"和"密切相关，对于"和"在民族传统体育中的思想价值，前文已经详细论述。作为隶属于东方文化体系中的"中国传统体育文化"，它更注重的是人的内在世界，崇尚现实和礼仪，特别讲究修身养性和自娱自乐。所以，它的身上缺乏西方体育中强烈的竞争意识和表现欲望。不过它却体现出中国传统文化中和谐、中庸的价值取向。比如，在《少林拳谱》中对于拳法是这样说的："寓于无形之中，结于有形之表，而诸法合一。"这句话意味着，它不会固定于某一种形式，而是把有形和无形做一个巧妙的融合，从而彰显出内在精神的"和谐"。第二，学校民族传统体育的发展同样与"差异"之间有着深层次的联系。太极拳注重以柔克刚，所以追求的是"主静尚柔"；与此相反的是少林拳的刚劲勇猛，其追求的是男性的阳刚之美。第三，由于受到社会核心价值观的侵染，当今的学校民族传统体育正在走一条追求"和谐"发展的道理。同时在此政策的带动下，众多学校的民族传统体育进一步被要求走一条"和而不同"的发展道路。

学校体育教学要想平稳地走"和而不同"的道路，就应牢牢掌握"和而不同"的三个发展价值观。第一，科学、理性地看待西方体育，切忌盲目地崇拜和模仿西方体育的发展模式。经历"西学东渐"的浪潮后，西方体育文化因为其自身独特的科学性和系统性，从而得以在国内的学校体育中全面地推广和发展。尤其是对学科价值的清晰明确化和学科目标的量化，成为其发展的主要优势所在。因此，在学校传统体育教学工作中，教师对于中华民族传统体育的特点要

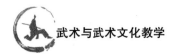

了然于胸，好让学科价值实现"和而不同"。总体来看，虽说西方现代体育有着得天独厚的优势，但是中华民族传统体育也有着自身别具一格的特色和意义。在学校体育发展中，既不能以牺牲现代西方体育为代价发展中华民族传统体育，也不能把西方体育作为学科发展的唯一价值而否定中华民族传统体育的思想价值。要看清二者本质的区别所在，通过互相的学习和补充，从而使学校体育得以全面的发展。第二，牢牢树立起以"和而不同"为核心，并由学校民族传统体育协同的价值观。在学校体育作为协同者的协同价值观中，体育价值只是中国传统体育价值观中的一小部分内容，它自身还包含智育、美育和德育。在随机采访中会发现，大部分的教师将学校民族传统体育的思想价值错误地解读为培养学生的道德教育。我们既不能将民族传统文化作为学校民族传统体育的唯一价值，更不能把道德修养作为其发展的最终目标。相反，学校教师应该树立一种"和而不同"但内在统一的道德、智力、体质、美感等各种目标意识。第三，要尝试大力探索人在发展过程中的本质价值。1983年，就职于哈佛大学、从事心理学教导的霍华德·加德纳教授提出了多元智能理论。其中的核心价值论特别强调，智力本身是呈多元化的，每一个孩子都是与众不同、独一无二的存在，他们都有相应的能力和机会成为国家相关领域的栋梁之材。民族传统体育教育在遍及每一个学生的同时，也要兼顾学生个性的塑造和发展。与培养专业的运动员相比，培养出有着不同个性、体育兴趣和体育特长的学生会更具价值。

走"和而不同"的路径，是我们各民族传统体育文化之间经过彼此认同和适应后做出的选择。若沿着这条路径，学校民族传统体育文化将会经历以下阶段：先是从民族文化之间的排他性冲突过渡到经过适应认可后做出的选择，之后从彼此认同性的选择再次过渡到彼此包容之后的文化并存。其实，这也是一个对不同文化适应和认同的整个过程。首先，要尽力去解决排他性冲突。学校民族传统体育，作为民族传统文化的重要组成部分，在为其向外部开展宣传和推广时，肯定会遇到其他国家的抵制和阻挠。这个时候就可以通过"和而不同"的路径来表达对他国民族文化的尊重，并把这个作为继续前行的基础，进而使得各民族传统体育都能够得以发展。其次，要挖掘出中华民族传统文化独特的吸引点。相对来说，西方体育文化更看重彼此的竞争，以及针对人体机能发展而来的系统科学；而中国的传统体育起源于原始社会中的狩猎活动、祭祀祈福、庆祝丰收、民族交往等，具体的表现为娱乐怡情、强身健体、保健养生，这里面的大多数都向着礼仪性和表演性的方向来完成自我的发展，并且还具有非常鲜明的庆典文化和广场文化的特色。通常情况下，两种或两种以上的体育文化，大大丰富了已有的文化认知体系，至于怎么样才能"润物细无声"地融入当地的教育体系，这就需要中华民族传统体育发挥出自身独特的吸引力，从而找寻出有别于西方体育的个性和魅力，以此来使中华民族传统体育产生更强烈的吸引力。最后就是求大同存小异。国内的各个民族都有其独特的文化特征，只有"和"才能促进中华民族传统体育走向统一、和谐。所以说，"和"属于比较抽象的概念，主要在意识领域起作用。而"不同"会涉及具体的细节，也属于外在的表现形式，况且，只有先容下彼此的"不同"，才能营造出"和"的境界。而教学实践中追求"和而不同"，就是要以共同发展体育的原则作为基础，不再盲目地苛求形式的一致，尊重、承认，甚至是包容彼此的差异性，以期在体育文化圈实现共存共荣的目标。

二、学校民族传统体育多元化发展之路

目前，中国正处在一个关键的社会变革期。随着时代的发展，中国文化深受现代化和经济全球化的强烈冲击。目前，西方的强势文化占据着主导的地位，迫使中国传统文化处于边缘区域。在现代体育发展中，学校民族传统体育所处的位置也岌岌可危。为了使这种局势得到相应的改变，就需要使上述学校民族传统体育的发展潜力得到充分的发挥，因此很有必要对学校民族传统体育发展路径的决策做一些指导，从而探索出一条多元化、可持续发展的路径。

（一）以文化为核心，积极开发"民族传统体育"的独立课程

当下，学校的民族传统体育还没有成为学校的正式课程，仅仅作为体育课中的一项教学内容而存在。若是任由这种形势发展下去，一方面学校民族传统体育就难以与西方体育同步前行，另一方面将会缺少充足的课时、场地以及相关专业的老师作为支撑，以至民族传统文化的传承和发展更加难以保障。所以，目前随着文化软实力的不断发展，学校的民族传统体育已经被设置为一门专业的课程，而这正是一条可选择的新的路径。

1. 把学校民族传统体育纳入法制化轨道

目前，我国已经进入法制日渐完善的法治国家，而教育的落地执行亟须法制作为保障，很长一段时间里，体育被称作"小三门"。所以，民族传统体育只有作为一门独立的课程被引入师范类院校的体育教学活动，才能使它的重要地位在学校中凸显出来。而各类院校在制订体育规划和组织相关体育活动时，务必要有充足的课时作为保证，以使学生能够真正参与到民族传统体育活动中来，之后还需要根据对课程标准和实施要求的研究做出相应的深化和调整。因

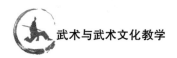

此，唯有通过教育相关法律法规的保障，才能使这样一门传统文化课程真正落地、扎根，并逐步实现可持续发展。

2. 追求课程的文化核心，落实课程价值

民族传统体育正式成为一门独立的学科课程，绝对是一条大胆的创新之路。第一，目前的中国，正处于从应试教育向素质教育转变的过渡时期，这就说明双重基础教育不再是教育的出发点，而应该以学生综合能力的培养作为切入点。学校传统体育正是凭借着"天时地利人和"的绝对优势，正式成为学校的一门独立课程。第二，部分学者针对中国传统体育已经做过深入的科学研究，这就为这门课程的发展奠定了扎实的基础，也为它成为一门独立的课程提供了良好的课程基础。第三，伴随着当下社会对于文化软实力越发的关注，民族文化的使命不再仅仅是自我娱乐，还包括对内传承和对外宣传。与此同时，这也是民族传统体育应当肩负的使命。因此，我们必须抓住民族传统体育课程中文化核心的关键点，把它作为民族传统体育课程的本质价值。唯有如此，才能使那些以西方现代体育为基础的学校的思维和行为得到相应的改善，最终使民族文化软实力得以不断提高。

3. 科技与文化并举，构建文化导向型的民族传统体育课程

依据教学形式的不同，可以把传统体育课划分为理论课和技术课。把文化作为民族传统体育课的导向，其实就是在有意指出课程的人文功能，也就是说在当下这个知识经济时代，学校要通过民族传统体育课程好让学生深入了解、学习并掌握体育的相关技能，同时要着重针对学生对民族文化的认识、理解和认同进行培养。这样的课程设定必然会转移学校传统体育教学内容的中心。其实一门课程的课程重点不仅仅是那些简单的项目培训，更是对民俗文化内涵的一种诠释。比如，学生们打小就会接触到的"拔河"活动，虽然看起来像是一种游戏，其实它是一种颇具对抗、竞争类的民族传统体育项目。"拔河"活动最早起源于"训练兵卒在作战时钩拉或强拒的能力"。由此可见，它是战争时代遗留的历史产物。对于该运动的教学，通过对文化的解读不但能使学生学习的兴趣得到增加，还可以增加课程本身的生动化和人性化，使其向着文化课的方向发展下去。

4. 适时进行灵活评价，综合进行全面评价

对于工作的评价向来是国家教育体系中颇为复杂且极为重要的工作，这些不仅仅与教师工作的积极性相关，还会对学生的学习方向产生一定的影响。只是民族传统体育学科自身的特殊性，使得对于教师和学生的评价将会是一项极

为复杂的实践活动。评价本身可作为带动学校民族传统体育课程不断发展的动力。如果想要带动新的课程不断地发展，那么就需要将关注点从只关注教师工作量和学生成绩单的相对单一的终结性评价转变为多角度、多方式同时进行的综合质量评价，目光应当聚焦于更多地去发现、发展教师和学生的潜能。日常教学活动中，应当了解教师的真实需求，留意学生的个体差异，并以此逐步建立起科学的、可操作的评价考核体系和相应的激励机制。作为全新的评价体系，应当更看重评价的激励功能、甄别功能、发展功能等。针对教师的评价，应当把教师的基本素质、专业发展、工作过程、工作绩效等因素全部划入评价的范畴，从而组建起一个科学的、完善的教师评价机制和反馈机制，增加对教师的人文关怀，激发他们工作的积极性。评价可通过课堂观察、纸笔测验、学生成绩、同行评议、学生评价、自我评价、家长评价，以及问卷和面谈等方式进行。

　　针对学生的评价，应该把学生的学习态度、知识与技能、情意表现和合作精神、个人体能等划归为学习成绩内的评定项目。同时要鼓励学生积极参与到整个评价过程中来，以提高学生学习知识的兴趣。还可以通过以教师评价、学生互评、客观测试为主，以日常的个人的表演、竞赛为辅的方法来完成评价。学校通过这一系列举措，可以帮助教师确立正确的价值取向，引导学生更专注地投入传统体育的学习和活动中。

（二）坚持"终身化、特色化"改革方向，改善学校民族传统体育文化环境

　　文化的发展需要一定的文化环境作为前提。肥沃的耕作土壤主要包含丰富的养料和长时间的耕作。同理，良好的文化环境也要具备要素多元化和长期供给的条件。现今这个阶段，学校民族传统体育的发展屡屡受阻与不良的文化环境息息相关。若想要改善当下学校民族传统体育的文化环境，就需要做以下工作：第一，以开放的心态去实现民族传统体育文化的多元化发展，结合学校传统体育教育的特色来开展各种各样的发展活动。第二，确立一个终身化的改革方向，在教学工作中要尽量避免项目的随意性和无连贯性等弊端，保证项目的选择更加连贯化、系统化，通过使用螺旋上升式的教育理念，一步步实现学校民族传统体育的发展和壮大。

　　1. 以赛带练激发学习动机，培养终身化锻炼意识

　　对于"终身化"来说，当下社会对此产生了不同的理解和看法，比如终身化阅读习惯、终身化教育等。学校民族传统体育作为文化行为中的重要组成部分，本就应该积极倡导"终身化"的概念，因为一旦摒弃终身化，很可能会

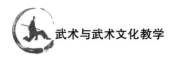

导致民族本质被弱化，之前营造的良好文化环境也将不复存在。在践行民族传统体育教学的过程中，作为学生的责任之一就是要树立起终身锻炼的意识。那么应当如何落实这个任务呢？首先要把学生参与传统体育活动的兴趣给调动起来，"以赛代练"确实是一条好路径。

纵观以往中华民族的传统体育，大多数情况下都是通过集体来完成的。日常的课堂教学活动是学生参与体育活动的主要方式。除此之外，还会有一些课外的竞赛活动，比如校园全运会、校际全运会等，此类活动不但能使民族传统体育得到全面的发展，而且还能通过竞赛的方式大大激发学生对学习的兴趣。2010年，广西凤集小学获得"广西民族传统体育示范学校"的称号，该校通过举办春季全国民族传统体育大会，使学生对民族传统体育活动的认识和兴趣大幅度提升，进而对传统民族体育教学的开展起到很好的带动作用，从而帮助学生把民族传统体育锻炼成为一种生活习惯。

2. 走特色化发展之路，因地制宜开展活动

目前国内大多数院校的体育课，平时的教学内容主要有田径、体操、球类运动等，渐渐形成了西方体育项目"独占鳌头"的局面。尽管有很多学校开设了民族传统体育课程，但也只有武术在独立支撑。因此，民族传统体育内容和形式的多样化有待普及和加强。

面对上述情况，有些学者认为，造成目前状况的主要原因在于民族传统体育本身所具有的项目众多、特点鲜明的特征。所以，应该对其中的项目进行筛选从而使其达到学校的教学目标和要求。但是仔细想想，这样的筛选必将是一项浩大的工程，所以，怎么样才能把这个筛选变得更加标准化和更具可操作性，将作为关键性因素对民族传统体育进入学校产生重要影响。最近这几年，教育行业越发受到国家的重视，国内各个省市对于教育的资助力度正逐年递增，这使得各样办学条件越来越完善，学校的器材、场馆等硬件设施都已基本到位，但唯独对于民族传统体育方面的资助力度还很小，这在一定程度上阻碍着民族传统体育在学校的深入普及和推广。鉴于目前的大环境，我们要根据地域特色来组织各类活动。第一，尽量选择对器材要求不高的项目，或者选择一些当地资源丰富的项目，比如少数民族可以依据本地地理位置和资源的优势，配备一些颇具本民族特色的体育器材。第二，通过对项目的修改，对教学器材进行创造性开发，同时在项目实施过程中，教师和学生可选择增加一些比较普遍、新型的体育器材设施，比如利用废纸做一个风筝、用麻绳和竹竿为材料做龙灯等。

（三）优势推进建设，产业带发展，多渠道发展学校传统体育

依照当前文化发展的状况，联合国教科文组织制订并发布了《保护非物质文化遗产公约》。所谓的非物质文化遗产，主要是指被各群体、团体，有时为个人所视为其文化遗产的各种实践、表演、表现形式、知识体系和技能及其有关的工具、实物、工艺品和文化场所。学校民族传统体育中有一些项目已被列入保护目录名单，只是被目录所包含的项目只有极少数，尚未达到全部覆盖。比如蹴鞠和投壶，它们只是被列入地方或国家的保护目录，但正是这些项目却承载着重要的文化传承使命。所以，一定要加大对非物质文化遗产的保护广度和力度，通过它们自身的优势来实现自我发展，通过自身的优势项目来促进文化建设，通过产业来带动发展。

1. 多选取与自然和谐发展的项目进行资源整合与开发

文化优势，才是文化软实力前行的动力所在。"和合"精神是民族传统体育优势的关键所在。学校民族传统体育项目应选择那些与自然和谐发展的项目，尝试走一条集观赏、体验、分享于一体的发展之路，汇总各类项目资源，大力开发主题为"西南风情周"的活动来深入学习民族传统体育，再通过所有资源的加工、整合，从而使得整个项目达到事半功倍的效果。之后还可把这些作为一个基础，以点带面，渐渐形成整体优势，从而实现全面发展学校传统体育的远大目标。

2. 以社会实践活动为平台，加强学生对民族传统体育的文化体验

经济的快速发展，使得当下国家的城镇化趋势越来越明显，而众多的民族传统体育活动仅在少数民族群居的地方得以开展，而且即将面临文化的断档或失传的危机。面对如此的环境，可以尝试借助学生参与的实践活动作为传播的平台，然后通过春游、采风等郊游活动，深入开展各类主题的民族传统体育实践活动。比如，尝试引导学生去国内各地参加一些民族类节目（如东乡的花儿会、壮族的三月三歌节、苗族的花三节等）作为社会实践的机会，再通过对实践活动的观察或参与到各个民族传统体育项目中，使民族传统文化思想得到进一步深化，从而更好地体验、感受民族文化。

3. 学校冠名产业，开拓产业开发途径

产业化是民族传统体育未来的发展趋势。学生不单单是学习者，同时也是消费者，唯有以学校民族传统体育得到良好发展为基础，才能走开发产业化的道路。比如，"六一中学杯"是由北京市六一中学独家冠名支持的。在北京举

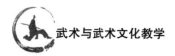

办的北京国际武术邀请赛，是国内首次由一所中学独家冠名的，他们尝试把教育与民族传统体育相结合，从而为学校民族传统体育产业的发展做了很好的榜样。文化的发展离不开良好的发展环境和广阔的发展空间，而这些都可以通过产业化的发展来实现。所以，产业化可以作为学校民族传统体育未来发展的一条路径。

（四）开拓"现代化、信息化"路径，增强学校民族传统体育的竞争力

随着教育的不断发展，教育资源分配不公平问题渐渐成为其发展过程中的主要问题。教育资源在国内各省分配不均的问题长期存在。各个地区民族传统体育的发展更是良莠不齐。西部地区虽然有着先天优势，但是缺乏资金的支持；东部地区相对比较发达，也有着充足的资金，但其本身的资源却不充足。因此，想要突破这个难点，就需要充分利用信息技术的优势，对于资源进行合理配置，切实把控好教育现代化的方向，不但可以使民族传统体育得到快速发展，而且还可以尝试对外宣传，进而使民族传统体育的国际竞争力得到加强。目前，教育部制定并发布的《教育信息化十年发展规划（2011—2020年）》，是学校民族传统体育"现代化、信息化"的指导思想，它制定了具体的工作方针，即"面向未来，育人为本；应用驱动，共建共享；统筹规划，分类推进；深度融合，引领创新"，同时也为学校民族传统体育的"现代化、信息化"指明了方向。

1.利用计算机辅助教学，促进民族传统体育教学形式的改革

对于学校民族传统体育来说，通常由示范性、实践性和讲授性相结合的方式进行的教学，有着非常显著的效果。通过这种方式，学生能够快速掌握与项目相关的技能，但在文化内涵和文化体验方面稍显不足。计算机辅助教学（CAI），主要通过全方位、立体化的教学方式让学生有身临其境的感觉，从而使学生对项目的性质和特点有一个更加全面的了解。比如，在教授划龙舟时，通常会采用先在岸上训练再进入水中系统练习的模式。在岸上进行训练时，教师可以尝试采用计算机辅助教学，通过3D场景模拟出桨入水的角度不同，对龙舟运动产生的影响也不同，从而帮助学生了解正确的技术动作。另外，还可以通过播放与龙舟文化相关的视频和图片来激发学生划好龙舟的决心和信心。又比如，由于地域的不同，每所学校都难以身临其境般感受其他民族体育项目的文化氛围，如瑶族的盘王节、侗族的烟花节、藏族赛马会等，教师可以通过计算机辅助教学带领学生走进特定场景，然后通过学习民俗风情，让学生对学

习产生兴趣。

2. 建立远程教学，共享优秀资源

自 1990 年以来，一系列信息化重点工程在国内得以实施，使得我国的教育信息水平得到明显的提升。但这些跟人民群众的需求量以及西方国家相比，仍然有很大的差距。教育信息化的推进仍然面临着众多的挑战和困难，特别是在经济欠发达地区的学校教育中。面对国内这样的教育环境，学校民族传统体育所面对的问题瞬间成为突出问题。而一些少数民族地区和偏远地区等，大都保持着良好的民族传统体育，虽然有着极为丰富的教育元素，但在教师资源和教学理念方面却是缺乏的；东部地区，虽有良好的师资和硬件，但是民族传统体育原生态生存环境却极度缺乏。在这种情况下，亟须建立起远程教学，通过彼此信息的交流，从而使教学资源和教师师资很好地结合在一起，进而实现优秀资源的共享，使得民族传统体育得以同步发展。同时，学校民族传统体育的国际远程教学，可以使得民族传统体育的国际竞争力得到大大增强。

3. 搭建精品平台，打造质量工程

精品课程建设作为一项全面系统的工程，其主要内容包括师资队伍建设、优质教学资源共享、教学内容建设、教学手段建设、教材建设、教学方法建设、实验建设、机制建设等。高校通过精品课程建设可以实现优质教学资源的共享，进而使课程的教学效果得以提高且优化，从而把高校的人才优势和知识文化的传承和创新充分发挥出来。而学校传统体育的发展同样需要一个类似的平台，从而使越来越多的学生可以轻松获取先进的教学理念和丰富的项目资源。

例如，国内某一个精品课程资源网上，共享出了许多与民族传统体育有关的项目，如表 3-1 所示。这些课程的背后是一大批优秀的教师和丰富的教学资源，这就为传统体育信息的进一步发展打下了坚实的基础，比如，云南师范大学所设置、开发的精品课程，特别留出了"课后留言"作为与网友互动的区域。学生们提出的问题可谓"五花八门"，不仅有技术方面的问题，比如跳竹竿舞时怎么把控好节奏？还有一些问题是在课程基础上的思考和建议（如"其实，我们的祖先在足球、骑马等比赛中都走在世界前列，但是现代中国的竞技实力下降了很多，中国人对此很难过""如果有毽球，那就更好了"）通过字里行间的互动可以看出，所谓的精品课程不仅为学生提供了一个良好的学习课程的平台，也为教师们深入反思提供了源泉，双向带动了民族传统体育教学的顺利前行。

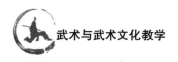

表 3-1　国家精品课程资源（民族传统体育）

学校	特色课程
云南师范大学（国家级）	踩高跷、爬坡杆、烟盒舞等
吉首大学（省级）	陀螺、蹴球、秋千、舞狮、舞龙等
广西师范大学（省级）	抛绣球、打陀螺、打花炮等
厦门大学（省级）	形意强身功、木兰扇、木兰拳等
湖北民族学院（省级）	板凳龙、拔腰带、摆手舞等
长安大学（校级）	健身秧歌、腰鼓、传统养生等
兰州大学（校级）	藏族锅庄舞、冈朵游戏等

第四章　武术教学与文化传承

武术文化的传承，从侧面彰显出传统文化的传承与发展。而中国武术文化的传承，其实也是在保存和传承先祖们的智慧，更是对先祖们所处时代的历史记忆和身体语言等文化符号的一种传承。本章将从武术教学中的文化传承、武术教学对当代文化传承的价值、武术教学文化性传承的路径选择三个方面阐述武术教学与文化传承的关系。

第一节　武术教学中的文化传承

一、武术教学中的武术文化传承

武术文化传承指的是传统武术文化的延续和发展。武术教学在文化传承中扮演着至关重要的角色，不仅可以教化学生思想，塑造人格，通过习武修身养性，更重要的是可以通过武术教学传承中国传统文化，弘扬民族精神。在"举国体制、奥运争光"的背景下，学校体育逐渐向竞技体育靠拢，成为竞技体育的补充。竞技体育一向以来的"高、难、美、新"的发展方向，使武术教育者忽视了武术教育同时也是教育实践的一种，使武术教育渐渐脱离了教育的本质。如今我国已迈入体育强国的行列，竞技体育在世界大赛中取得了优异的成绩，但与此相比，群众体育始终没能融入群众，没有真正得到普及。对于西方传入的、具有新颖形式的体育运动，学生往往表现出强烈的学习欲望，而我国传统的体育项目始终处于教学的边缘，无法获得学生的欢迎。即便是有"国粹"之称的中华武术，面对西方文化的冲击时，也步入了可有可无的尴尬境地。

武术教育的目的不仅在于锻炼身体，强壮体魄，更重要的是通过武术的学习，传承中国传统文化，弘扬民族精神。要把武术当作传承传统文化的一种载体，要认识到武术教育背后蕴含的重要文化意义、内涵等，要认识到武术教育

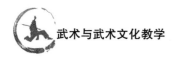

在学生成长道路上扮演的重要角色。因此，要充分发挥武术文化资源、教育资源的作用，通过武术教育培养学生的民族认同感和自信心，以武术来传承中国传统文化，弘扬民族精神。

二、大众化的武术教育理念

高校武术大众化，指的是以普通高校大学生为受众群体，而非专业的习武人群。如今，大学生武术基础薄弱，因此必须在高校中开展武术教育，普及武术知识。大学生是学习武术的重要群体，高校中的武术教育改革，要以提高学生综合素质能力为目标，通过武术锻炼，进一步提高学生的武术技击水平，"增强体质，增进健康"，传承武术文化，弘扬民族精神，将中华武术发扬光大。

同时，高校武术教学改革也必须顺应学生的实际需求，要认识到学生需要学什么、真正想学什么。教育部门和武术管理部门应该进行相应的研究讨论，以确定哪些中国武术适合学生学习，并根据全国地域、文化的不同，制定统一、标准的武术教材，同时注重权威性与指导性、地方性与校本相结合。这样武术教育才能呈现多样化的发展趋势，从而能够更好地满足大学生对武术的需求。武术的教学方法同样要与时俱进。相比于跆拳道和空手道，中国武术教育模式复杂，形式多样，不利于教学，因此，我们可以借鉴跆拳道和空手道的教学方法，改革教育模式，简化教育程序，建立具有中国特色的高校武术教育模式，对课程设计、内容、方法等进行全面改革，以便更好地服务于武术教育。

三、注重武术教学的攻防性内容

武术本身就是应用于攻防实战的，但现在越来越多的套路化教学内容使得学生失去了学习武术的兴趣。初级长拳是习武初级阶段必练的武术基本功，对于提高身体素质以及初步掌握武术套路有良好的作用。然而，拳术的练习贯穿了武术教育的整个过程，从初级到中级再到高级，长时期地练习同样的内容，不免显得套路化，缺乏其他内容的渗透，这是我们武术教育中面临的问题之一。改革武术教学，重新唤起学生的兴趣，就必须弱化这种套路化教学的方式。这并不是要把武术套路一竿子打死，否定的其实是套路化教学中僵化的思维习惯和死板的教学模式。武术教育要回归教育的初心，站在学生的立场，以学生兴趣为导向，从武术中挑选出实用性强、能够吸引学生学习的武术招式，尽量减少其中的套路化教学内容。

武术的本质是一种具有攻防作用的格斗项目，但目前在武术教学中，很多武术教师只重视武术套路的教学，而忽视了武术攻防技术的教学，使得很多学生无法理解武术的实际作用，无法利用武术进行格斗训练，这样武术在实际中就失去了其最本质的作用。高校武术教学应该承担起传承中国传统文化、弘扬民族精神的重任，因此各高校有必要改革武术教学模式，重新唤起学生的学习兴趣。

四、现代传媒对武术文化的传播

现代传媒技术的发展使信息传播变得更加快捷、方便，覆盖范围更广，武术文化得力于现代传媒技术的发展，其受众人群不断扩大，迎来了进一步的传播与发展。其中影响最大的还是影视作品和网络上的武术内容。武术影视作品如今已成为武术文化传播的最重要途径，各种类型的武术电影、电视剧层出不穷。武术文化通过网络、电影、电视等媒介迅速占领了文化传播的主流，这使得人们对武术文化有了新的认识，同时也使武术观念深入人心。这些武术影视作品以精彩绝伦的武打场景为依托，内涵上表达了中国人面对强权、恶势力时见义勇为、舍己为人的高尚品德，同时上升到民族与国家的高度，展现出精忠报国的强烈爱国情怀。这些优秀的影视作品对青少年学生产生了潜移默化的影响以及教育意义，虽然大都是虚构和想象的内容，无法真实地反映历史，但其蕴含的积极向上的思想和民族精神，依然鼓舞着人们的习武热情。

在做到以上列举的内容后，还要在教学中注重对武德和尚武精神的培养，以学武为形式，教育学生养成爱国、爱家、自尊、自强的优秀品质。

五、"非遗"视角下武术文化的挖掘

"非物质文化遗产"是一个我们现在常见的名词，文化遗产可以分为"物质文化遗产"和"非物质文化遗产"。物质文化遗产是有形的、具体的，它是可以摸得着、看得见的，如一些历史建筑、历史文物、文化遗址等；非物质文化遗产则是抽象的，如传统的表演艺术、传统手工艺等。由于非物质文化遗产不是生活中直观存在的具体事物，因此往往被忽视。人们通常只注重雄伟瑰丽的历史建筑，惊叹于它的年代悠久、巧夺天工，却忘记了其背后蕴含的深厚历史文化与精妙的建筑工艺。其实，非物质文化遗产同物质文化遗产具有等同的社会价值，但要在实践中去证明非物质文化遗产的社会价值，依然有很长的路要走。不同的民族、国家、地区，由于所处的文化背景不同，其表现出的水平也自然不在一条水平线上。各个群体和团体随着其所处环境、与自然界的相互关系和历史条件的变化不断使这种代代相传的非物质文化遗产得到创新，同时使其具有一种认同感和历史感，从而促进了文化的多样性，激发了人类的创造力。

2003 年 4 月，程大力发表了《传统武术：我们最大宗最珍贵的濒危非物质文化遗产》一文，自此传统武术开始与非物质文化遗产产生联系，有关二者的学术讨论层出不穷。邱丕相认为，传统武术文化正在逐渐消失，拯救传统武术文化已经迫在眉睫，这是一个十分严肃的话题，我们必须采取实际行动来捍卫我们的民族尊严。蔡宝忠也认为，传统武术作为"非物质文化遗产"之一，正在面临濒危失传的危险，采取行动保护我们的传统武术显得更加重要。因此，武术界应该携起手来，动员各种积极有效的力量，全面厘清传统武术的来龙去脉，将传统武术发扬光大，作为一种悠久的非物质文化遗产奉献给全人类。[①]武术界的这场学术大讨论产生了良好的效果，传统武术受到了更多的重视，越来越多的传统武术项目被列入了非物质文化遗产名录。沧州武术和太极拳成为第一批国家级非物质文化遗产，而峨眉武术、查拳、八极拳也被列入第二批国家级非物质文化遗产。武术的"申遗"工作取得了初步的成功，也吸引了更多的团体和个人参与到传统武术文化的保护中来。在今后的工作中，要借鉴之前的经验，使武术"申遗"工作持之以恒，让传统武术文化更好地发展下去。武术"申遗"的成功是对武术文化的保护与发展。后期逐渐建立的武术博物馆，进一步推动了武术文化的发展，并且具有教育意义。在这样的研究氛围中，大量武术专业学者在理论研究方面取得了可喜的成绩，从而形成了百家争鸣的大好局面。

第二节　武术教学对当代文化传承的价值

对于武术文化的传承，其核心部分在于对思想文化和民族精神的继承。与此同时，武术文化的传承也彰显出对民族文化的自信。大力弘扬民族文化成为实现"文化强国"的动力所在。所以，针对中国武术文化传承所做的一系列研究，其实也是对中国传统文化的一种深入的反思和探索。

一、武术传承中国优秀传统思想

中国传统武术有着悠久的历史和深厚的文化底蕴。中国传统武术作为中国

① 蔡宝忠，于海. 传统武术纳入"人类非物质文化遗产"体系进行抢救与保护的研究 [J]. 沈阳体育学院学报，2006，25（6）：120-123.

优秀传统文化的代表之一，与西方体育截然不同，其文化元素是多元化的。中国传统武术的内在思想融合了儒家、佛家、道家思想，正是丰富的文化内涵使其成为东方的主流思想。

（一）"仁义之勇"思想

武术在其漫长的发展历程中深受儒家学说的熏陶，作为儒家开创者的孔子曾经把"六艺"作为他教学的具体内容，并把"知、仁、勇"看作绅士修养的至高境界，注重仁与爱的融合，看重尚武崇德的精神，而这些正是练习武术的最高境界。

武术本身既具备浸染东方伦理色彩的武德文化，又具备儒家所推崇的教学理论"知""仁""勇"，这两者都在武术中有所体现。正所谓"知者不惑，仁者不忧，勇者不惧"，这句话真实反映出各个实践领域与传统礼教文化的相互交织。还有所谓的"人所以立，信、知、勇也。信不叛君，知不害民，勇不作乱"，代表了儒家的一些主流思想。孔子有一个忠诚、贤惠的学生，名叫公良儒。孔子巡游列国的 10 年间，他的学生公良儒一直伴随孔子左右，一天，孔子路过蒲地，遇上公叔氏据蒲反叛卫国，蒲人阻止孔子继续前进。当时公良儒就放出话来："吾与夫子再罹难，宁斗而死。"于是就下车奋力与蒲人搏斗。最后，蒲人因被公良儒的勇敢所折服，只得放他们离开。公良儒的"勇"是一种精神，具体来说是一种不怕输、不怕死的奋斗精神。当然，孔子所说的"勇"也是需要有所节制。孔子特别指出"勇"的体现也要伴随"义"，此处的"义"也把"仁"包含在内，只有这种"仁义之勇"才能体现出武术的独特魅力。因此，对待自己的仇敌，既要以"仁"相待，又要有不惧敌人的勇气和魄力。这不由让人想起 2014 年习近平总书记在柏林发表演讲时所说的"我们不惹事，但也不怕事"。这句话正是"仁义之勇"的真正体现，表现出中国传统儒家思想的精髓，尽显东方大国的风范。

（二）"体悟"思想

一提起佛教，人们不由得会想起少林武术，虽说佛教进入中国在武术诞生之后，但是武术的发展却深受佛教的影响。其实佛教的核心在于将佛教的教理与禅修融合，所倡导的是"修心"和"禅武结合"。所谓的禅修，其实就是在修炼武术的过程中注重"修心"，而且坚信只有通过"修心"，人才能真正安静下来。

"体悟"一词单从字面来看的话，意为用身体来实现。这个词似乎暗含着深刻的哲学思想，但它对于武术本身却有着重要的指导意义。在整个武术修炼

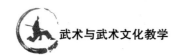

的过程中，练习者要对身体的感受加以重视，并要以自我为中心，除去内心深处的各样杂念，把自己的思想和精神全部集中于一个固定的地方。这样有助于对人生哲学的理解，从而消除内心的忧闷和不悦。用这种心态看世界，可以了解人生的起起落落，摆脱心中的盲目欲望。所以，对于内心世界的解读应该汇集于世界上各类事物之间的和谐共存。冥想训练是中国传统武术训练中的一个重要方法。通常在正式练习之前，练习者需要集中所有的注意力来排除干扰。这些都是中国传统武术文化的精髓所在，也是中国传统武术在世界上得以立足的基础。武术，看似一门"小技术"，却能帮助人认识到"大道"。

（三）"天人合一"思想

道家的核心在于对自然的崇尚，主张安静无为，反对一切斗争。在道家看来，所谓的"道"主要是指宇宙万物的起源。老子说："道生一，一生二，二生三，三生万物。"所以道家始终认为天地间一切的事物都来源于"道"，历经长年累月的发展，最终万物又都归根于"道"。道家中"天人合一"的思想对武术的发展起到了重要的作用，"天人合一"的思想主要包括人与自然之间的和谐共处、人与人之间的和谐共处、人与社会及自身之间的和谐共处三个层次的统一。

进入 21 世纪以来，霸权主义和强权主义的诞生，使得整个世界变得动荡不安，世界上一些国家和地区常年战乱不断，再加上暴恐主义的存在，在这种动荡局势的环境下，人们真心渴望和平与安宁。同时，随着社会经济的发展，社会资源正不断减少，环境污染持续加重，人与自然的关系不再和谐。地球上所发生的这一切似乎都在表明当下社会正处于"不和谐"的状态。正是在这样恶劣的环境下，人们亟须一种理论来净化内心，而道家所主张的"天人合一"思想正好与之相吻合，尤其是在道家所倡导的"无为而无不为""上善若水"等哲学辩证思想下所衍生出的太极拳、导引术等，可以让人体验到一种超然脱俗的感受。通过缓慢的动作、内蕴的劲力、自然的呼吸、坦然的意念等达到人与自身的和谐，好让自己充分放松下来，用心去体会人生的奥秘，远离生活中的烦忧，充分享受人与自然的和谐统一，这些既是现代社会的需求，同时也是武术多样化发展的重要方向。

二、武术传承中华民族精神

社会主义核心价值观彰显出来的正是中华民族精神。中华民族精神作为中华民族的灵魂，有着深厚的内涵底蕴，具体的体现是社会主义的基本道德规范。

纵观我国五千年的文明历史，中华民族不仅创造了灿烂的文化，而且形成了勤劳勇敢、爱好和平的民族精神。对于悠久历史沉淀下的中华民族精神来说，武术精神的核心往往是多元化的。伴随着不断变化的社会背景，中国武术得到了长远的发展，武术在不同的历史背景和社会时期表现出不同的文化和精神内涵。

（一）"尚武"精神

追溯至原始社会，当时的中国武术尚处于萌芽期。最初，武术的出现是为了满足人们基本的生活需要。它的主要表现方式为人与人之间、人与兽之间的斗争。在这个阶段，武术还没有发展为真正的武术，它只是武术前期的一个雏形，但却在精神方面产生了"勇敢""不怕死""压倒一切"的精神，一切精神在武术精神的早期都有所体现。

商周时期，社会生产力水平有了极大的提高，在各样的军事斗争中，武术开始发挥其重要作用。"以拳为勇"的观念正渐渐形成，"人们开始参与更多的武术活动，通过参与武术竞赛，找寻胜利的愉悦感和成就感"。也正是在这个时期，武艺的高低往往决定着个人的社会地位。随着社会的发展，武术精神开始慢慢成为社会发展的重要标志。

春秋战国时期，整个社会刚从奴隶社会转型为封建社会。当时的所有国家都对武术高度重视，"齐愍以技击强，魏惠以武卒奋，秦昭以锐士胜"，我国进入了历史空前的百强之争。当时的文化繁荣带动着整个中国传统文化往前发展，中国传统文化迎来了第一个光辉时期。当时社会上的各类文化思想，为中国武术增添了深厚的文化底蕴。在这个时间段里，"天行健，君子以自强不息"的精神使得武术始终持守着"刚性"的文化性格，同时也体现出"自强不息"的民族精神。另外，"厚德载物"的精神在当时也已经体现出来。

秦朝时期，为了维护统治阶级的利益，秦始皇采取各样政策法令不允许民间武术的存在和发展，还收集了民间的所有武器、兵器，之后把它们集中销毁后铸造出 12 个大铜人。秦朝的禁武政策严重阻碍了武术的发展，不过却促使武术向着娱乐化方向发展，使得武术更加多样化，为武术未来的发展开辟了一条新道路。

武术在汉代得到正式的普及，中国武术开始表现出其审美娱乐功能的一面。随着理学的兴起和发展，理学中的道德伦理的精髓部分开始慢慢渗透到武术中，使得武术的道德伦理层面得到了稳固，同时也使"尚武崇德"的精神开始传扬开来。到了明清时期，武术开始更多体现出中华民族自强不息和舍己奉献的精神，从那时起，武术才真正成为中华民族精神的载体之一。

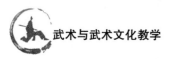

（二）"自强"精神

对于中国来说，鸦片战争是一条边界。一方面它是中国迈出古代社会的最后一步；另一方面，中国也在西方国家的坚船利炮下被迫进入一个新的时代。一场鸦片战争，不仅代表着英国入侵中国的胜利，同时也是先进的西方对古老东方的胜利。正是鸦片战争，打开了清王朝闭关锁国多年的国门。伴随着西方列强的入侵，整个国家正面临着亡国的危机。正是在这个关系民族存亡的关键时刻，自强不息的民族精神再次觉醒，无数的国人渴望通过武术内在的精神底蕴带动人们去保家卫国、抵御强敌，来维护国家的尊严。之后在武术精神的激励下，更多的国人站了出来，走上战场奋勇杀敌，最终取得了抗战的胜利。

时至20世纪初期，西方的一些国家仍然对中国充满蔑视和进行贬低，并认为中国人都是"东亚病夫"，这或许与我们所持守的精神文化有关联，主要原因在于我们对本国的精神文化缺乏自信。在整个文化领域，我们上千年来所持守的传统文化变化不大，而在遇到西方文化时却面临了极大的挑战。正是在精神文化相互较劲的过程中，我们渐渐失去了对自身传统文化的信心。直到现在，我们才慢慢找回那份自强的民族精神。武术精神历经上千年的打磨后，担负起了历史所留下的优秀民族精神，而这些正是中国传统文化的一部分，而且是极其重要的部分。特别是在当下这个时期，我们更应该去继承武术精神，而不是等到面临危机时才意识到它的重要性。所以，中华民族精神需要每个中国人共同去重视并加以保护传承。

三、文化传承的当代路径选择

鸦片战争刚爆发时，拥有坚船利炮的西方国家，瞬间瓦解了国人的文化信心。当时，我们被西方文化所"引导"，别人的所作所为就是我们的模仿对象。正是在这样的危机环境下，中华民族传统文化开始日渐萎缩，这其中也包括武术文化的遗失。"在学校里，武术教学面临无人教、无人学的局面；随着竞技武术的发展，它也成为竞技体育中的一种新选择，但参赛人数寥寥无几，呈现出与世隔绝的境况；深受各年龄层喜爱、价值和功能多样化的武术，正在成为一种自欺欺人的弱势群体的文化存在形式；传统武术的自给自足、有序传承，正在一步步进入流失严重、亟须保护的地步"，这些正是我们内部文化受到外来文化冲击的结果，外来文化的冲击也使我们对自身文化的信心越来越小。

当今这个时代，来自西方的竞技体育格外盛行，而中国传统武术的发展不尽如人意，这些现象提醒我们要增进对本国文化的认识，加强对文化的塑造，慢慢建立起文化自信，当我们觉得西方文明是如何优秀时，西方国家也在不断地欣赏、学习中国文化。而且众多诺贝尔奖获得者一致认为世界上的所有问题都可以通过东方文化来解答，这说明东方文化正在被世界所认可、赏识，越来越多的人表达出对了解中国文化的渴望，正如北京大学的许渊冲教授在《开学第一课》中所说的："我们中国人，就应该有自信，就应该有点狂的精神。"时至今日，无论西方体育发展得多么迅速、多么完善，都不足以对有着上千年历史的中国传统文化构成威胁。

一个民族文化的发展往往与文化本身的自觉和自信紧密相连。而民族文化的自觉和自信，却与优秀传统文化的继承密切相关。若没有优秀传统文化的继承作为支撑的话，民族文化的建设和发展就会很快处于枯竭的状态。需要留意的是，任何形式的文化遗产都必须在文化自觉和自信的基础上建立起来。唯有如此，才能使社会主义文化获得更广泛的发展，并最终使我国成为文化强国。所以，我们应当对自身的文化建立起应有的信心。因为只有我们对于自身的文化建立起自信后，才能使整个国家更加自信。而我们的信心亟须通过优秀的文化传承来建立，唯有优秀的文化传承才会带来丰富多彩的文化。所以，当前这个阶段，文化强国的使命需要武术文化来承载并传承，而我们要去做的事情还有很多。

（一）正确定位武术文化传承的精髓

武术的发展史已经历经几千年，中间从来没有被打断过，其原因主要在于武术本身一直在尝试适应不同的时代和环境，所以它在适应过程中所体现出的内涵和功能也不尽相同，而且随着时代的不同，武术的功能也会体现出不同的内容。在武术不断发展的历程中，其功能从军事功能慢慢发展为体育属性，它除了能提高我们的身体素质以外，还起到自卫的作用。不可否认，武术仍然是中国传统体育领域内的一项运动。但我们同样应该知晓这样的事实，现今的武术已经融入了传统哲学、中医药学、伦理学、军事科学、健康科学等传统文化的思想观念。这就意味着，武术既是体育运动中的一种，同时又不属于体育运动，因它与西方体育运动相比有诸多的不同之处。西方体育运动往往从人体解剖学入手进行分析，严格遵循人体自身的运动原理，因此运动是科学的；而中国的武术往往从运动的整体性出发，比较注重内外的"一体性"和"形与神的结合"，同时还注重精、气、神与运动本身的协调性。

中国武术是一门颇具内涵的身体语言。个人习武的点点滴滴也是培养自身人格的过程。武术中所倡导的"体悟"思想其实就是对于自身人格不断追求、

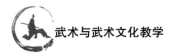

提升的过程。武术本身不仅有着西方体育运动相应的功能，同时还拥有着其他体育运动难以企及的文化底蕴以及东方文明所特有的科学、艺术和哲学。正是在"弘扬中华文化，建设中华民族共同精神家园"的大环境之下，伴随着社会的发展和进步，经济发展已不再是评判国际综合国力的唯一指标。对于一个强大的国家来说，民族的传统文化是其发展过程中必不可少的部分。

正是在这样的环境之下，我们不能把武术简单地理解为单纯的体育项目。虽说武术的运动属性尚未得到确立，但我们依然应当把它看作一种凌驾于体育范畴的文化。鉴于此，我们有必要对武术做一个全面的、透彻的了解。首先武术是文化形式中的一种，而且它是多种文化的融合体。其次武术的技术通常通过外在的形式来体现，而武术本身意义的核心部分存在于技术之外的文化部分中。因此，唯有对武术有着清晰的定位和认识，方能对武术文化做更精准的探究。

（二）保持"文化自觉"，坚持走武术的文化创新道路

多年前，费孝通先生提出了一个特别的构想，即"文化意识"构想。主要是指那些生活在某种文化中的人们对于他们的文化必然有着属于自己的认识。中国共产党第十七届中央委员会第六次全体会议（以下简称"党的十七届六中全会"）特别强调，"通过培养高水平的文化自觉和自信心来促进社会主义文化发展繁荣"。而中国共产党第十八次全国代表大会（以下简称"十八大"），进一步强调，"要坚持社会主义先进文化的前进方向，树立高水平的文化意识和文化信心，为建设有伟大目标的社会主义文化大国迈进一大步"，同时还强调要"建立文化遗产的优良传统"。从世界层面来说，文化意识应当还包含对各种文化需要的了解，并在多元化的文化世界中不断提升自己的能力，从而更好地适应其他文化。所以，我们务必要建立起各方都认可的基本秩序，构建起一个适合共同发展的共存原则。

相较于西方体育的发展，尽管中国传统体育的发展落后很多，但我们不能由此就对武术的发展和未来失去信心。中国人应当有自我的文化意识。现今的武术文化已然成为民族精神的重要符号，而且在它里面蕴含着整个中华民族所特有的思维方式、文化意识和想象方式，也包含着整个国家或民族在文化领域的生活规范。在传承武术文化的漫漫长路上，持守武术本身特有的文化意识、发掘传统历史，有助于文化传统的维持和发展。不论是从国家层面来看，还是从世界人民的层面来看，武术文化对其都有着极高的价值和长远的意义。除此之外，引导国人主动、自觉地参与到文化的创新中，有助于带领我们走出以往

陈旧的、落后的文化观念，使那些跟不上时代步伐的文化思维方式得以改变。另外，国人的文化创新对我们汲取中华民族文化的精髓将会是极大的助力，通过研究和剖析创新的含义，可以大大增强国人的文化自信和文化自觉，从而使国家在国际文化的竞争中拥有话语的主动权。整个国家，若没有文化创新作为支撑，就无法使落后的科学文化水平得到提高，也无法给国家的综合国力和文化软实力带来显著提高。在日益激烈的竞争中，我们还没有取胜的把握，短时间内还无法实现社会的快速发展；国家缺乏文化创新，就难以推动文化实现可持续发展。所以，我们要一直持守"文化自觉"，坚定不移地走武术的文化创新道路。

（三）文化传承需要"共建共享"

进入 21 世纪，新兴的共享经济得到快速的发展，更多的人开始尝试通过互联网把自己的东西快速地分享到世界的各个地方。比如，现在比较常见的共享单车、共享雨伞、共享充电宝等共享类产品，主要目的是通过网络将资源利用放大化，使得更多的人可以享受到资源本身。正是在共享经济的引领下，武术文化成功地搭上了名为改革的顺风车。由于互联网的便捷特性，武术在世界范围内得到更广泛的传播。比如，社会上比较罕见的拳种和拳谱通过互联网分享出来后，可以帮助我们更深入地了解武术的起源和发展；同样一些武术爱好者把自身练武的视频上传到互联网上从而可以帮助大家通过网络共享互相学习。

以上这些都是共享时代带来的便捷。所以，我们务必要对这些资源加以合理使用，共同努力，使武术文化更加多样化。但是，"共享"得以实现的前提是大家的"共建"，我们通过别人分享的资源得以学习的同时，也要把自己身边的各类资源通过网络分享出去，这些东西或许对自己并不是很重要的，但它也许恰恰是他人的需要。所以，我们只有先把武术相关资源的"共建"做好，当我们有需要的时候，才能快速地从中提取出自己想要的东西。

"共建共享"只有在大家共同的努力下才能实现，尤其是涉及传承武术文化的共建共享。所以先要夯实武术的理论基础，增加武术所特有的文化底蕴，在武术文化的共享中体验它的乐趣，从而使武术如身边的小事一样时常伴随我们左右，以便所有的人无论何时何处都能亲眼看到、亲身感受到。只有这样，武术才会离我们越来越近，武术的发展也会跟着改革的春风吹得越来越大。"共建"的过程不是某个人的责任，而是社会所有成员应当担负起的共同责任，对各类资源的发展进行共享是人民的权利。实现共享的前提是完成共建，而共建的目的是共享。因此，唯有大家齐心协力，才能使文化传承持续下去。

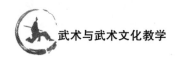

第三节 武术教学文化性传承的路径选择

一、体现武术教育的文化内涵

武术的传承对德行有很高的要求，而武术中有着浓厚的东方伦理色彩的武德文化与儒家的"仁""礼"教化理念相合，正是这样我们可以看出中国传统文化在各个领域的渗透力。当今社会想要重新塑造武术教育的文化性及增强其竞争能力，就必然要从武术中挖掘各时代的文化特征。时代的文化特征要有道家的清静无为、佛教的禅悟精神、儒家的仁礼教化，以及民族的和谐人文情怀。

二、突出专业武术课程的文化性

（一）武术专业课程指导思想重构

我国的体育院校武术专业课程发展，基本以竞技武术为主体，忽视了与武术相关的民族传统文化理论。新中国成立初期，武术因具有鲜明的民族特色而被重新纳入体育部门的竞赛和学校教育中。为了满足社会对武术人才的需求，国家体育管理部门在各大体育院校设置了武术技术课程。由于体育院校按照项目设置专业，武术和其他一般性体育项目一样只重视竞技成分，而忽略了武术自身所独有的传统文化成分。因此，体育院校的武术教育并没有充分发挥武术的民族传统文化的教育功能。

关于武术文化的内容在 20 世纪 90 年代也曾得到过重视。当时我国的体育院校将与武术相关的中国传统哲学、养生学、兵法、中医等有机地结合起来建构武术专业课程体系。从理论上讲，将武术与中国传统文化结合进行专业课程体系设置是可能实现传统文化的教育功能的。但是，由于在国家体育管理部门的主导思想下，武术专业教育仍然以培养教练员和运动员为主要目的，所以武术传统文化教育模式并没有得到应有的重视，具体的做法就是国家体育管理部门和武术工作者要充分认识到武术的专业课程应该远离武术竞技比赛，要清楚认识到武术教育的文化性。武术专业课程体系的建构要以增强学生的民族自信心和提升学生的精神境界为最终目标，其最终的目标是要学生通过学习武术来弘扬民族精神和传播民族传统文化。

因此，我国体育院校武术专业课程体系在建构时，要以培养传播我国民族传统文化和弘扬民族精神的专业人才为重心，要及时改造培养竞技武术运动员和教练员的课程体系。在课程设置和组织上，要遵循现代课程体系的一般规律以及要考虑武术知识所特有的属性；在武术专业课程内容的选择上，要把武术技术和与武术相关的民族传统文化有机地结合在一起。武术教育最终要实现以武术为载体，以培养民族精神和弘扬民族文化为核心的培养目标。

（二）武术专业课程人才培养目标

从武术课程长期存在于各级各类学校体育教学中和体育院校民族传统体育专业将武术作为本专业的主干课程中可以看出，武术在学校体育教学活动中的重要性与不可替代性。学校是培养人才和传授知识的场所，但同时学校也是弘扬民族传统文化和传播民族精神的主要阵地。学校的武术教育是国家赋予学校民族精神教育和民族文化教育责任的需要，武术教育在学校中承担的角色不仅仅是增强学生体质、增强学生体育锻炼意识，更重要的是武术肩负着传承民族传统文化的历史使命。因此，武术专业课程的主要目标应是培养出具有专业素质、专业知识以及有着传播中国传统文化能力的人才。

（三）武术教育应包含传统武术与竞技武术

武术教学内容的构建既要遵循教育的一般规律，又要考虑民族传统文化的范畴。中华传统武术对学习者的教育不仅仅是片面地强调知识的有用性，它还强调对于学习者精神的提升；中华传统武术教育不仅是专业技能教育，而且它还渗透了民族的价值认同。因此，在设置武术知识体系时要认识和了解武术在不同历史时期的存在形式，使学习者不但要掌握技术体系，更要掌握技术动作形成背后的社会文化因素，了解和学习中华民族的历史文化。这里所指的社会文化因素主要包括人们的生活观、价值观和认识观等。

以竞技武术为例，竞技武术分为套路和散打两种。在西方奥林匹克文化的强大驱动下，武术套路不断地追求高、难、美、新的目标，可以毫不夸张地说，当今的竞技武术套路如同体操，这种只重形式、忽略内容的做法，最终使得武术套路失去了原本的"味道"。散打是竞技武术的另外一种形式，作为西方体育文化和中国传统武术的有机结合，散打的赛制采用西方的竞赛规则，以击打点数和击倒对手来判定比赛胜负，这种只重内容而忽略形式的做法同样也不能表现出我国武术博大精深的一面。因此，以竞技武术的模式来设置武术专业课程，会误导学生，使学生难以建立正确和清晰的武术概念。但是，我们也不能完全否定竞技武术为传统武术做出的贡献，起码通过竞技武术可以让更多的人了解到中国武术，而且竞技武术也或多或少地推动了武术的发展。

对于传统武术的课程设置应以拳种为主要学习内容。要想全面地认识传统

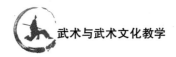

武术，就应把重点放在武术拳种上，而不应该把重点放在竞技武术上。只有从历史和传统中寻找认知对象，我们才能更加全面和客观地认识武术，才能真正地掌握武术中博大精深的传统文化。虽然说我们将拳种作为武术专业课程的主要学习内容，但是，也不是说武术专业课程只学习武术拳种，也不是说将竞技武术完全排除掉，而是有主次之分，应以拳种为主、竞技武术为辅。我们最终的目的是形成具有传统文化特色的武术课程。

三、发展通识武术课程的文化性

首先，应将武术在体育中的地位重新确立起来，要对中国传统武术重新定位，中国传统武术有着上千年的悠久历史，同时它还与兵法、哲学、中医等水乳交融，有着相当高的价值，因此，我们要对中国传统武术有信心，并保持一份"文化的自信"，进而去振兴国粹，使得这一古老的格斗展现出新的生机。

其次，树立"健康武术"与"人文武术"的指导思想，为体育教育的发展指明方向，它要求在体育教学过程中既要注重学生的身体素质发展，同时也要注重学生的心理发展和社会适应能力的提高。武术作为中国传统的体育项目与西方体育项目有着显著的差异，它是在中国漫长的历史发展中逐渐形成的，中国传统武术有着完善的价值观、处事方法、道德风尚、思维方式等特点，习武之人在练习武术技术的同时，也会潜移默化地受到中国优秀传统文化的影响，进而产生良好的教育效果。

最后，建构武术课程教学内容体系。建构途径有以下几个：一是整合拳种及优化武术套路；二是强调武术拳种的应用及弘扬中国传统文化；三是加强武术教材内容改革；四是建立完善的教学评价体系。这些内容是层层递进的，整合拳种，要按照拳种的核心内容以及课程要求来构建教学内容，根据教学目标和教学对象的不同对有价值性的、经典的套路动作进行提炼，尽可能地创编成眼、步法、手法和谐配合的演练形式，给人以美的享受，使其上升到艺术层次。只有这样才能激发学生的热情，才能使学生对武术真正感兴趣，才能使中华传统武术更好地在学校中普及和发展，才能发挥出传统武术的真正价值。新时期的武术教材必须要与时俱进，要突出武术文化内涵，使武术教材成为培养民族精神和弘扬传统美德的平台，同时还要注重武术文化思想对学生多方位的教育价值。在对武术进行考核时要有整体性，既要用评分方法，又要用攻防击打的成功率来判定。同时，我们还可以借鉴跆拳道和空手道的考核体系，将武术礼仪纳入考核内容之中。武术礼仪不单纯是一种形式，而是通过武术礼仪规范，培养学生团结友爱、相互尊重、文明谦逊的精神品质。只有将武术礼仪不断的加强，才会使学生产生一种习惯，久而久之就会使学生潜移默化地加强自身的修养。

四、重视社会武术教育的文化性

（一）大众化武术的发展情况

20 世纪 80 年代至 90 年代中期，我国的武术馆校发展迅猛，武术馆校在带动地方经济水平，普及群众性武术活动以及在弘扬民族传统文化上发挥了一定作用。在后来的社会发展过程中，武术馆校开始出现萎缩现象，引起了相关人士的注意。

关于民间武术社团，最早是 1982 年在北京成立的八卦掌研究会，之后全国各地相继成立各种民间武术社团。民间武术社团研究会是武术流派的传人自发成立的，成立研究会的目的就是发扬和继承传统武术。民间武术社团研究会的社长一般都是由技艺精湛、德高望重的人来担任的。武术研究会的活动形式包括组织比赛、开展尊师重道的活动、给会员进行技术辅导等。但是其举办的各种活动，仍然有待于完善和规范。

民间武术活动的形式多样，有武术邀请赛、拳术联谊会、武术节等。2004年首届世界传统武术节在河南郑州举办，此次武术节主要活动包括武术竞赛、群众文体活动、论文报告会等，主要是为了宣传太极拳与少林武术，展示中华传统武术文化。但是，无论是武术节还是邀请赛多是几年举办一次，这对我国武术的发展可能在短时间内起到了影响，持久的影响却依然很小。

最普遍的还是社区中开展的武术活动，这是一种在人们居住生活的区域以健身娱乐为目的大众武术活动形式。中老年是主要的锻炼者，因此就出现了锻炼内容老年化、缺乏专业人指导、锻炼内容单一、组织松散、武术场地器械缺乏等问题。

（二）提升社会层面的武术教育

社区是最接近我们日常生活的武术传播环节，在当前的社会背景下，我们需要依靠社会的力量来更好地发展社区武术，要使高校武术和社区武术积极地交流和互动。高校武术教师有着较高的理论和技术水平，可以组织有较高水平的高校武术教师定期对社区武术人员进行培训。同时高校武术教师还可以对社区武术锻炼内容进行调整，要保留武术的技击性和健身健心的本质，编排简练、

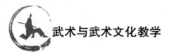

易学的套路，使武术更容易在社区推广和普及。

在社区武术组织方面，高校可以在社区成立武术俱乐部或武术活动站，进而改善社区武术组织松散和无计划组织活动等现象；要加强高校领导对社区武术的服务意识，使社区武术逐渐走向规范化；要激发社区武术锻炼人群的消费观念；要加强武术科研的互动，通过调查社区武术锻炼人群的年龄、性别、锻炼时间、文化程度、经济条件、风俗习惯等更好地制订锻炼内容和更合理地组织活动。

中国武术博大精深、源远流长，有着深厚的文化内涵。但是，大多数人对武术的了解还停留在表面上，甚至对中国武术产生了误解。要想让大众真正地了解中国武术，关注中国武术，如果单纯地用人文说教是远远不够的，必须呈现出一些听得到、摸得着、看得见的武术信息。因此，建立国家或地区武术文化博物馆是传播和保护中国武术的重要途径之一，同时也可以让人们通过武术实体事物更好地了解武术的产生和发展。目前我国武术博物馆相对较少，比较有影响力的武术博物馆有南少林武术博物馆和中国武术博物馆。武术博物馆的建立既可以让武术的文化教育价值更好地得以体现，又可以将中国武术更好地展现给全世界，既可以带动地方的经济发展，又可以充分展示文化教育的价值。

第五章 武术教育的历史演变

我国正式的武术学校出现于 1915 年，从历史上来看也就仅仅百年时间，但其发展过程曲折艰辛，武术教育发展的主流思想、教学内容、师资构成、教学方法、人才培养等方面的内容都是我们需要去了解与研究的。武术教育在每一个时间段的发展都是对当时社会需要的反映，是当时的人们对中国武术文化的认知与选择。本章将从历史发展的角度对武术教育的各个方面进行审视与反思。

第一节 20 世纪武术教育兴起的背景

近代以来，学校武术教育的兴起有着深刻的社会历史背景。中国的近代本身就是各种社会矛盾集中爆发的时期，即一个多事之秋。19 世纪，西方列强开始了对中国的侵略，并在第一次鸦片战争后，终于叩开了清政府闭关锁国的大门。我国的学校体育教育就是在这样的背景下产生的，而武术教育存于体育教育之中。

西方列强为了在中国获得资本积累，先是通过鸦片毒品，接着是通过钢炮和军舰强行实施口岸开放和贸易开放，中国传统的农业自给自足的自然经济模式开始解体，中国经济被迫进入西方列强的资本主义世界市场。西方列强破坏了中国传统的自然经济，并试图打破中国原有的经济模式。清政府的让步更使得被迫划定的租界被定义为"国内的国家"，在武力强迫的屈辱性谈判中，它成为我国历史上的一个屈辱标志，这些西方列强在租界内的所有行为不受政府约束，他们严重威慑和侵犯了中国的国家主权。"中华归主"的宗教宣传，给了中国人民一个看似真实，实际却是虚假的期待。它不仅给了现代西方科学技术文化传播的场所与机会，还为当时西方资本主义政治思想的侵入推开了大门，并在最后为西方列强进行殖民统治奠定和铺垫了全面的基础。西方列强采用的

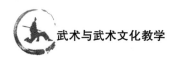

"经济掠夺、政治控制、文化渗透"的全面入侵方案使得这个 2000 年来一直没有大的改变的"天朝上国"只得委曲求全、苟安于世,并在苟安生存的同时时刻进行反思。

从另一个角度看,清朝的专制统治已经走到尽头,各种治理领域都已经呈现出衰败的迹象,特别是在教育领域。教育领域可以使整个社会发生根本性的变化,教育的改革迫在眉睫。此外,受到当时西方列强资本主义思想的不断影响,特别是教会学校的示范和活动,其作为我们传播教育思想和范式的前沿阵地,直接对我国学校体育课程的发展起到了促进作用,也为学校体育的发展奠定了初步的基础。

总体来看,自晚清以来,中国传统文化正面临着来自西方文化的强力冲击和前所未有的严峻挑战。强势文化的侵入对中国的教育领域造成了极大的影响。作为西方文化渗透和入侵的工具之一,西方体育也进入了中国的学校。

一、清末民初的社会背景与思想

清朝末年,政府黑暗腐败,统治阶级封建腐朽,长期的剥削与压榨让普通百姓的生活十分艰辛。此外,西方列强的长期剥削、经贸体系屡遭破坏、对外战争的频频失利、国家财政一再枯竭、社会矛盾愈发尖锐都导致了晚清政府的衰落,使得中国当时的社会危机越来越严重。

资产阶级革命领袖看到清政府精疲力竭、腐朽不堪,便立刻快速地组成政党推翻清政府统治,辛亥革命的发生背景便是如此。辛亥革命虽然一般被看作表象,人们认为它并没有引起社会的根本变化,但是依然将君主政体的时代终结,使得皇权合法化的宇宙观理念彻底崩溃。"政治权利变得极为分散,且更加倾向于军人主导;过去贯穿于全社会的权威体系沦落到地区层面;当地权贵阶层极度缺乏安全感;新共和政体未能建立起合理的秩序——所有的这些都将不可避免地使知识分子对上述议题的观念产生强烈影响。"

因此,在各种各样先进的思想洪流的冲刷中,中国人对于教育的观念也开始发生了变化。在对待教育的态度上,人们从认可清朝专制时期的官方统治转变为认可民国的民治主义,都在热情地参与讨论,并提出改进建议。在教育观念方面,一改以前的忠君敬孔的教育目标,变为以现在的公民道德为主要教学内容。新教育理念下制定的教育政策,不再是以前政府权力主导的专制教育,而是以由共和精神主导的人民民主为中心,塑造和提高人民的基本素质,为现代社会培养更多有用的人才。在这种背景下,教育救国成为人们的主流思想。

因为"在人民方面，由于各级列强的压迫和每年的环境攻击，我们觉得不改革、不开学，还不足以把祖国从危险中拯救出来"。

1915 年，以军阀统治为代表的资产阶级统治让人们看不到希望，尤其是面对欧洲大陆上激烈的炮火，国人的血液近乎沸腾，在日本提出"二十一条"后，这种沸腾直接到达顶点，国人的睡梦一夜之间被惊醒，大家开始意识到要想立国就得能武；要想雪耻，就必须使自己的国家先强大起来。在这种背景下，以袁世凯为首的政府颁布了尚武的教育宗旨。在社会方面，全国教育联合会会议决定了军国民教育实施方案。其决议共分两项：第一项有 9 条是与教授者有关的，第二项有 12 条是与训练者有关的。其中有这样的规定：关于教授者有"各学校应添授中国旧有武技""各学校教科书宜揭举古今尚武之人物"；关于训练者有"各学校应表彰历代武士之遗像，随时讲述其功绩"等。

这是以袁世凯为首的北洋政府统治时期所主张的一种宗旨为"爱国、尚武、崇实、法孔孟、重自治、戒贪争、戒躁进"的军国民主张，是民国元年由蔡元培制定的"注重道德教育，以实利教育军国民教育辅之，更以美感教育完成其道德"教育宗旨的一种延伸。正是这样的社会危机和这种教育思潮，为学校体育中加入学校武术奠定了大的社会基础。

二、学校教育中的人本主义思想

在人本主义中，人们极力重视健康。19 世纪 60 年代，由于欧美列强奔赴战场，在短时间内没法对我国工商业进行压榨，我国工业和国民贸易得到喘息之机，发展步伐开始加速，并形成了发展的黄金时代。工业和国民贸易的迅速发展，严重影响了我国传统自然经济的主导地位。经济基础决定上层建筑，经济转型使传统家庭各方面发生根本性变化。显然，对传统家庭教育的改造，也在向学校教育转变，以与现代社会的发展相适应。

国人身体的羸弱，在国民经济发展中确确实实影响到了生产力发展的物质基础。民族工商业发展的一个显著特点是，大机器生产取代了传统的手工业作坊，许多农民和手工劳动者越来越困难，然后催生着劳动力市场迅速扩大。廉价劳动力变得越来越不值钱了。

事实上，不管从哪个资料分析，我们都不难发现，单纯依靠劳动力很难维持当时社会的正常生活，如果再因为身体素质导致停产或缺课，那就连如何生存下去都是个问题了。因此当时几乎所有正在工作的工人都有一个愿望，就是有一副好身体，这样才可以在社会上生存下去，这就说明在当时，人们生存下

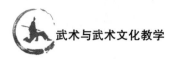

去的关键条件就是有一个健康而能提供持续劳动力的身体，这就使人们的健康意识得到加强学校教育作为为社会培养人才的场所，自然也深受当时社会健康意识的影响，体育受到重视，体育课的地位毫无疑问也就提高了。

另外一个大背景就是当时的教育对人的重要性的认识在逐渐觉醒，著名教育史学家陈青之先生认为"中国教育史，严格说起来，只有两大期，而以英、法联军之役为分水岭"。[1]此役之前，为半封建式教育，处于君主专制时代的成人教育主要以培养治术人才为宗旨，工具理性下遮蔽了人的主体性；此役之后，为资本式教育，这才开始有科学教育，即发现了"人"的新式教育。于是，众多教育家面对半封建教育造就的肩不能扛、手不能提的弱不禁风的青少年，不断发出振聋发聩的呐喊。

大方向上，在"辛亥革命后，健康教育越来越受到重视，培养人才离不开体育运动，逐渐成为共识"。这意味着，社会精英不仅因为现代国力的薄弱找到了青少年的身体，而且在学校领域为青少年身体构建了教育理念和教育处方。因此，加强学校体育教育成为必然趋势，这不仅为西式体育赢得了空间，也为武术进入学校创造了机会。

三、民族思想中对传统体育的重视

近代中国，变乱频仍。各种思潮，"你方唱罢我登场"。但若深度剖析各类思潮，仍能看出其背后有一条潜流，虽影影绰绰，却不绝如缕，贯穿其间。"这一从上到下的共同思绪和关怀，包括夷夏思想、种族观念、排外、社会达尔文主义等，然其核心即在中外矛盾和冲突的背景下通过群体认同和忠诚对象的再确认来体现人我之别。这条潜流便是民族主义。"[2]

这些主张的提出，其逻辑起点无疑是出于民族思维范式的民族主义，民族主义是在民族性、民族认同、民族利益等民族要素，内蕴思想情感、意识形态的基础上建立起来的，所以这就直接导致不管是运动范式还是养生理念在西方体育项目与中国传统体育项目中都是水火不容的，甚至是激烈排斥的。在这种激烈的冲突中，为了寻求平衡，于是产生了一个以华夏中心主义为思想基础的"想象的共同体"。不过该"共同体"的观点，并不是我们通常所了解的那种民族国家认同，而是文化认同的观点，意即坚信固有文化优越性的同时，"袭他人之形式，未克振己国之精神"。受这一视野影响的群体在这种生死与共、

---

① 陈青之.中国教育史［M］.北京：中国社会科学出版社，2009：326.
② 罗志田.乱世潜流：民族主义与民国政治［M］.上海：上海古籍出版社，2001：2.

同甘共苦的民族主义氛围中获得了类似于宗教皈依的精神洗礼和人格的扩大，当这种精神作用于一个正处在内忧外患之际的国家时，其更是产生了无与伦比的能量。1919 年，当武术家霍元甲和企业家农劲荪在上海创立精武体育会时，孙中山先生当即挥笔题词："尚武精神"。这充分表现出他对中国武术的深深呼唤（图 4-1）。

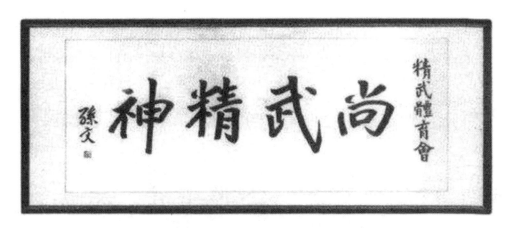

图 4-1　孙中山题词"尚武精神"

第二节　武术教育不同时期的阶段性特征

学校武术教育不同时期的分期方式主要根据百年学校武术教育的根本矛盾，或者可以说把直接或主要影响百年学校武术教育的政治变迁及其思想更替，作为划分武术教育时期的唯一逻辑，并且在不同的时期，文化冲突都是学校武术教育变化发展的主要影响因素。

一、民国时期的学校武术教育

民国时期是指从清朝灭亡一直持续到中华人民共和国成立之前这段时期。鸦片战争以后，刮起了一股学习与仿效西方的热潮，被誉为"睁眼看世界"的首批知识分子的代表人物魏源就在其《海国图志》（图 4-2）一书的序文内言道："是书何以作？曰：为以夷攻夷而作，为以夷款夷而作，为师夷长技以制夷而作。""师夷长技以制夷"这一主张是魏源在吸收和借鉴了林则徐了解和学习西方文化的主张后提出的。鸦片战争的惨痛教训使人们认识到了西方文化的优势，并产生了只有学习西方文化才能战胜西方人的思想。另外，当时的统治者

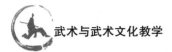

也看到了西方文化所带来的好处。例如，在江浙两省平定太平军的战斗中，外国军队提供的各种物资援助，如外国武器、船只等利器，使当地官员学习西方文化的思想更加强烈。

图 4-2 《海国图志》封面

史学家李剑农先生在对当时模仿西方的总结中说道，这是一种夹杂着士大夫反感的西法模仿。在实践"师夷长技"时，洋务运动中的派遣留学生、兴办学堂都仅仅只是军事、经济上的"中体西用"的举措，这种"师夷长技"的效果往往治标不治本，并没有抓住模仿的关键。

但是有一个前提我们必须了解，那就是西方文化的传入其实是和西方列强的坚船利炮一道的，国人对文化传统的重视、他们的爱国主义以及植根于脑海的农耕文明都让他们恐惧、怀疑和反感西方文化。例如，日本是许多西方文化流入中国的过滤场，因此很多国人将西学以及帮助西学的日本看成妖孽，并且坊间还出现了"西海潮流猛秦火，东风复助为妖祸"的诗句，可见当时这种情绪的蔓延。

正是由于中西文化在认识论、方法论、本体论等哲学意蕴上的深刻差异，冲突不断发生，随着时间的推移逐渐演变为政治冲突，最后演变成武力相向、炮火攻击。

在社会文化方面，中国传统社会文化是在个体农业经济和宗法家庭背景的基础上发展起来的，存在着故步自封、不求进步、迷茫、受限制、自主等保守特征。这与现代工业生产的科学观、效益观、人才观格格不入。因此，传统社会文化封闭的价值体系及其所建构的心理和价值观，往往与现代化的变迁产生很大的摩擦。

这种冲突已经扩散到各个领域，而学校作为教育的主要领域，是激烈冲突的主要战场。在学校领域，武术作为一项民族传统运动进入学校，并成为一种教育手段的基础，这就必须从当时的军事和国民教育思想中加以讨论。军事和国民教育思想起源于德意志帝国。19世纪下半叶，为实现德国统一，以俾斯麦总理为代表的德国人做出了不懈的努力。俾斯麦在位期间，他主动执行了他倡导的铁血政策。他认为，使世界恐惧的不是法律，不是正义，而是枪支的力量，这与毛泽东的著名主张"政治力量来自枪支"完全相同。在他的积极号召下，他争取了整个国家的人力和物力，并及时与丹麦、奥地利和法国作战。德国的统一是通过暴力手段实现的，大大增强了德国的国力。因此，世界各国都在模仿复兴的德国，特别是其以全民为兵的政策和主张。

20世纪70年代末，日本与德国接触，学习和贯彻德国军事和国民教育思想，最明显的变化体现在教育领域的学校体育教学中，因为日本在普通中学增加了士兵的体操教学；在师范院校，短期积极的军事教育是强制性的，青年学生是用军事和国民教育思想培养和教育的。20世纪初，旅日中国留学生深受这种军事和国民教育（以下简称"军国民教育"）思想的影响。

在众多旅日中国留学生的推动下，军国民教育思想成为清末教育改革的基本标准。民国临时政府制定了教育目标，规划了学校课程。首先，军国民教育的特殊表现是在各级学校开设体操课，并且特别强调学校体育课应以兵士体操为主。

进入民国之后，首任教育总长蔡元培在明明知道军国民教育在其他国家已经有着"道消之兆"，然而，面对当时的几次险情，在采纳了大家的建议后，仍在1912年12月颁布的《中学校令施行规则》中提出"体操分普通体操、兵

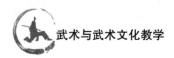

式体操二种，兵式体操尤宜注重"的顶层设计。然而，在体育运动向西方体育运动的渗透过程中，有人开始质疑西方体育是否符合中国国情，因为只要是一国国民，就有其特别的国民性，而武术正是我们中华民族所喜欢从事的一种活动。

综上所述，正是由于各方面的文化冲突，中国人在面对西方文化时，从一开始就有强烈的反抗和反叛心理。中国传统体育与西方体操等西方体育作为一种身体文化也有着激烈的表现，二者的冲突被后人概括为"土洋体育之争""保存国粹"等相互冲突的活动。

二、中华人民共和国成立后的学校武术教育

（一）社会主义改造时期的武术教学发展

1949 年 9 月，中国人民政治协商会议通过的、起临时宪法作用的《中国人民政治协商会议共同纲领》规定："中华人民共和国的文化教育为新民主主义的，即民主的、科学的、大众的文化教育。"1949 年 10 月 26 日，中华全国体育总会筹备会召开，时任中央人民政府副主席的朱德同志提出："体育是文化教育和健康的一部分，过去体育是脱离广大人民群众的。现在，我们的体育公司必须为人民服务，为国防和国民健康的利益服务。体育是教育的一部分，学校体育的目标是培养学生成为社会主义全面发展的建设者和倡导者。"

由此可知，在中华人民共和国成立之初，国家在对体育定位中就突出了为国防和国民健康服务的基本理念，这为当时的中国体育教育工作指明了方向。

（二）全面建设社会主义时期的武术教学发展

20 世纪 50 年代末至 60 年代中期，是我国开始全面建设社会主义的重要历史时期。

1957 年 2 月，国家体委和教育部对北京、上海、武汉、成都体育学院提出了"将武术列为选修课"的要求。同年 10 月全国性武术学习会在北京举办，国家体委和教育部派人参加了会议。学习会的目的是研究和制定武术统一教材，培养师资，为进一步推动群众性武术运动和将来在全国体育院系开设武术课程创造条件。1958 年 8 月，北京、上海体育学院相继设立了武术系，其他体育学院（系）设武术专修课程。为了统一教材内容，提高教学质量，1961 年国家体委组织了常振芳、李天骥、张文广、刘玉华、蔡云龙、习云太、陈昌棉等武术名家，在参考了 4 所体育学院原有武术教材的基础上，编写出了我国第一部全

国体育学院本科讲义《武术》，其中辑录了"武术学习会"新编的部分拳械套路，以及长拳基础训练和一些流传较广的传统拳械套路，从而使武术教学走上系统化、规范化之路。

三、改革开放后的学校武术教育

1978 年 12 月，中国共产党召开第十一届中央委员会第三次全体会议，提出把党和国家的工作重心转移到社会主义现代化建设和改革开放上来。1977 年 8 月，邓小平同志主持召开科教座谈会，提出要重视中小学教育，指出教材改革是教育改革的关键。经过广泛调研，在总结中小学体育改革经验和问题的基础上，体育教材编写组起草了十年制《小学体育教学大纲》《中学体育教学大纲》的征求意见稿，试图用新的思想体系构建新的体育课程和教材。这里的"新"表现在：强调为现代化培养人才；确立了体育教学"一个目的，三项基本任务"的总目标；肯定了统一性，加强了灵活性；"打破以竞赛为中心的编排体系"。

在武术方面，1978 年北京、上海、成都、武汉等四所体院招收首批武术硕士学位研究生。邓小平为日本友人题词"太极拳好"。1979 年，新修订的《武术竞赛规则》由国家颁布实施，武术散手（打）对抗赛开始进入试验阶段。1984 年，我国举办了国际太极拳、太极剑邀请赛等武术赛事。1985 年，国际武术联合会筹备委员会成立，国家体委制定了《武术运动员技术等级标准》，并成立了国家体委武术研究院。1987 年，第一届全国武术学术研讨会在北京举行，同时中国体育科学学会武术分会成立。

到了 1986 年，国家颁布了《中华人民共和国义务教育法》，指出"国家实行九年制义务教育"。1992 年，中国共产党第十四次全国代表大会召开，会议确立了社会主义市场经济的新概念，并明确指出中国经济体制改革的目标是建立社会主义市场经济体制，进一步解放和发展生产力。如何使教育适合社会主义市场经济体制，更好地为社会主义现代化建设服务，成为一个迫切需要解决的重大问题。

在武术发展方面，1989 年国家体委颁布和实施了《武术散手竞赛规则》，并开始举办"全国武术散手擂台赛"。1993 年国家体委群体司会同国家教委有关部门和国家体委武术研究院召开了试点工作会议，决定在《国家体育锻炼标准施行办法》中增加武术内容，并研究制订了在北京和河北石家庄市郊一些中、小学进行试点工作的具体方案。1997 年，国家体委下发了《中国武术段位制》。2004 年，中宣部和教育部联合下发了《中小学开展弘扬和培养民族精神教育实

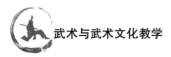

施纲要》，文件中明确要求"体育课应适量增加中国武术等内容"。

为了归纳性地总结体育课程中的武术教学内容的变化，我们将武术教育的发展分为两个阶段：一是 1987 年至 1999 年，主要是《中华人民共和国义务教育法》颁布带来的变化期；二是 1999 年至今，这一时期的主要特点是以素质教育和健康第一为指导思想编订体育与健康课程教材。

在"以培养德、智、体、美全面发展，提高全民族道德素质为总目标"的教育背景下，学校武术内容也进行了一些调整，小学从三年级开始学习传统的"五禽戏"，以活泼而富有趣味的内容激发学生学习的兴趣，并不断加强武术基本动作及组合的练习。初中增加"八段锦"，高中增加"太极拳十二动"。这使武术课程进一步体现出传统养生功能与传统文化特性，应该说是具有进步意义的。

对于义务教育阶段的初中学生来说，这一时期的内容选择考虑了拳术套路和攻防实用技能，这种将拳术动作拆分为攻防实用动作的形式有助于学生对武术套路的理解，可提高学生的武术认知与攻防实用性的体验。但这种安排方式在师资方面的要求较高，需要加强教师的培训工作。

在 20 世纪 90 年代，还有一些套路的创编内容，都是比较短小的，被称为短套。这些短套从形式上丰富了武术教学的形式与内容，每一套动作的数量都较少，使学生记忆和学习都更加方便灵活。

此外，1994 年的补充说明表明，青年拳 37 个动作过长，在规定学时中无法完成，需要进行精简。1996 年的《全日制普通高级中学体育教学大纲（供实验用）》中的武术内容则全部是以武术套路为主的内容，同时增加了刀术和太极拳等内容，且均为考核内容。本研究认为，这些内容对于一线体育教师和学生来讲又是一次严峻的考验。对于教师来讲，在完全没有接触过武术的情况下，突然让他教刀术、教太极拳，对于普通体育教师来说基本就像是教天书，而且也不是简单培训就能够解决的。

第三节　武术教育在历史沿革中的思考

近百年武术教育发展的历史沿革除了给我们重要的启示外，还能引发我们对现实教育发展的思考。我们应该以史为镜，从武术教育的各个角度来分析与思考。

一、武术教育各方面的历史变化与原因分析

（一）武术教育各方面的历史变化

1. 武术教育的教学理念变化

武术教育受爱国个体和人文关怀的影响。

首先，名人武术思想和民族主义文化思想对学校武术教育产生了深刻的影响，"尚武健体"的精神力量和"军国民主义"的思想都在努力实现"全民皆兵"的目标。在这种社会背景下，武术教育的社会功能发生了变化，武术成为增强军事实力的教育媒介，武术教育开始扎根于军事领域救国救民，传统武术的教育模式也发生了变化，从家庭教育走向班级集体教育，使学校武术教育迈上了一个新的台阶。

其次，在"强国强种"的历史大潮中，在本土文化（武术）与西方文化（体操）的争论中，兵士体操融入了军事学校中，本土与西方的冲撞实现了武术与体操相结合，实现了尚武精神、技能训练与兵士操练的结合。

此外，在西方列强政治、经济、文化的全面入侵下，政府更迭，政局动荡，人民不能安居乐业，民族受到压迫，文化受到侵略。在这种社会背景下，中华武术所承担的民族文化使命不容否认。马良的"中华新武术"是通过转型模式在中国体育文化中发展起来的。1907年，中国私立学校中有武术院校2588所。另外，民间社会武术团体也在这一时期迅速发展起来。

（1）尚武精神

辛亥革命后，孙中山第一次提出了"尚武精神"，随后武术得到迅速发展，学校武术教育也在这一时期取得了真正的进步。当时的政府为发展教育做出了巨大努力，并召集了大量教育研究人员参加了军国民教育课程提纲的制定。

武术植根于中华大地，源于中华民族的身体文化，具有本民族传统文化的特征，当民族和社会局势动荡时，其精神价值也有别于其他体育运动。中国武术是传统文化的表现形式，体现了民族自强不息的精神，是国家灾难面前抗击侵略者的一面旗帜，与刚健有为的性格特征相辅相成。

武术作为一项地方性体育项目，在国内外都有其特点，这明显体现了民族文化力量的凝聚力。因此，总的来说，在国家和民族长期处于危难之中时，培养武术精神的军国民教育观念是学校在武术教育中更应重视的。

（2）军国民思想

军国民教育思想，在民国初年成为一股热潮。首先，军国民思想推动了学

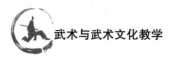

校武术教育的发展，将军事武术引入学校体育课程，使学校成为民国武术教育发展和传承的重要基础。其次，军国民教育思想也使武术教育的传承发生变化。在此之前，武术的传承和发展主要依靠家族的血脉传承和师徒传承。如此狭隘的教育传承和传播方式已不再适应社会的发展，更不可想象的是，它将成为学校教育的必要内容。在军事和国家意识形态的主题下，政府创办的中央武术馆也成为武术教学的一个体系。在以中央武术馆为核心的学校武术教育中，中国传统武术取代了西方军事演习，成为学校的必备项目。

（3）国粹文化思潮

武术历来被称为民族固有的身体文化，体育史上的中西之争是指武术的本土文化与西方引进的军事演习之间的纠纷。西方体育在中国是一种强烈的文化侵略。随着中国人文化意识的提高和西方文化对本土文化改良的失败，西方文化在中国的局限性暴露出来，中国人对民族文化的客观认识又回到了最理想的思维状态。民族文化意识的觉醒也为中华文化的回归树立了信心。

所谓国粹的项目包括书法、绘画等，但只有武术才叫国术。最重要的原因是武术蕴含着中华民族自强不息的精神和强烈的个性，具有救国救民、抵抗侵略的实用价值，当时的国粹思想与传统武术有着密切的联系。从传统武术自身的发展来看，国粹的觉醒促进了武术的进程。传统武术的复兴，也是民族传统文化发展中不可或缺的一支力量。在中华文化"走出去"的大背景下，武术已成为中华文化的重要体现。

2. 武术教育的教学内容变化

武术教育的教学内容主要体现在课程中。课程设置的变化反映了国家和社会对学校武术训练需求和期望的变化。学校武术课程作为学校体育教育的重要组成部分，在整个教育体系中占有重要地位，并产生了一定的影响。它在课程内容上也符合课程的一般理论，是由课程目标、课程内容、课程实施和课程评价构成的有机整体，是武术文化知识传承的载体。对武术学校制度的系统研究，往往是反映武术学校教育实际变化的重要手段。然而，由于此类研究涉及的时间较长，课程体系又是一个复杂而系统的内容，因此本节选取能够反映课程体系的课程内容作为折射点，来反映20世纪学校武术教育的变化。

（1）民国时期的武术教学内容

清末圭卯学制协会指定的《奏定学堂章程》中要求，学校武术教育的教学内容必须以近代学校体育课程为基础。《奏定学堂章程》的建构主要采用了日本学术体系的结构，同时又渗透了儒家思想，使现代学校体育课程内容的选择突出了"拿来主义"的特点。但是,《奏定学堂章程》中没有包括武术在内的传统体育内容,西方体操占绝大多数。但这并不意味着武术在当时军国民教育思潮中毫无用处,清政府也不提倡全盘西化。

民国时期,在政权更迭、教育观念发生重大分歧的背景下,彻底推翻清朝末年的学制是必然的。因此,1912 年,在南京临时政府教育部成立之初,当务之急是制订新的教育计划。《小学校令》《中学校令》《师范教育令》《专门学校令》《大学令》《实业学校令》等法令规程就是在新学制理念下,教育部陆续公布的。然而,在这些法令中,体操仍然是主要的体育项目。不过,当时一些学校开始引进以武术为代表的民族体育项目,但从全国各地的引进情况看,学校武术教育呈现出不平衡、零星的发展格局。

正是在这一教育标准下,中国人开始在学校中构建武术教育的教学内容。教学内容基本上以当时教师的知识结构为基础。学校武术教育的教学内容主要是传统武术技术,而学校武术教学使用的也是我国固有的训练设施,从民国初期到国民政府初期,学校始终没有摆脱武术教学非正规课程的边缘化处境,其教育内容也长期处于不统一的状态。

1936 年奥运会在柏林举办,中国代表团颗粒无收的尴尬境地,使土洋体育之争再次进入大家的视野,"武术救国"的呼声也越来越高。社会与国民政府也持支持态度。武术更快速、更规范地走进学校成为其重要举措。于是在张之江等人的提议下,由教育部整合人力物力,由北平特别市国术馆重新研制了《大中小学国术课程标准》,这份 5 册的文件对大中小学各阶段的教学内容有着明确的规定(表 4-1)。

表 4-1　民国时期学校武术教学内容

典型教学机构	主要教学内容
体育研究社武术师资培养	技术:太极拳、形意拳、少林拳、弹腿、岳氏拳术(散手和连拳)、长拳、短打、擒拿法、拳术对手、新武术(拳脚科和率角科)
	理论:武术理论和各种教授方法、心理学、教育学、中外体育史、生理学、解剖学、运动生理学等
各级国术馆师资培养	术科:太极拳、形意拳、八卦拳、八极拳、查拳、新武术(拳脚科)、连步拳、杂拳、行拳、戳脚、劈挂拳等拳种,以及格斗项目和外来格斗项目等内容
	理论:国文、历史、国术源流、国术学、生理学等

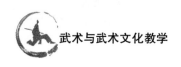

典型教学机构	主要教学内容
大中小学校	基础阶段：①小学生：简单八段锦、少林十二式、桩步和挑打等基本功，之后是岳氏拳、形意拳 ②初中生：罗汉行功法、弹腿、少林拳、查拳、捷拳、信拳、六合拳，以及六合刀、捷刀、梅花刀、少林棍、夜叉棍、六合棍
	高中阶段：太极拳、唐拳、七星拳、通背拳、双刀、封棍、对刀、六合枪、战身枪，还增加了武术理论
	大学阶段：继续学习形意拳、唐拳、信拳、劈挂拳等拳法，还增加了对枪、戟术、鞭术、锏术和各种拳术的应用手法，以及武术相关理论

　　然而，由于各种社会因素的影响，武术家、武术教育工作者等社会精英的教育期望，以及教育部教育规划中对武术的地方实践和学校教育的理想愿景，在实践中难以实现。

　　（2）中华人民共和国成立后的武术教学内容

　　从中华人民共和国成立到改革开放，在计划经济体制下，我国尽管对学校体育大纲进行了有限次数的修改，但1961年版的学校体育教学大纲中规定的学校武术教学内容基本没有太大变化。因此，1961年学校体育教学大纲中规定的学校武术教育内容，基本反映了这一时期学校武术教育发展的基本脉络。1961年，教育部颁布了《第二期中小学体育课程》，将1956年中小学教材与体育课程相结合，首次增加了具有民族特色的武术内容。其内容如表4-2所示。

表4-2　中华人民共和国成立初期学校武术教学内容

时间段	主要教学内容
1950—1956 年	基本上没有武术教学
1961—1978 年	小学：一年级简单的腿功、腰功、肩功；二年级马步、弓步、竖叉、横叉、外摆腿、斜踢腿；三年级武术操第一套、弹腿、马步冲拳、前进踢打；三年级飞腿、初级拳第一路；五年级上步箭弹、旋风脚
	初中：初一复习小学阶段所学内容，飞脚、旋风脚、仆步亮掌；初二武术操第二套、侧手翻、旋风脚、提膝平衡；初三复习巩固之前所学
	高中：高一初级长拳第二路；高二学习初级长拳第三路、青年拳；高三复习青年拳单练或对练。高中器械学习有三合剑、初级剑术、初级棍术等
	大学的教学内容笼统且灵活

（3）改革开放后的武术教学内容

中国在经历了一个不断改革和发展的过程之后，开始步入一条不断改革和发展的道路。在大环境的影响下，改革开放后武术的发展成为大家思考的焦点。大家一致认为，首先要突破禁区，挖掘和抢救传统项目。在武术的定义中，我们首先认为武术是中国特有的民族体育项目，包括拳击套路、器械套路和相关的锻炼方法，武术是由具有攻守意义的基本动作按照一定的力的规律联系在一起的，民族形式和攻防技术是武术区别于其他体育项目的显著特征。没有它，武术就不能算武术。人们开始反思长拳套路的局限性，认为武术在中国历史悠久，在训练比赛中只提倡长拳套路，这是不完善的。武术门派众多，武术种类繁多，各具特色的力量使几种拳法形成了不同的风格，使中国武术丰富多彩。要允许不同的学校有不同的意见，保持不同的特点和风格。在这种思想氛围下，学校武术教育开始反思以往套路和阉割的教学内容，但武术的价值始终是武术工作者的精神栖息地，也是中国武术文化有史以来最耀眼的存在。

3. 武术教育的教学方法变化

自古以来，传统的中华武术教学方法就是用嘴和心教学生，每天耳濡目染，训练难度大，师生之间的传承非常顺畅。然而，这种传统的教学方法在现代社会面对集体教育或课堂教育时已显得力不从心。

近代以来中国在教学方法上，涌现出了马良的"中华新武术"，精武体育会的"中国式体操"，天津武士会、北京体育社创编的"新编套路、太极操"这些新武术形式。这些武术形式的出现不仅是因为他们决心改革传统武术，从文化自觉上构建中国体育范式，以争取与西方体育平等的话语权，而且还因为中华武术教学必须有新的教育技术，以满足群体或课堂教育的需要。以"中华新武术"为代表，马良的《中华新武术》是一套将中国传统武术动作与西方兵式体操口令式教学方式结合创编的教材或教科书的总称，是民国时期部分军事学堂和学校体育教授的内容之一，在当时很有影响。《中华新武术》共创编四科，各科在教学步骤上，由基本教练、连贯教练、对手教练和连贯对手教练四部分组成。以拳脚科教学为例，先习马步等24法，名为基本教练。然后将24法按普通拳脚术连成一气，定名为连贯教练。在基本教练的24法中，选择能作二人对手者，定名为对手教练。复将对手教练连为一气，二人对练，为连贯对手教练。连贯教练及连贯对手教练，均各分为四段操作。若四段操作纯熟，再连为一气操毕。在操练的过程中大量使用口令以分解动作，并控制练习速度和节奏。这种方法对于初学者来说是很有意义的。

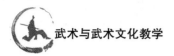

分段分节配以口令的教学形式对于传统的一对一师徒传承模式来说，在教学方法上是一个适应时代的积极创新。马良的《中华新武术》基于传统武术教学方法所开创的这种西方体育范式的教学方法为近代以来的学校武术教学留下了模板与模仿的对象。

但从现代武术教学方法来看，其变化其实不大，下面以小学为例将其主要变化用表格的形式加以说明（表4-3）。

表 4-3　民国以来的武术教学方法

时间段	主要教学方法
1929—1932 年	我国固有的武术内容，可选用高年级的教学材料
1936 年	我国固有的武术内容，可在课外组织国术班，高年级的儿童自由选择学习
1942 年	国术基本动作、简易国术（占总成绩的 10%）
1950—1956 年	无
1961—1978 年	有武术教学内容，无教学方法
1987 年	在三年级后，要强调学生的兴趣和时效，提高对民族体育健身术的认识，重视民族、民间体育教育的手段和方法
1988 年	强调手、眼、身法、步一体，教学内容活泼有趣，以集体练习为主，注意学生的基本姿势
1992 年	三年级后要强调民族自豪感，了解武术的特点；四年级掌握基本功、基本动作组合，使动作更加连贯，增强学生的协调性与节奏感；五年级进行武术套路练习，发展身体综合素质；六年级的学生要喜欢武术，用武术进行日常锻炼
2000 年	三、四年级了解武术基本常识，练习基本功、基本动作和拳术，加强柔韧性和协调能力。了解武术健身与保健的作用，加强武德、民族自尊心和自豪感的培养；五、六年级提高动作质量，学习不同风格的武术套路，了解攻防的含义，培养崇尚武德的精神
2001 年	划分六个水平标准，灵活多样地开展教学
2013 年	根据青少年对武术的理解与武术的教育功能，确立武术教育的新思路与新方法，实现"一校一拳，打练并进，术道融合，德艺兼修"的理念

4. 学校武术教师的变化

民国前期、中期乃至后期，民间习武人群、武术社会团体、各级国术馆及体育专门学校培养的人才开始受到关注，许多人都收到了想开设武术课程的学校伸出的橄榄枝，有些威名较高的武术家甚至出现被好几家武术学校争抢的局面。由此可以看出，聘请民间习武人士任武术教师或从武术社会团体中聘请教员在民国时期已经成为常态。

中华人民共和国成立后，学校体育教育事业的发展越来越好，规模也越来越大，这与中华人民共和国成立初期在全国范围内开设体育系的学校有且只有北京师范大学、南京大学、河北师范大学等9所学校形成了鲜明的对比，再加上这9所学校在办学条件与办学规模上相对较差、较小，所以对正在蓬勃发展的全国高校来说，这些学校培养的人才显然是满足不了全国高校的师资要求的，这就导致很快就有许多学校出现了体育师资短缺的状况。直到后来在全国范围内的城市建设直属的体育院校，以及示范院校的体育系、科，才使体育师资的紧缺状况得到缓解。

随着1982年第一次武术工作会议和1992年第二次武术工作会议的召开，学校武术教育的发展也进入了蓬勃发展的阶段。会议认为武术在体育课程中的比重很小，需要教育部门加强武术师资培训，提高武术教学水平。自此以后，学校武术教师的培训日益规范化、规模化。

5. 学校武术人才的培养

学校武术教育的最终教育目标是培养武术人才。受战争、政治、文化、经济等因素的影响，百年来学校武术教育的规模，特别是人才培养，经历了由弱到强、由小到大、由一般到规范、由低到高的转变过程。

1915年，武术被正式列入学校体育课程，武术开始进入学校，同时这也促进了武术教材的编写。尤其是马良的《中华新武术》，为未来武术教育在人才培养，尤其是武术精神的形成和民族文化传承方面奠定了坚实的基础。

从民国后期到中华人民共和国成立后的20世纪七八十年代，人们开始用科学的观念来审视武术的发展。以1937年吴图南的《中国武术概论》为代表的新成果，从教育内容、教学方法、认识深度等方面为学校武术教学奠定了坚实的理论基础，为学校武术教学开辟了道路。1958年，在党和国家领导人高度重视武术发展的形势下，中国武术协会应运而生，不仅为武术科研的繁荣提供了稳定的平台和空间，也为武术人才的聚集提供了物质基础。大量的学术界专家也纷纷为武术学科的发展服务。可喜的是，新中国成立后，武术课程的开设和武术特色课程的创建，为探索和利用武术内部的诸多资源，培养更多的高层次的人才奠定了基础。

20世纪90年代，随着跨学科交叉研究的迅速发展，武术研究由国内走向国际。武术作为一种传统的民族文化，逐渐被各学科所研究，研究领域不断扩

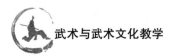

大，研究的深度也不断向各个领域延伸。所有这些都加强了社会发展对高层次武术人才培养的需求。

（二）武术教育各方面变化的原因分析

1.社会政治原因

国家政权是政治上层建筑的核心，政治的本质是阶级关系，国家权力问题是政治的基本问题。我们必须清楚地认识到，政治的终极本质是权力的安排。教育本身就是一个值得追求的重要价值，因此教育必然成为政治权威价值分配的一个方面，甚至是一个非常重要的方面。

教育不仅是精神财富的主要结构要素，也是创造物质财富的动力，决定着个人未来发展的社会地位。它往往成为争夺政治权力的主要焦点和领域，尤其是有限的优质教育资源。政治也必须利用教育资源的主体性。每个人都应该有平等的受教育机会，这是对会员的一种慈善援助，就像解决温饱问题一样。从这个角度来看，教育一直被认为与政治没有普遍的社会联系。然而，教育所产生的思想成果，特别是治国理政的思想，在过去的政治文明史上闪耀着光辉。

必须说，在政治与教育之间，一个时期的教育与一个时期的政治密切相关，即使是和平时期，教育也是服务于政治的。民国北洋政府时期，有学者认为武术作为教育媒介进入学校，只是袁世凯进行封建复古的一种手段，特别是要恢复伦理道德，反对新文化运动。在社会动荡时期，这种思想和教育本质直接而清晰地充满了统治阶级的政治思想。国民政府统治时期，学校武术教育不仅是国民政府培养青年武术精神的手段，也是国民政府一贯强调的党性教育的工具和载体，完全是受政治控制的。中华人民共和国成立初期，政治对学校武术教育的发展仍有明显的干扰。例如1949年10月，在中国体育联合会成立筹备会议的主要报告中，有三分之一以上的篇幅专门讨论体育的思想问题。改革开放后，这种阻力有所下降，但也有明显的渗透迹象。

中华人民共和国成立之初，体育的发展环境十分艰难，当代中国体育的探索之路可以说是异常艰辛的，当体育涉及人民的权利时，中国体育更多地指向大众体育的普及。当体育与国际接轨时，中国体育的目标更多的是提高体育的技术水平。可以说，体育长期以来被认为是实现民族复兴和国家繁荣的工具，是人民权利或国家地位的象征，成为展示国家和民族形象的舞台，特别是在国际大型体育赛事中。1952年2月18日，中共中央组织部和共青团中央联合发出了中国历史上第一次把运动水平与"国家的地位"相提并论的官方文件——《选拔各项运动选手集中培养的通知》，在其中明确指出："近几年几次出国参加球赛，水平较低，与今天国家的地位极不相称"[①]，在国家政治的指导下，中国的体育运动得到了大幅度提高，武术教学也有了不同程度的异化。在改革开放后，我国的体育教学逐渐淡化了体育中的政治影响，回归到弘扬民族精神、传承民族文化的方面中来。

2. 文化发展原因

文化与教育是密切相关的，文化的任何变化和调整都会在一定程度上引发教育的冲击和变化，这显然包括文化冲突，这是文化冲击的正常状态。近代以来的中国社会在文化的冲突方面十分频繁，甚至可以说中国近百年来的文化发展，就是一部文化冲突的历史，而且还是多元文化冲突与交融的历史。

从清代以来，特别是在西方文化进入中国后，中国发生了一系列革命运动和重大变化，如辛亥革命。总理府、招商局、银行、邮局、新军、通文博物馆等新事物，以及派使节出国、派留学生、出版报刊、创建政治社团等新现象层出不穷。这一时期的武术发展也从民间走向了学校。

中华人民共和国成立后，在全面学习武术基本功、长拳套路的框架下，武术教材中初步形成了以体育思维为基础的器械套路和训练套路，为今后武术教材的改革奠定了基础。此外，在西方奥林匹克运动的竞技思维中，学校武术的基本功和技术也反映了现代武术竞技体育的规律和技术特点。改革开放后，人们认为武术应该恢复项目的特色，即恢复武术的战斗技能和促进人们健康的价值。当前学校武术教育联盟提出的教育理念提倡"一校一拳"，从中国文化的特质下，实现武术文化教育的发展。

3. 经济建设原因

在马克思主义理论中，上层建筑是由经济基础决定的，武术教育也是上层建筑的脉络。教育思想的形成是一种观念性的思想，学校武术教育显然离不开相应的组织和设施。从生产力的观点出发，教育也是生产力的一个重要组成部分。

教育作为一种社会活动，其功能不仅在于劳动力的社会再生产，而且在于社会成员的再生产。作为维持社会发展和延续的一种手段，它对经济基础和上层建筑都非常重要。经济基础对教育的影响，特别是经济基础的变化对教育的影响，是基础性和根本性的。虽然没有直接联系，但它是教育变革的深层动因。这一规律也适用于近百年来学校武术教学的变化。民国时期，武术能够被选为教育手段进入学校，文化冲突和民族意识是重要因素，但教师资源相对容易找

---

① 谭华. 体育史［M］. 北京：高等教育出版社，2009：6.

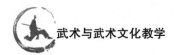

到、硬件设备要求低等因素也是重要原因。另外，间接地说，由于经济发展水平较低，不可能有更多的人接触或主导西方体育，这也是对以群众为基础的地方体育产生情感依恋的重要原因。中华人民共和国成立前后，全国都很穷。在需要一定硬件条件的学校场地上进行更多的西方体育运动是非常困难的。相反，武术的发展对条件的要求很低。当然，随着我国经济的发展，相应的学校体育配套设施不断完善，促进了其他体育项目的发展。

4. 教育自身原因

教育受社会制约，并反过来为其服务。近代以来，教育实践往往是在原有教育理论的指导下进行的，在实践中，对原有的教育理论进行了改进和提升，最终颠覆了原有的教育理论，形成了新的教育理念。从教育发展的历史来看，实践与理论的相互促进使教育呈螺旋式发展。教育也必须适应当时的社会。这里的适应就是要与社会保持一定的距离，即要有一定的灵活性，否则，教育的工具性和功利主义就会被人们揭露和批判。因此，教育的内在规律离不开教育的外在规律，二者之间是互动的关系。继续教育必须遵循内在规律和外在规律，内在规律和外在规律必须很好地统一。

学校武术教育的教育价值是永恒的。在这一点上，我们可以根据古典主义的初衷或传统的现有表现来仿制，但武术流派与国家需要和社会思潮密切相关。从教育发展的历史来看，学校武术教育除了遵循一般的教育规律外，由于自身的文化特点和传统习惯，武术教育还遵循着更大的教育规律。它的外部是与社会环境相联系的，内部是与受教育对象相适应的，这符合教育规律，在相互协调中可以调整和不断实现受教育者的全面发展。

二、武术教育变迁后的历史遗留与反思

（一）体育在民国新式教育中的崛起

许多学者都认为中国有着数千年重文轻武的文化传统，这一文化传统导致了青少年身体的柔弱，为了国家的生存和发展，鼓励人民发展体育事业势在必行。在这一背景下，20世纪20年代以后，人们逐渐把身心健康作为教育的一部分来关注，人才的培养离不开体育教育，这已成为共识。

显然，在当时民族主义的影响下，"中西之争"也严重影响了学校阵营。毫无疑问，身体政治化和健康教育的发展为中国人实现强身健体的逻辑找到了支撑点，为武术进入学校提供了可能和前提，但这并不是必要和充分的条件，

因为在教会学校的影响下，当体育教学内容由兵式体操改为普通体操、球类、田径等近代体育项目时，有人开始质疑西方体育是否适合中国国情。在这种思想的影响下，中国南部的学校和受精武影响的东南亚学校开始用精武体育会提供的中国武术体操来取代西方体育项目。

（二）师资来源渠道与教学方法转变

希望开设武术课程的学校都愿意招收民间武术团体、各级武术馆和专门从事体育运动的学校培养的人才教师，名气很高的武术家更是凤毛麟角。因此，民国初年，民间武术团体聘请武术教师成为规范。这样一来，精武体育会和中央武术馆就成为最重要的师资来源。民国中后期，体育专科学校和师范院校培养的教师成为民国武术教师的重要来源，有效地补充了多所学校武术教师的空缺。

在现代社会，传统的教学方法在面对集体教育或课堂教育时已不再有用。在回顾武术最初的教学过程时，清华大学总结说，传统武术教师在教学方法上缺乏科学方法，后来的武术教师很少改进教学方法。改革是我国体育教育向现代教育迈进的一大步，是对适应时代的教学方法的积极创新。

（三）当代武术教育对民国经验的传承

首先，随着民国时期学校教育的发展，武术教育的思想价值不断降低。教育思想作为教育价值观的表现形式，不仅包含着教育价值观的逻辑，而且与教育价值观的直接利益密切相关。重视健康教育无疑是民国学校武术教育的直接效益，民族主义情绪下的民族本位和文化意识属于价值观念。在这一理念下，民族体育领域的文化传承和精神修养是促进民国学校武术教育发展的决定性因素。

可以说，近代学校武术教育的价值逻辑是随着民国时期武术教育的历史演进而不断还原的。人们在谈论学校武术教育的价值时，总是期待着一般体育教育（尤其是西方体育）所不能达到的价值，也就是说，要突出民族特色。因此，在文化工具论上，武术流派更被定位为民族文化的优秀载体。继承民族文化，弘扬民族精神，成为其教育价值的主要目标。也就是说，学校武术的实践和理解，是培养青少年对民族文化的认知和认同，是塑造和践行民族精神的典范，而民族的烙印与特色是分不开的。

中华人民共和国成立后，自20世纪60年代初武术正式纳入各级学校体育教材以来，高等师范院校对武术教师的培养一直都在进行。到目前为止，我国已经形成了年龄、专业结构、学历等分布合理的武术教师队伍。专业部门培养的、

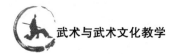

相对规范的、紧跟学科发展的现代人才，处处渗透着现代教育科学的理性气息。然而，作为历史追问"谁来教书"的主要担责人，他们的表现不能满足人们的培养期望。武术课堂往往因教师资质短缺而给人留下刻板的印象。

民国学校武术师资来源多样，富有传统色彩，这虽然是一定历史背景下的产物，但在这种"师资易找"条件下的多元交融与碰撞，往往蕴含着一定的教育科学，即除了促进武术人才资源的信息共享与流动外，还通过传统武术教师与"现代"学校教师的碰撞与交流，促进相互借鉴和融合，发挥传统与现代的有机联系，达到共同提升的效果。与个别体育院系和师范院校相比，武术教师在体育教学范式下具有时代创造的合理性。然而，这种基于多元渠道的宝贵教师经验，却因教育差异化、规范化的深入而被消解。然而，历史实践表明，当代学校武术教师的改革与发展，借鉴了一定的民国时期的师资建设经验。

学校武术的教育内容自 1961 年被正式列入国家体育教材体系以来，逐步形成了武术教育内容的思维结构。现行版武术教材并没有改变旧的模式。虽然许多学校的教育内容有所改变和调整，但主要内容仍属于 20 世纪五六十年代创设的套路的复制品，没有什么变化。

在历史的镜鉴下，人们可以清楚看到当时的狭隘和偏见，找到衡量事物的模式。寻求民国时期学校武术教育的宝贵经验，正是为了解决当代学校武术的困境。从借鉴和挖掘的角度来看，民国时期学校武术教育的宝贵经验，堪称当代武术教学改革与发展的宝贵财富。

（四）对传统武术仪式的重构与认识

传统武术是带有神秘色彩的附魅技术，翻阅和研究相关资料后我们会发现，武术的先辈们相信武术之外还有某种力量，对它有着深深的敬仰。这种宗教情怀成为他们孜孜不倦习武的动力，也是他们在枯燥乏味中坚持的根源。在现代社会，受西方科学文化发展的影响，世界视野下的神秘主义在武术的传承和教育中逐渐被淘汰，武术中的经验、情感、意志等非理性因素以及由此产生的教育环节逐渐被剪切。这种矫枉过正导致武术的当代教育，在很大程度上错过了文化建设和文化认同的机会。

仪式是象征符号的集合，其展开过程是按照仪式程序在受过教育的人的思想中呈现、体验、加工、解释和内化象征符号的含义的过程，而这种有意识的社会活动的直接原因是，教育是影响人们身心发展的关键。武术教育仪式是武术传承与教育领域的仪式订购形式。在学习传统武术之前，入室仪式等可以说是武术教育仪式。正是在这种丰富的氛围和丰富的经验中，传统武术得以完成其思想教育，并且收到的效果是事半功倍的。

我们对武术仪式的理解，确实保留了一个时代给予的集体记忆，并通过身体练习来传递。以拜师仪式为载体，审视其内在文化，对其进行全面审视，是理解武术教育仪式的关键。不过，这种仪式也是一种伦理文化的坚定追随者，中国武术从其源头上走上了伦理道路。传统武术伦理思想的产生和发展深受中国传统伦理思想的影响。

由仪式理论可知，武术教育的构建需要5个步骤。第一，选择象征性符号，找到合适的符号，这些符号可能更具代表性和代表某种文化内涵，但也为所有人所认识或有共同的记忆。第二，唤醒或强化参与者扮演角色的愿望。对一些参与者来说，这是一个期待的角色，比如有一定进退留转的侠客形象，而对于那些对演戏有期待却没有实现的人，如果能够通过努力成为强大的社会角色，就需要唤醒这种愿望。第三，创建仪式脚本，建立方法和程序，将符号和象征性角色联系起来。第四，表演需要观众来满足参与者扮演角色的愿望。第五，仪式的程序是固定的，通过反复的探索使其成为人们的公共知识。

（五）武术要达到身心融合的身体美学

身体美学是将"身体"定位成一种"活生生的、敏锐的、动态的、具有感知力的身体"，身体不仅是世界的感知对象，也是体验世界的敏感主体，是人们感知和行为的直接来源。因此，从身体美学的角度来看，审美活动的主体是有意识的身体，而不仅仅是意识。

武术自近代入校以来，已成为一种规模宏大的教育媒介，它不同于师徒传承，而是走上了模仿之路。运动负荷和运动频率通常是西方用来表示身体状态的标准；身体结构通常由骨骼、肌肉、血液等物理物质组成，整体都是偏物理特性。武术在西方体育范式下发生了转型、调整和异化，越来越注重对身体表现力的追求，片面强调体育属性，忽视文化属性，从身心艺术堕落为身心分离的身体调节手段。

正如季羡林先生所说，西方的思维方式是分析的、逻辑的；东方的思维方式是全面的、辩证的。然而，近代以来，以东方哲学为基础，不以自然科学为基础的武术，在很大程度上是在体育运动的影响下实现数学和物理的，而它的思维方式是最痛苦的。特别是改革开放后，学校吸收了竞技武术，注重竞技武术套路的教学，使这一趋势更加明显。根据学校武术教育教学的力学原理，通过运动训练、调整一些生理指标、改进技术，使学生获得更高的难度系数和更高的动作表现力，学校的这一评价体系除了达到"体育运动"的竞技目标之外，

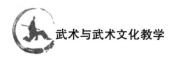

还充满了科学的逻辑性和合理性，把充满活力的武术变成了冷冰冰的东西，没有人情味，没有了整体的辩证性。

（六）从武术教材的变化审视教学能力

体育教育专业武术普修课程教材从首次出版至今发生了明显的变化，武术教材内容方面的变化同时也体现了人们在武术、学校武术等方面的一些思想认识、观念的变化，一定程度上可以反映体育教育专业武术课程的培养方向，我们从中可以了解体育教育专业武术教学师资方面的基本情况。此外，对教材内容的梳理也将有助于我们对当前学校武术教育重点的了解和把握，看清未来的发展方向，捕捉存在的问题，提出改进的策略。

近些年来，随着人们对民族传统文化保护意识的不断增强，武术的传统文化载体功能开始被越来越多的人所重视。例如，在体育院系的武术教材中增加了传统文化的内容，这不仅有助于培养体育师资对武术文化的认识，同时也有助于武术文化在广大青少年学生中的传播，并且对人们全面认识武术也具有重要意义。需要指出的是，在武术文化方面的研究仍需不断深入，并应探索结合学校武术教学实际、结合武术技能教学落实武术文化的具体方法。

20世纪七八十年代的体育教育专业的武术教材，基本上是参照武术专业训练的模式来编写的，非常重视基本功和基本动作的训练，强调武术学习的阶段性和训练步骤，如先练好基本功再练习拳术套路再练习器械或对练等，每一个步骤均需要达到一定的标准才能进行下面的学习。随着人们对中小学武术教学认识的深入，武术教材逐渐向中小学武术教学内容靠拢，从20世纪90年代末期开始向武术运动形式的多样性、套路动作的简短性以及降低动作难度的方向发展。现在的武术教材内容更加注重攻防实用技能的学习，包括各种功法、防身术、散打、摔法等基本技法，套路的教学逐渐转变为组合、小套路等形式的教学，并增加了对套路动作攻防含义的说明，而且有些内容既可单练又能对练。总体看来，教材内容的变化更符合中小学武术教学的实际，丰富了武术教学的形式和方法，有助于提高体育专业学生的适应能力。但从目前教材的具体内容来看，总体上显得有些"零散"，缺乏学校武术教学指导思想和核心武术技能发展主线，在比较有限的课程时间内，学习者不易抓住重点进行学习。

纵观各版本武术教材的构成，在内容和写作形式上突破不明显，很多内容沿用了20世纪七八十年代的内容，比较陈旧。此外，武术教学方法的针对性不强，教材所呈现的教法同样适用于其他运动项目的体育教学，体现不出武术的教学特点。另外，在陈述方式和视角上，仍然显得比较笼统，应用性不够强。

因此，对于武术教材来说，可以结合现代的教育理念和教学模式来创新武术教学方法，体现时代特点，或者用教学范例方式来呈现具体教学组织过程，提升教材的指导性和参考性。同时，在体育专业武术教材中还应增加针对中小学教材教法的分析，如对课标中武术内容的解析、对主要技法要领的说明和教法提示、对教材重点和难点的分析以及提供武术教学目标设计的思路和范例等，增加武术教材的实际应用性。

由于体育教育专业的学生大多没有武术运动基础，从零起点学起，因此其对所学武术动作的身体体验不会太深刻，这就需要教师更加关注学生对该动作的了解，即使学生当时可能做得并不很到位，但是如果能够用所学习的武术运动原理或普遍性规律来指导其他初学者学习，从而保证基本的教学质量，也就可以说达到了教学的目的。但实际上在学校武术教学方法方面：一是针对中小学武术教学技能方面的研究较少，武术教材可参考的资料有限；二是高等院校的武术专业教师对中小学一线武术教学的情况不够了解，而且由于学生对象不同，很难提出具体、有效的教学指导，因此武术教材在这方面提供的资料也不够充分。

第四节　武术教育的当代使命

一、武术教育应肩负着青少年身体教育的重任

在中国共产党第十八次全国代表大会（以下简称"中共十八大"）上，习近平总书记特别为"中国梦"做了一个全备的定义："实现中华民族伟大复兴，就是中华民族近代以来最伟大的梦想。"而中华民族要想真正实现伟大复兴，亟须每个中华儿女的共同奋斗。民国时期学者梁启超曾在自己所创作的《少年中国论》中疾呼："少年智则国智，少年富则国富，少年强则国强。"这句话意在让人们看到一个国家的强弱兴衰与青少年的状态密切相关，他们承载着国家的未来，深深影响着国家的强弱和兴衰。所以，青少年要想健康地成长，亟须给予良好的引导和教育。要想让中华民族的伟大复兴成为现实，就需要先从青年人的教育着手，所谓的青年梦，不仅是中国梦，同时也是一个强国梦。因此，在实现强国梦这个民族使命的过程中，有关青少年强健体魄的教育——青少年武术教育扮演着重要的角色。

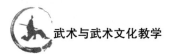

（一）武术教育是体育教育

20 世纪初，西方体育思想形成的体育观念对武术的发展起到了重要作用。伴随着社会的发展进步，武术体育也在不断成长和完善。

"体育武术"这一概念最早是在受到近代西方体育侵染下诞生的，它把西方体育思想作为学习的对象。"体育武术"思想的萌芽出现在 20 世纪初期，早在 1904 年，清政府下诏在国内颁布《奏定学堂章程》，这意味着国民教育思想得到了官方的认可和确立。自此之后，国人马良发出了"中华新武术"的呼声并请求国家在军事训练和教育中重点推广兵操式的武术，而兵操式武术就体现了体育思想，虽说这一次的变革遭到众人的排斥和异议，但它对体育发展所起的推动作用却是不容忽视的。颁布于 1922 年的《学校系统改革令》中却有意把之前的"学校体操科"改为"体育科"，从此以后，武术就不再属于"中国式兵操"的范畴，而是划归到"体育"的范畴，成为其中的一部分。所以，为了让武术得到更全面的发展，国家体育相关部门从西方体育最简单的规范化开始，进行了轰轰烈烈的武术改革。中华人民共和国成立以后，国家高度重视"体育武术"的发展，并颁布了一系列与之相关的政策。1958 年国家提出了"民族主张"，并在《体育工作指示》中特别指出："体育的根本任务是增强人民体质，为劳动生产和国防建设服务。"从近代到现在，来自西方的体育竞技思想对武术的改革与发展有着深远的影响，并成为推动武术向体育运动发展的引领者。直到 1959 年，全新的武术竞赛规则正式颁布施行，它也成为国内第一部系统的、科学的武术竞赛规则，象征着武术比赛将要在我国开始正式的传播。根据竞赛规则，比赛的项目主要包括长拳、南拳、太极拳等，该规则将整个武术项目的分数定为 10 分，并对比赛服装和套路训练时间等做了详细的规定，这预示着武术开始朝着西方体育竞技的方向靠近并发展。

武术作为一个传统的体育项目，在我国有着悠久的历史，其重要作用在于强身健体。除此之外，武术内在的精神也成为促进国家繁荣富强的重要推动力。因此，在国民的积极倡导下，武术得以被国家划归为体育项目进行管辖，并很快成为中国体育的重要部分。而最初增强体质是开展武术的主要目的。之后，国家建议把"体育武术"作为教育的方式来体现，以此使国民身体素质得到全面增强。随着这项政策在全国范围内传播和落地，众多的学校陆续成为武术教育的主场地。随着时代的发展，武术在体育思想的引导下获得了长足的发展，最终生发出一个新的观念——"体育武术观"。

正是在新时期的历史背景下，体育武术得以应运而生。作为一项新兴的体育运动，它的产生是时代的必然。促进青少年的身体健康，增强他们的身体素质才是武术的最终目的。

（二）武术教育是体质教育

滚滚的历史，是一面鉴察古今的镜子，回顾过往的日日夜夜，健康问题一直是人们关注的重要问题。近代的鸦片战争，打开了关闭多年的国门，国民中间隐藏多年的健康问题也凸显出来，因为鸦片的大量输入，加上清政府懦弱致使众多国人深受鸦片的侵害。正是在这样一个外敌入侵的大环境下，国民的体质开始日渐减弱，也因此被西方人称为"东亚病夫"。一直延续到20世纪初，国内众多的爱国同胞和仁人志士意识到强身健体的重要性，并由此喊出了"强国以强种，强种以富国"的口号，大力开展洋务运动，兴建各类学校、学堂，旨在通过国民身体素质的提高，带动国家和民族的富强。中华人民共和国成立以后，通过借鉴以往的历史经验和教训，我们意识到国民体质的重要性。1952年，中华全国体育总会正式成立，在成立大会上毛泽东同志提出了"发展体育运动，增强人民体质"的口号，还特别指出"身体是革命的本钱"，意在说明健康的身体是做一切事的前提：从小处来看，可以增强体质；从大处来看，可以富强国家。总的来说，实现中华民族伟大复兴的关键点在于国民拥有健康的身体，这也是每个国民得以健康成长和幸福生活的根本所在。

学校武术教育经历了长期的改革。自中华人民共和国成立初期将武术纳入学校体育教育内容到"全民健身"观念的提出，这些事例都说明我国高度重视学校武术的发展，但预期效果并不尽如人意。近20年来，学生体质持续下降，有些地方甚至出现了"体育猝死"现象，这无疑给我国学校体育带来了警示。尽管我国学校体育教育在武术教学理念上取得了一定的成绩，但在武术教学中，"学生喜欢武术，不喜欢武术课"的内在思想没能得到改变。再加上学校所看重的武术教学思想与学生的个人思想没有达成一致，致使大多数的学校虽开设有武术课，但大多与教师的说法以及学生的学习愿景是不吻合的。这些情况导致学生缺乏学习的积极性，不愿更多地去学习。由于在整个体育教学中，学生们真正从实践中掌握的东西不多，学生的体质也就无法得到增强。

（三）武术教育是技术教育

在武术教育的组成部分中，技术教育无疑是重要的部分，但目前看来，武术教育所涉及的内容还没有真正得到统一，其中一些学校会认真去落实教学大纲所规定的内容，比如大纲中的初级长拳；而另外一些学校则会选择去做一些贴近当地文化特色的比较传统的拳击项目。自21世纪初期以来，社会的进步

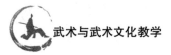

带动武术的迅猛发展，并在传统武术的基础上孕育出竞技武术，渐渐地，竞技武术与传统武术之间随着各自的发展出现了"两极分化"。比方说，越来越多的传统武术所包含的技巧和套路由于使用人群的消失而遗失。例如，从明代至今，已确定并发展起来的少林拳共有340余种，而目前保留下来的仅40种。回望20世纪，特别是80年代，电影《少林寺》在全国范围内引发了一场轰动，近乎所有的人都想去少林寺参观和学习，之后再来看看现在的少林寺，可见其普及程度已经远远低于当年。伴随着人们对少林寺关注度的下降，意味着少林寺将要面对新的危机——转型危机。由于众多的武术大师找不到合适的传承者来传承武术，就使得众多传统武术渐渐失传，大师们也经常为武术缺少接班人而惋惜。与此同时，竞技类武术却伴随着时代发展，成为武术发展的主流。

中国传统武术得以广泛传播和发展确实是个好事，但究其本质而言，武术教育终归是一种技术教育，而非所谓的"竞技"教育，目前我们所缺乏的正是有关传统武术的训练方法，由于在我国占据主导的传统教育思想与西方看重的"竞技"教育思想、教育文化相差甚远。当下，经济思想潜移默化地影响着我们内心对于武术的看法，要想深入地去观察、评断一个人，就需要一个标杆作为竞技思想下的参考，而评价的具体标准有动作的规范性、跳跃的高度等，那些武术大师在年幼接触武术时，大都以竞技武术作为主要的训练方式。比如，武术最基础的跳跃、竞赛套路、基本功等，是每天必须要修行的课程，这种模式是为竞技武术服务的；反过来看，刻苦的训练也是为参加竞赛做准备的。刚开始学习的时候，学员们会抱怨说"学武术苦，学武术累"，或埋怨说"武术太难学，没有多年的沉淀根本学不会"等，渐渐地，这些已经演变为进行武术训练的固定方式，此种模式会诱导人们以为要想学习武术就必须从这些最基础的东西学起。而在此模式下，却有助于培养出更多的竞技性人才，但如此教出来的是真正的"武术"吗？我们需要深入去思考这些问题。正是在这种武术模式的引导下，出现了该模式下特有的代名词——武术难学，这也是为什么很多家长开始引导自家孩子去学习跆拳道和空手道，因为这些项目都比较简单，容易上手，即使没有基础依然可以很快学会。可是，武术是真的很难学吗？若我们学习武术的目的不再是所谓的"竞技"和"标准"，那么武术就变得像跆拳道和空手道那样简单易学。可见当年所倡导的"竞技思想"俨然成为发展武术的重大阻碍，而人们总会潜移默化地把武术和"竞技"放在一起，也就慢慢地对真正的武术产生了误解。

传统武术与竞技武术在训练方法和内容上不尽相同。这是由西方文化对我们的影响造成的。正如邱丕相所说："西方体育思想在宣传的过程中，腐蚀了我国传统的民族体育思想，从继承和训练的方式上发生了变化。"传统武术基础训练的核心在于基本功和技能，而竞技武术的训练是在传统武术基本功训练的基础之上，再加上之后的技能训练和深度训练，这样的训练有助于运动员在夯实现有基础之上同时满足西方竞技的需要。在国内有众多与专业体育相关的学者，他们对于武术的训练有过深入的研究，但也只是建立在理论层面，对具体落地的武术训练却很少研究。相比较而言，伴随着竞技武术的快速发展，2008 年的北京奥运会为竞技武术的发展提供了有力的保障。经过全民上下不懈的努力，武术作为特色项目登上了 2008 年北京奥运会的舞台。虽然武术还没有正式成为奥运会的常规比赛项目，但竞技武术的发展历程成为国内优秀传统文化的见证，激发了国外众多国家对中国武术的兴趣和热爱，加快了竞技武术在国际上的发展步伐。

综合来看，为加快当代武术教育的发展，一定要重视技术教育的发展，而非一味地追求新技术、新设备、新理念。由此来看，传统武术是"本"，而"竞争"武术是"新的"。要辨别出哪些内容是适合教育的内容，汲取其中的精华部分，把不好的部分丢掉。

二、武术教育应肩负青少年德育建设的重任

中共十八大相关报告特别强调："立德树人是教育的根本任务，培养德、智、美等全面发展的社会主义建设者和接班人。"这是首次把教育的根本任务确定为"立德树人"，同时报告中对我国应该培养什么样的人才，以及具体如何培养等问题都做了正面的答复。

（一）武德教育是武术教育之本

"未曾学艺先学礼，未曾习武先习德"，这句话表明青少年思想品德建设应该位于武术教育的首要位置。"育人为本，德育为先"则进一步凸显出德育的重要性，德育是教育的根本所在。对于青少年来说，道德方面的需要与其他需要是同样的，都是人生活中的最基本的需要。个人的道德素质和道德素养主要取决于道德需要是否得到了满足。一个人道德需要的提升主要得力于良好的道德工作，从而成为他们个人的道德得以全面发展的重要基础。

在几千年的历史发展中，中国武术始终以重礼仪、重道德为基础，强调"道德"是武术实践的基础。孔子认为，道德是万物的基础，一切都应以道德为中心。随着道德至上价值观的长期发展，武术形成了"武德"。根据拳击仪式的要求，左手的四个手指应一起伸长，形成一个手掌，拇指要扣在里面，右手要握

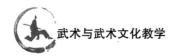

拳。左手掌贴中指右拳面，身体挺直，眼睛看着受礼者，行为自然大方。这种友好的沟通方式体现了沟通双方的道德修养。与人作战时，使用武力不是"以德制人"的最佳方式。正如我们在电影《霍元甲》中看到的，为了避免使大力士的身体扎到钉子上，霍元甲竭力拉住大力士，救了他一命，最后大力士主动认输，而这样的表现正是武术美德的完美诠释。所以，武术教育应从最基础的道德教育开始。只有武术与德育完美融合，才能培养出符合时代发展的高素质人才。

（二）武德教育是"立德树人"的体现

武德教育既是个人道德发展的起点，同时也是个人道德发展的最终目标。社会上出现很多道德沦丧的事件，比如新闻中出现的打骂家长、北京市"红黄蓝"学校事件等不和谐的社会事件，这些都是由道德方面的缺失所引出的社会问题。所以，道德教育应该引起我们每一个人的重视。只不过，在现今这个时代背景下，众多学校在武术教育工作中，经常会把武术道德教育中重要的部分给忽略掉。所谓的武术课只是简单地学习动作和练习动作。这与传统意义上的武术截然不同。在古代社会中，对于想学习武术之人，人们往往比较看重他的个人道德。个人的道德品质往往在实践武术过程中起着决定性作用。虽说现今这个时代与古代有很大的不同，但是武术所特有的内涵却是亘古不变的，优秀的品质依然是其重要组成部分，它那独特的精神内涵需要我们代代相传。所以，教师在参与武术教育工作时，应当加大力度去开展青少年的道德教育建设，唯有先通过"修德"然后再去"育人"，方可培养出德才兼备的社会主义接班人。

三、武术教育应肩负青少年民族精神建设的重任

（一）武术民族精神教育是立国之本

民族精神，指的是某个民族在漫长的历史长河中经过不断的发展和沉淀所形成的独特、强大、持久、稳定的民族意识和素养。它的存在，成为民族凝聚力和向心力的源泉所在，也成为人内心强大的精神支柱。进入新时期，中共中央对教育提出了新的要求，要着力于发展和培育中小学校民族精神教育。这也是目前和未来青少年思想道德建设和德育工作亟须完成的任务。

新中国成立以来，国内武术的发展始终向着国外竞技体育思想的方向靠拢和学习，而在体育武术观念中的历史建构却有着鲜明的工具理性。武术要想得到更广泛的传播，或者说为了能让武术早日成为奥运会项目，从而使中国的传

统文化得以在世界范围内传播，那么一定要严格遵循西方体育的相关要求。所以，武术的进一步发展和推广需要与奥林匹克竞技体育的要求相符合。在这些条件和环境下，只需要顺势而为，不断地改变武术的外在形式和内容，革新以往的武术竞赛规则，才会使武术不论是形式，还是内容，都越来越接近奥运会的大门。只是这样的发展之路完全是为了迎合西方体育的发展，而在这个过程中却遗失了最核心的文化内涵，即民族精神。

鸦片战争时期，一直持守"闭关锁国"的清政府被迫打开了国门，由于长期饱受西方列强侵略，再加上当时大量鸦片涌入中国，使得国民的物质方面和精神方面都处于孱弱状态以至难以与西方的列强抗衡。当时整个国家都处于生死存亡的关键时期。而民族精神恰恰在这个时候被激发且越来越强，越来越多的中国人拿起武器共同阻击入侵者。也正是在这个时候，武术成为凝聚民族精神的重要载体，越来越多的人民大众加入习武的行列中来。这个特别的时期也凸显出一大批的民族英雄，他们渴望以武术作为载体来点燃人们内心的民族情结，进而真正唤醒人们内心保家卫国的责任和使命。

进入 20 世纪 70 年代，社会上陆续出现了大量的武术爱好者，因此这段时间被一些人称为武术运动开展的巅峰期，与武术相关的民族精神才真正开始深入人心。一说起武术，我们不由得会在脑海中浮现出保家卫国、坚强不屈、抗争到底的意志和决心。而这些都是由当时整个社会的大环境对我们内在思想所产生的影响造成的，比如功夫影星李小龙通过对传统武术的悉心研究，开创出截拳道，使中国武术在国内外得到广泛的传播。那些在 20 世纪家喻户晓的武术大师，他们的人生历程常常被拿来作为拍电影的素材，以进一步发扬中国传统的、优秀的民族精神。国内热播的武侠电影，不仅满足了人们对视觉震撼力的渴求，而且也是对弘扬民族精神孜孜不倦的追求。

（二）武术民族精神教育是强国之策

2004 年 3 月，中宣部和教育部联合发布了《中小学开展弘扬和培育民族精神教育实施纲要》。纲要中特别指出在全国范围内全力做好武术教育，在学校里要大力弘扬和培育民族精神。特别是 2016 年，由中国国家体育总局武术中心牵头制定并发布的《中国武术发展五年规划（2016—2020 年）》中强调，要大力弘扬武术精神，关注并加强对于武术道德层面的教育，积极倡导武术教育和终身教育，使民族自信心和民族文化软实力得到增强，在国内大力传扬武术文化，积极开展武术教育，广泛培养国人的武术精神。正是在国家全力支持武术发展的大背景下，有关武术的民族精神教育开始在国内广泛地传播和发展起

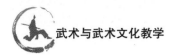

来，通过来自国家的各项举措不难发现，当下的武术发展之路上，文化强国的基础所在正是民族精神教育。目前，国内上下应同心协力做好武术民族精神的教育工作。

武术本身，不仅是一种文化资源，同时在中国传统文化层面更是其精髓的集大成者，在中国文化中凸显出它的基本精神的一面。同时，它也是一种独特的教育资源，特别是针对青少年教育往往起着重要的作用。然而在落地的实践中发现，武术在国内的发展却并不顺利。在国内，有一些学校把设定的体育课全部改为文化课来上，甚至有个别学校直接把体育课给取消了，还有些虽然专门设有武术课，但却把它当作普通的体育课来上，导致民族精神难以与学生产生联系。这些情况致使真正的武术教育与各个学校所弘扬的民族精神的距离进一步被拉大。可是，武术真正的魅力不仅在武术本身，更在于武术历经中华民族上千年的发展所沉淀下来的优秀文化和精神。

进入 21 世纪以来，伴随着时代的进步和发展，人们内在的精神世界日渐丰富起来，这就使得民族精神的传扬势必会受到一定影响。不过在有些人看来，"民族精神在目前的和平年代不再是必需的，对于我们来说也不再重要"，这样的想法很显然是以偏概全的。当前这个阶段，中国仍是一个发展中国家，有关精神文明建设的任务尚未完成，而且，当下国家和民族的精神支柱依然是民族精神。作为一个国家，若没有现代科学作为依靠，也没有先进技术作为保障的话，一旦打仗很快就会垮掉；但作为一个民族，若没有民族精神和人文精神作为基础的话，那么它必将不打自垮。

针对武术开展的民族精神教育是与众不同的，是其他文化所不具备的。所以，着力于挖掘武术中所蕴藏的民族精神，之后在学校内部的武术教育中加以应用是当代武术教育重要的使命所在。

四、武术教育肩负青少年人文思想的培育

在当前的时代背景下，武术教育已开始作为一种重要的载体，在增强国家综合国力的进程中发挥着重要作用，承载着一个民族精神和文化的传播。

正是在奥林匹克运动的助力和推动下，竞技体育和体育商业化得到了快速发展，但随之也产生了一些负面影响。比如，某些运动员为了得到更多的金钱、名誉和荣誉而选择摒弃奥林匹克精神，这就致使奥林匹克运动本身的意义将不复存在。除此之外，长时间处于竞技备战状态，会使运动员在竞技过程中对身体的参与度有所保留，慢慢地开始朝着"和谐"的生活状态发展，正因为这样，

所以有些国家呼吁国际社会在促进奥林匹克运动发展的同时可以给予一些人文关怀。

作为整个社会和农业文明共同作用下的产物——武术文化，拥有着丰富多样的人文性和地域性等特点。之所以会彰显出这些特点，是因为在中国悠久的传统文化中残留的"小农经济"对人们的思想产生了极深的影响。与自然的融合正是这种思想的重点所在，并把"修身、齐家、治国、平天下"作为践行社会价值的重要表现。正是在这个特定的环境下才孕育出中国所特有的文化，它的核心点在于以人为本，而这一点与西方文化截然相反，西方体育的核心在于竞技，在体育运动中往往追逐冒险的、有挑战的项目；而东方文化相对比较内敛，讲究和谐，避免争斗，渴望达到超越自我的境界，比如，武术中所持守的"和谐""天人合一"等思想。当下这个时期，有一大批外国人对于东方的传统文化产生了浓厚的兴趣，也有一些外国人开始尝试在国内学习太极拳，想通过学习太极拳来深入体验东方文化之美，虚心学习中国传统文化中的优秀文化，内心开始向往一种"与世无争"的和谐生活。现如今，人文已然成为备受世人瞩目的话题。所以，当前的武术教育亟须在原有传统文化的根基上进行人文方面的拓展，从而使我国在世界发展的大趋势下占据主导位置。

第六章 武术教学课程的基本内容与创新

本章围绕武术的基本功与基本动作、武术徒手套路教学内容、武术器械套路精选、武术文化教学的问题分析以及武术文化教学的实践创新五个方面来阐述武术教学课程的基本内容与创新。

第一节 武术的基本功与基本动作

一、武术的基本功

身体素质、心理素质及运动技能等是构成武术基本功的主要内容，熟练地掌握武术基本功是习武者顺利开展武术运动的重要前提条件。按照武术运动项目特征及人体的身体结构特征，可将武术基本功分为腿功、腰功、臂功、桩功四部分，并按照一定的规则及科学的方式进行练习。

（一）腿功练习

腿功练习的目的在于增强腿部肌肉力量，提高腿部柔韧性。在运动过程中，强大的腿部力量是下肢稳定性与灵活性快速转换的基础，良好的柔韧性是使得动作舒展大方的前提。腿功的练习包括压腿、搬腿、劈腿、控腿四部分。

1. 压腿

压腿主要是为了提高腿部肌肉弹性及下肢和髋关节处韧带、肌腱等组织的伸展性，以进一步提高下身各关节的活动幅度。压腿主要包括正压腿、后压腿、侧压腿、仆步压腿四种方式，不同的压腿方式对下肢不同部位肌肉与韧带等组织的刺激有所不同。

（1）正压腿

身体正对一定练功架，一条腿向前抬起，将脚跟部置于练功架上，踝关节

屈，脚尖勾起，双手置于膝关节或抱紧脚尖。双腿伸直，髋关节收紧，上身保持正直，并向前下方做连续性压振动作（图6-1），主要锻炼大腿后侧及髋关节的柔韧性。

图6-1　正压腿

要求与要点：双腿伸直，上身保持正直，并向前下方进行动态压振。上身振动幅度不断增加，够向脚尖方向，逐渐由肘部触腿、胸部触腿、前额触及脚尖、鼻尖触及脚尖向下颌触及脚尖的最高境界过渡。支撑腿脚尖正对练功架，整个身体以支撑腿为着地点向后进行主动拉伸，同时支撑腿可向后移动，加大拉伸幅度（图6-2）。当被压腿感到疼痛时，停止振动，保持动作不变进行短暂的静态拉伸。

图6-2　正压腿的要点

（2）后压腿

身体背对练功架，两手叉腰或手扶辅助性道具，一条腿抬起后举，将脚背置于练功架上，踝关节伸，脚面绷直，上体后仰做连续性压振动作（图6-3），主要锻炼大腿前侧及髋关节的柔韧性。

图 6-3　后压腿

要求与要点：双腿伸直，支撑腿全脚掌着地，脚尖背对练功架，方向与身体方向保持一致，脚趾用力扒地，腰部后屈、髋关节后展、上身挺直后仰。

（3）侧压腿

身体侧对由理练功架，一条腿从侧边抬起，将脚跟部置于练功架上，踝关节屈，脚尖勾起，支撑腿脚尖稍向外展，两腿伸直。如压左腿，右臂屈肘经体侧向上绕半周，左手变掌置于右侧胸前，髋关节打开，腰部直立，上身向左侧压振（图 6-4），右腿反之，主要锻炼大腿内侧及髋关节的柔韧性。

图 6-4　侧压腿

要求与要点：上身正直向体侧及下方压振。手紧握脚掌，相互间加大压振幅度，使上身尽量贴紧被压腿，并逐渐超越被压腿（图 6-5）。

图 6-5　侧压腿要点

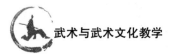

（4）仆步压腿

仆步压腿无须借助外界辅助性工具，可由自身完成压腿动作，是一个由直立到下蹲，并完成左右腿转换的过程。首先两腿分开站立，比肩稍宽，右腿屈膝全蹲，脚尖向前，左腿膝关节伸直向左侧伸出，脚尖内扣。两手分别抓握两脚外侧，呈左仆步姿势（图6-6）。一侧经过短暂的压振，通过变换身体重心，完成左右仆步压腿的转换（图6-7），主要锻炼大腿内侧及髋关节的柔韧性。

图6-6　左仆步　　　　　图6-7　右仆步

要求与要点：上身挺直，稍前倾，胯部打开，髋部下沉，左右仆步的转换要减小身体运动幅度的范围，使重心缓慢平稳转移，大腿内侧尽量下压，减小与地面的距离。

2. 搬腿

搬腿以腿部上举为基本动作，搬腿的练习对腿部上举时所涉及的肌群具有针对性的促进作用，同时能够提高腿部及髋关节柔韧性。正搬、侧搬、后搬是搬腿练习的三种常用方法。

（1）正搬腿

身体背靠墙站立，一条腿直膝经身体前方向上抬起，支撑腿脚尖向前与身体方向保持一致，由同伴托住脚跟上搬（图6-8）。

图6-8　正搬腿

要求与要点：上身挺直、髋部收紧，双腿伸直，不可屈膝，上搬腿脚尖勾紧，根据自身情况逐渐增加上搬腿高度。搬腿前应先进行全身性热身活动，以免造成肌肉拉伤等问题。

（2）侧搬腿

如搬右腿，身体左侧靠墙站立，右腿经体侧绕半周，脚尖勾起置于头顶，支撑腿脚尖向前与身体方向保持一致，由同伴托住脚跟上搬，右手变成立掌，屈臂置于左胸前，左臂经体侧向上绕半周，屈腕翻掌，掌心向上，置于头顶（图6-9），左腿反之。

图 6-9　侧搬腿

要求与要点：挺胸立腰、髋关节打开，双腿伸直，不可屈膝。

（3）后搬腿

需要借助一定高度的物体。身体正对并双手手扶练功架，上体后屈，一条腿向后抬起，脚尖绷直，由同伴托起上搬，支撑腿脚尖向前与身体方向保持一致（图6-10）。

图 6-10　后搬腿

要求与要点：同后压腿。

3. 劈腿

劈腿是指两腿分开成一条直线，最大程度下压并触及支撑面的动作。劈腿

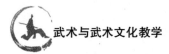

主要可以促进髋关节的打开、腿部内侧以及前后侧柔韧性的增强。竖叉和横叉是劈腿练习的两种方法，劈腿练习可穿插在压腿、搬腿和踢腿之间进行。

（1）竖叉

双腿前后分开呈一条直线，前腿踝关节屈，脚尖勾起，后腿脚背贴紧支撑面，双臂架起，双手立掌，掌心向外，目视前方，双腿尽量下压，使大腿根部尽量紧贴支撑面（图6-11）。

图6-11　竖叉

要求与要点：挺胸直背、膝关节伸直、髋关节下沉。

（2）横叉

双腿左右分开呈一条直线，双手辅助支撑，双脚脚内侧着地［图6-12（a）］；双臂架起，双手立掌，掌心向外，双脚脚尖勾起，目视前方，小腿后侧与大腿根部尽量紧贴支撑面［图6-12（b）］。

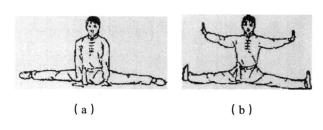

（a）　　　　　　　　　　（b）

图6-12　横叉

要求与要点：挺胸直背、膝关节伸直、髋关节打开下沉。

4. 控腿

控腿是指一条腿做支撑，另一条腿分别从身体的前侧、侧面、后侧三个方向抬起上举置于空中，并留一段时间，以达到增强下肢稳定性和控制力、提高腿部力量的目的。

（1）前控腿

身体侧对练功架，一手手扶练功架，另一只手叉腰站立，靠近练功架一侧腿作支撑腿，脚尖与身体方向保持一致，外侧腿抬起上举，并在空中停留一段时间（图 6-13）。

图 6-13　前控腿

要求与要点：上身正直、挺胸立腰、腹部收紧、膝关节伸直。

（2）侧控腿

侧控腿的方法基本等同于前控腿，唯一不同的就是侧控（图 6-14）。

图 6-14　侧控腿

要求与要点：上身正直、膝关节伸直、髋关节打开。

（3）后控腿

身体正对练功架，一只手手扶练功架，另一只手叉腰，一条腿作支撑腿，脚尖与身体方向保持一致，另一条腿后摆抬起，踝关节伸，脚尖绷直（图 6-15）。

图 6-15　后控腿

要求与要点：挺胸直背、腰部后屈、膝关节伸直、髋关节打开。

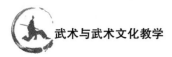

（二）腰部练习

腰在武术练习中发挥着重要的作用，是武术动作发力的主要身体部位之一，也是力量由下身传递至上身的关键枢纽，是反映习武者身法高低的重要标志，所以腰部的练习十分重要。腰部练习能够提高腰部灵活性，对上身肌肉及韧带的发展有一定的促进作用。腰部练习的方法有以下几种，如俯腰、甩腰、拧腰、翻腰、涮腰等。

1. 俯腰

（1）前俯腰

两只手十指交叉，掌心向上，直臂向上举起。上身正直，俯身向前下方折叠，两手掌心与支撑面紧贴，仰头，眼睛直视地面［图 6-16（a）］。保持一段时间后，将手臂置于小腿后侧，双手紧握踝关节，上身与下身紧贴，低头，目视身体后方，并保持姿势［图 6-16（b）］。

（a）　　　（b）

图 6-16　前俯腰

要求与要点：双腿膝关节伸直，不可弯曲，髋关节收紧、上身挺胸直、背向前下折。

练习步骤：练习时可循序渐进，上身向前下方折叠后，双手不要急于紧握踝关节处，可先将手掌贴紧地面，多次练习使身体充分适应后，再进行动作进阶，将双手紧握踝关节。

（2）侧俯腰

双手十指紧扣，两个手臂伸直向上举起，掌心朝上。两只脚并拢，脚尖向前，保持不动，上身挺直向一侧旋转约 90 度，并向下侧俯身，双手置于脚一侧，掌心紧贴支撑面（图 6-17）。保持此姿势一定时间，换另一侧练习。

要求与要点：双腿膝关节伸直，不可弯曲，在原地保持不动。

（a）　　　（b）

图 6-17　侧俯腰

练习步骤：先做一些腰部活动，再做俯腰动作。

2. 甩腰

两脚开立，距离略宽于肩，双臂伸直，掌心向下，以腰为轴，从身体一侧依次由下至上划过一周，两个手臂随之摆动（图 6-18）。

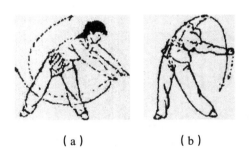

（a）　　　　　（b）

图 6-18　甩腰

要求与要点：前后甩腰要快速，有弹性，两腿伸直。

3. 拧腰

双腿并拢站立，左腿支撑，脚尖与身体方向一致，右腿提膝，脚尖下压，右臂侧平举，左臂屈肘平举于胸前，掌心向下，头部向右转动 90 度，眼睛看向右手指尖，随后右腿下落置于身体前外侧，上身以腰为轴从左侧开始顺时针转动一周，眼随手动（图 6-19）。

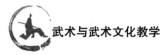

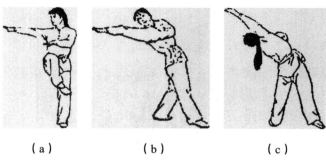

（a）　　　　　　　　（b）　　　　　　　　（c）

图 6-19　拧腰

要求与要点：上身与下身的动作要协调配合，应充分利用腰部力量转动身体，动作要干净利落。

4. 翻腰

右腿置于左腿左前方，双腿交叉下蹲呈歇步姿势，双臂向右侧摆动变成双摆掌，上身向前俯身向左侧逆时针转动一周，同时双臂经下、左、上、右依次轮摆，从右歇步双摆掌转换成左歇步双摆掌（图 6-20）。

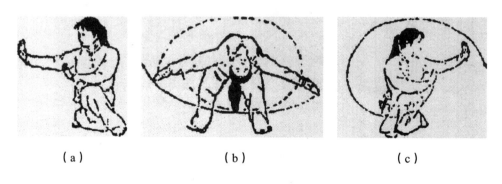

（a）　　　　　　　　　　（b）　　　　　　　　　　（c）

图 6-20　翻腰

要求与要点：翻转时应以腰部为轴转动，挺胸直背，腹部伸展，动作迅速敏捷，双臂划过路线呈圆形。

5. 涮腰

两脚开立，距离比肩宽稍大一些，身体的上半部分向前俯，双臂依次经前、右、后、左呈圆形划过，绕一周后回至最初的起点，身体转动时以髋关节为轴顺势发力（图 6-21）。

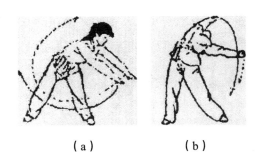

（a）　　　　　　　（b）

图 6-21　涮腰

要求与要点：两只脚在原地固定不动，两个手臂随之摆动，前俯后仰，使身体的上半部分绕环的幅度尽可能地加大。

（三）臂部练习

臂部练习以双臂的上举、下压、后摆、转动为基本动作，压肩、握棍转肩、绕环、仆步抢拍是其常用的方法，对提高肩关节灵活性及肩部肌肉、韧带的弹性、柔韧性有一定的促进作用。

1. 压肩

身体正对练功架，双腿开立，距离比肩稍宽，双手紧握练功架，双腿直立，上身向前下方俯身下压，并做有节律的压振动作，同时可借助助手的帮助加大下压程度（图 6-22）。

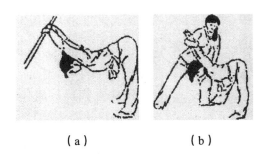

（a）　　　　　　　（b）

图 6-22　压肩

要求与要点：上肢及膝关节伸直、不可弯曲，挺胸直背、腰部下沉、髋关节收紧。逐渐加大下压程度，使肩部充分拉伸。

2. 握棍转肩

转肩的时候，两只脚并开着站立，将小棍握在两手中放到身体前方；两只

131

手之间保持一定的距离。以肩关节为轴，两只手臂由身体前面经过头顶绕到身体的后面，再由后面经过头顶绕回身体的前面（图6-23）。

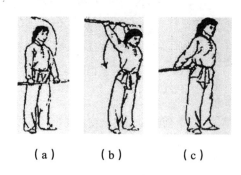

（a）　　　　　（b）　　　　　（c）

图6-23　握棍转肩

要求与要点：两只手臂一直处于伸直状态，两只手握棍子的距离保持不变。

3. 绕环

（1）单臂绕环

身体呈弓步姿势站立，一手叉于腰间或置于膝关节之上，另一只手臂自然下垂，掌心向后。环绕时下身保持稳定，下垂的手臂在体侧按顺时针环绕一周，完成动作，练习多次后再按逆时针转动进行练习（图6-24）。

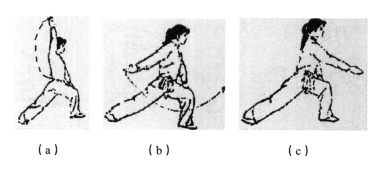

（a）　　　　　　（b）　　　　　　（c）

图6-24　单臂绕环

要求与要点：绕动臂伸直、不可弯曲、按圆形路径环绕，肩关节保持放松状态。

（2）双臂前后绕环

两脚开立，距离等同于肩膀的宽度，两只手臂在体侧垂放着。左右臂依次由下向前、向上、向后绕环，重复几次后，再从相反方向做同样的绕环动作（图6-25）。

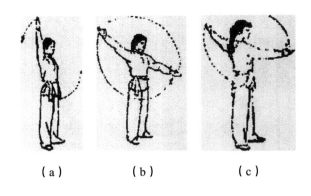

（a）　　　　　（b）　　　　　（c）

图 6-25　双臂前后绕环

要求与要点：肩关节保持放松状态，双臂前后探出，在身体两侧以立圆路径环绕。

（3）双臂交叉绕环

双腿开立，与肩同宽，两臂伸直上举，掌心相对。以肩关节为轴，左臂向前，右臂向后，以顺时针方向在身体两侧做划圆环绕动作，身体随之做小幅度转动。以此方向环绕一段时间后，更换方向，左臂向后、向前继续做画圆环绕动作（图6-26）。

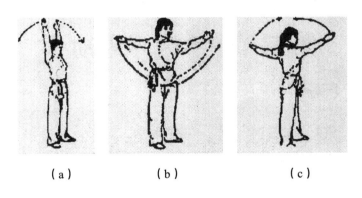

（a）　　　　　（b）　　　　　（c）

图 6-26　双臂交叉绕环

要求与要点：两臂放松，身体的上半部分与双臂协调配合。

4. 仆步抡拍（乌龙盘打）

两腿开立，距离比肩宽，脚尖向前，两臂呈侧平举姿势，掌心向下，上身左转，重心左移呈左弓步姿势，右臂由体侧伸出至身体左前下侧，左手掌心向内，插于右臂肘关节处，身体顺势向右转动做出右弓步动作，与此同时右臂从

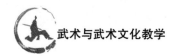
左侧向上划过至右上方，左臂向下摆动至左下方，掌心向上，随后身体向右后方转动，右臂从右上方紧接上动摆动至右下方，左臂向前上摆动至左前方，下身向左转动呈右仆步姿势，与此同时右臂从右上方划过，向下抡臂做右掌拍地动作，指尖靠近右脚内侧，左臂顺势向下从左侧划至左上方，掌心朝前，眼睛注视右手（图6-27）。练习时，左右交替进行。

（a）　　　　　（b）　　　　　（c）　　　　　（d）

图6-27　仆步抡拍

要求与要点：向上和向下抡臂时，动作要紧凑连贯，向上手臂要与耳朵紧贴，向下手臂要与腿部紧贴，同时要做到眼不离手。

（四）站桩练习

桩功以"静""稳"为主要特征，是武术基本功中特有的练习方式，练习方法主要包括马步桩、虚步桩、三体桩、弓步桩、浑元桩、八卦桩等（图6-28）。站桩的练习以"静站"为基础，注重动作与呼吸的配合及气息的运行，对下肢肌肉力量及下身稳定性的提高有显著作用。

（a）　　　　（b）　　　　（c）

图6-28　几种站桩类型

二、武术的基本动作

（一）手型、手法、步型、步法练习

1.手型练习

（1）拳

四指并拢卷握，拇指弯曲向内紧扣置于食指和中指的第二指节处（图 6-29）。

要求与要点：五指紧握，拳不得过度上仰或下压，手腕伸直，拳面应与腕关节在同一水平面内。

（2）掌

四指并拢伸直，拇指远节指骨向内弯曲紧扣于虎口处（图 6-30）。

（3）勾

五根手指指尖聚拢在一起，腕关节向下压做屈腕动作（图 6-31）。

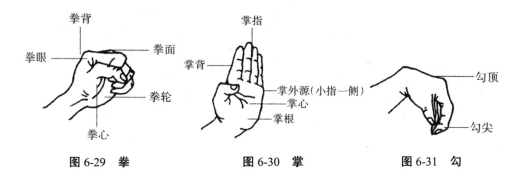

图 6-29　拳　　　　　　　图 6-30　掌　　　　　　　图 6-31　勾

2.手法练习

手法练习方式多种多样，冲拳、架拳、劈拳、撩拳、推掌、摆掌、亮掌、顶肘等是习武者熟练掌握武术手部动作技能的常用方法。

（1）冲拳

冲拳包括平拳和立拳两种。平拳与立拳的主要区别在于两拳拳心的朝向不同，平拳拳心向下，立拳拳心向内。冲拳要求两脚自然开立，双手握拳，拳心朝上置于腰间，两肘向后夹紧。冲拳时小臂向内旋转，拳心由向上旋转至向下，拳面与腕面水平，力达拳面（图 6-32），双臂交替进行练习。

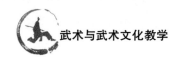

图 6-32　冲拳

要求与要点：挺胸直背、腹部与腰部收紧、肘部与身体紧贴，同时应借助腰部扭转的力量并利用寸劲迅猛出拳。

（2）架拳

两脚开立，与肩同宽，双手握拳置于腰间，拳心向上，两臂向后夹紧，一个手臂内旋从身体一侧向上架起至头顶上方，拳向内旋转 270 度至拳眼向下（图 6-33）。

（a）　　　（b）

图 6-33　架拳

要求与要点：肩部始终保持放松状态，肘关节屈至 90 度，架拳时注意小臂应向内旋转，力量传递至小臂外侧。

（3）劈拳

两脚开立，与肩同宽，双手握拳置于腰间，拳心向上，两臂向后夹紧，出拳时，拳经肩至头顶，再向下迅速下劈至侧平举动作，肘关节微屈，拳眼向上（图 6-34），两臂交替练习。

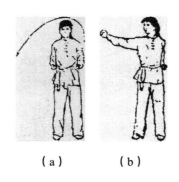

（a）　　　　（b）

图 6-34　劈拳

要求与要点：两臂伸直，肘关节微屈，下劈动作应迅速有力，力量传递至拳轮。

（4）撩拳

两腿呈弓步姿势站立，双手握拳置于腰间，拳心向上，两臂向后夹紧，一个手臂向前下方直臂伸出，并向上撩击至膝关节上方（图 6-35）。

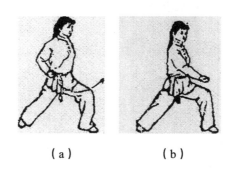

（a）　　　　（b）

图 6-35　撩拳

要求与要点：撩拳时应注意力量的传递情况，正撩与反撩的动作相同，但力量传达的位置不同，正撩时力量由肩关节经手臂传递至拳心或拳眼，反撩时力量传递至拳背或拳轮。

（5）推掌

两脚并拢或开立，双手握拳置于腰间，两臂向后夹紧，推右掌时，右前臂向内旋转 180 度，右拳变为立掌，掌心向外，手臂紧贴身体，从腰间推出，眼睛目视右掌，指尖与眼平齐（图 6-36），左掌反之。

137

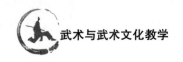

图 6-36　推掌

要求与要点：动作要连贯有力，挺胸、直背、立腰，腹部收紧，肩关节放松，腕关节下沉，应借助腰部扭转将力量顺势传递至掌根。

（6）摆掌

两脚自然开立，与肩同宽，双手握拳置于腰间，拳心向上，两臂向后夹紧，右摆掌时，右前臂向内旋转 90 度，变右拳为掌，直臂伸出，掌心向前，随后肘关节弯曲，右臂向上、向左经面前依次划过，变右掌为立掌置于左肩处，掌心向外，如图 6-37 所示，左掌反之。

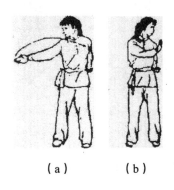

（a）　　　　（b）

图 6-37　摆掌

要求与要点：头部随掌所在方向摆动。

（7）亮掌

两脚并拢或自然开立，双手握拳置于腰间，拳心向上，两臂向后夹紧，亮右掌时，右拳经体侧向上划至头顶上方，同时右前臂向内旋转，右拳翻腕变掌，手臂伸直，掌心向上，力达掌根，头部向左侧转动 90 度，眼睛平视前方（图6-38），左掌反之。

（a）　　　（b）

图 6-38　亮掌

要求与要点：翻腕、亮相与转头三个动作要协调配合，同时进行。

（8）顶肘

两脚自然开立，双手握拳置于腰间，拳心向上，两臂向后加紧，右侧顶肘时，右前臂向内旋转，肘关节弯曲上提置于胸前，与支撑面平行，拳心向下，左前臂向内旋转，变拳为掌，肘关节弯曲上提，右拳拳面与左掌掌心紧贴，掌心向右，随后右肘肘尖在左掌助力后推的基础上用力向右顶击，头部向右转动（图 6-39），左侧反之。

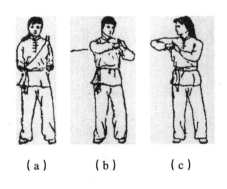

（a）　　　（b）　　　（c）

图 6-39　顶肘

要求与要点：顶肘时借助腰部扭转的力量顺势发力，力达肘尖，顶肘与头部转动要协调配合，同时完成。

3. 步型练习

不同武术拳种对步型的要求有所不同，各种步型的技术特征也有所差异。弓步、马步、虚步、仆步、歇步、丁步等，是武术长拳中的基本步型。步型是完成武术动作的基础，步型的练习不仅能够提高下肢肌肉力量，增强下身稳定

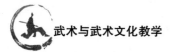
性，还能够提高习武者基本步型的熟练程度，使武术技术动作更加规范严谨。

（1）弓步

上身挺直，双手握拳置于腰间，拳心向上，两臂向后夹紧，一只脚向前跨出，全脚掌着地，脚尖稍内扣，膝关节屈至大腿与支撑面平行，与小腿垂直，膝关节部与脚面垂直，另一条腿向后伸出，全脚掌着地，膝关节挺直，脚尖稍内扣、朝向斜前方（图6-40）。

图6-40　弓步

要求与要点：上身挺直，面向前方，髋关节下沉打开，后腿绷直、不可弯曲，目视前方。

（2）马步

上身挺直，目视前方，双手握拳置于腰间，拳心向上，两臂向后夹紧。两脚分开站立，间距为本人脚掌的三倍左右，脚尖向前，膝关节屈呈半蹲姿势，大腿与支撑面平行，髋关节后坐，身体重心后移（图6-41）。

图6-41　马步

要求与要点：上身挺直，头部正对前方，膝关节不得超过脚尖。

（3）虚步

双手握拳置于腰间，拳心向上，两臂向后夹紧。两脚前后开立，后腿膝关节屈呈半蹲姿势，大腿与支撑面近平行，脚尖稍向外展，前腿向前伸出，踝关节伸，脚面绷平，脚尖稍内扣虚点地面（图6-42）。

图 6-42 虚步

要求与要点：上身挺直，目视前方，重心落于后腿脚跟处，做到虚实分明。

（4）仆步

双手握拳置于腰间，拳心向上，两臂向后夹紧。一条腿膝关节屈呈全蹲姿势，全脚掌着地，膝关节与脚尖外展，臀部向下靠近小腿，另一条腿向一侧伸出靠近支撑面，膝关节挺直，脚尖内扣，全脚掌着地（图 6-43）。

图 6-43 仆步

要求与要点：上身挺直，髋关节下沉打开，头部向出腿方向转动。

（5）歇步

双手握拳置于腰间，拳心向上，两臂向后夹紧。双腿交叉，一条腿置于另一条腿前方，呈全蹲姿势。后脚后脚跟离地，前脚掌与膝关节点地，前脚全脚掌着地，脚尖外展，臀部外侧与后腿小腿紧贴（图 6-44）。

图 6-44 歇步

要求与要点：上身挺直，头部向前腿方向转动。

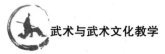

（6）丁步

双手握拳置于腰间，拳心向上，两臂向后夹紧。两腿并拢，膝关节微屈，呈半蹲姿势。支撑腿全脚掌着地，另一只脚抬起置于支撑腿足弓内侧，脚尖内扣点地，两腿屈膝半蹲（图6-45）。

图6-45　丁步

要求与要点：上身挺直，头部保持不动，目视前方，重心落在支撑腿上。

4.步法练习

盖步、插步、击步、垫步、弧形步等是武术项目中的主要步法，步法的练习能够提高腿部的灵敏性，提高习武者在不同腿部动作之间灵活转变的能力。

（1）盖步

两脚自然开立，右盖步时，右腿向左跨一步至左脚左侧约一脚距离，脚尖向外展，左腿动作不变，腰部向左侧转动，身体随之转向左前侧（图6-46），左盖步反之。

（a）　　　　（b）

图6-46　盖步

要求与要点：动作迅速敏捷，与转腰动作协调配合。

（2）插步

两脚自然开立，右插步时，右腿从身体后侧向左跨一步，后脚跟离地，前脚掌着地，左腿动作保持不变，腰部向右侧转动，身体随之转向右前方，眼睛看向左前方，重心由中间位置平稳转移至身体偏左侧（图6-47），左插步反之。

（a）　　　　　　（b）

图6-47　插步

要求与要点：其等同于盖步，在此不再详述。

（3）击步

双脚前后开立，双手叉腰，上身稍前倾，后腿先离开支撑面，前腿随即离地，双腿自然下垂，全身腾空时，后腿向前腿靠拢，后脚尖轻触前脚跟，前腿直腿向前稍抬，顺势下落，后腿先着地，双眼目视前方（图6-48）。

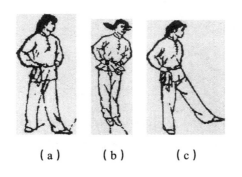

（a）　　　（b）　　　（c）

图6-48　击步

要求与要点：膝关节伸直，上身始终保持正直。

（4）垫步

双脚前后开立，双手叉腰，后脚提起向前脚靠拢，前腿直膝向其侧前方踢出，后脚下落置于前脚初始位置（图6-49）。

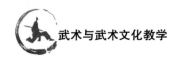
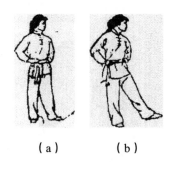

（a）　　　（b）

图 6-49　垫步

要求与要点：同击步。

（5）弧形步

两脚并拢，双手叉腰，膝关节微屈稍蹲，右腿提起沿弧形向前迈一步，全脚掌着地，脚尖稍向外展，左脚跟抬起，重心前移，随即左腿抬起沿弧形向前迈一步，全脚掌着地，脚尖稍向外展，右脚后脚跟抬起（图 6-50），如此交替进行。

（a）　　　（b）

图 6-50　弧形步

要求与要点：上身正直，跨步时借助腰部扭转力量，身体转动方向与跨步腿相反，双腿前后交换时动作迅速，重心始终落于身体中间部位。

（二）腿法练习

双腿在各方向的抬起上举是主要的腿法练习方式，也是武术基本功的重要组成部分，直摆性腿法、屈伸性腿法、扫转性腿法是腿法练习的三种主要形式。

1. 直摆性腿法

正踢腿、侧踢腿、斜踢腿、外摆腿、里合腿、后踢腿、单拍脚等是主要的直摆性腿法。直摆性腿法的练习可在原地或行进间以左右腿交替的方式进行。

（1）正踢腿

身体侧对练功架，踢左腿时，右手手扶练功架，左右叉腰，右腿直膝作为支撑，左腿直膝抬起置于头顶，踝关节屈，脚尖勾起，随后下落脚尖点地，还原为初始姿势，眼睛目视前方（图6-51），踢右腿反之。

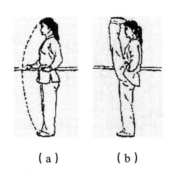

（a）　　　（b）

图6-51　正踢腿

要求与要点：上身挺直，腹部收紧，髋关节下沉，膝关节挺直、不可弯曲，两腿迅速上举、下落。

（2）侧踢腿

身体正对练功架，双手握住练功架，双脚前后分开呈丁字步姿势站立，后腿从身体侧面向上提起，动作与正踢腿相同（图6-52）。

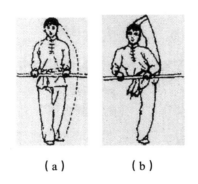

（a）　　　（b）

图6-52　侧踢腿

要求与要点：上身挺直，髋关节打开，腹部收紧。

（3）斜踢腿

两脚并拢，两臂侧平举，双手变立掌，掌心向外，踢右腿时，右腿直膝向左上方抬起至左耳际（图6-53），踢左腿反之。

图 6-53　斜踢腿

要求与要点：同正踢腿。

（4）外摆腿

身体侧对练功架，左腿外摆腿时，右手手扶练功架，左腿直膝向右上方提起置于右耳际处，并经脸前从身体左侧向下划过，还原为初始姿势（图 6-54），右腿反之。

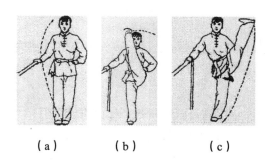

（a）　　　　（b）　　　　（c）

图 6-54　外摆腿

要求与要点：上身挺直，髋关节放松打开，膝关节伸直，以髋关节为轴摆动。

（5）里合腿

踢腿方向由外向内，动作与外摆腿相同（图 6-55）。

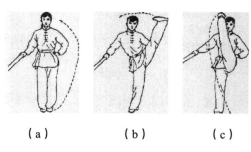

（a）　　　　（b）　　　　（c）

图 6-55　里合腿

要求与要点：同外摆腿。

（6）后踢腿

身体正对练功架，双手手扶练功架，一条腿腿向后上方摆动，脚面绷直，脚掌与头部相接触（图6-56）。

（a）　　　（b）

图6-56　后踢腿

要求与要点：头部后仰迎合踢起的腿。

（7）单拍脚

两腿并着站立，两只手抱拳，放在腰间。一只脚向前跨半步，另一条腿膝关节伸直经体前向正上方踢腿，脚尖绷直，同侧拳变掌，向斜上方经胸前伸出，并拍打脚面（图6-57）。

（a）　（b）

图6-57　单拍脚

要求与要点：上身挺直，腹部收紧，出手时间准确，拍打声音大。

2. 屈伸性腿法

屈伸性腿法，是指以一条腿作支撑，另一条腿经历由直到屈再到直的转换过程的腿法。

（1）弹腿

两脚并拢，双手叉腰，一条腿做膝关节屈动作，提起至大腿与支撑面相平行，随即小腿迅猛做弹踢动作，踝关节伸，大小腿呈一条直线（图6-58）。

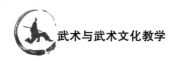

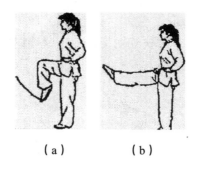

（a）　　　　　（b）

图 6-58　弹腿

要求与要点：上身挺直，小腿弹踢速度要快，力达指尖。

（2）蹬腿

小腿弹踢后，脚尖勾起，动作与弹腿一致（图 6-59）。

图 6-59　蹬腿

要求与要点：其等同于弹腿，唯一不同的是，对勾脚尖比较注重。

（3）侧踹腿

两脚并拢，双手叉腰，左腿踹腿时，右腿向左侧跨一步，左腿提膝抬起迅速向左上方蹬出，身体稍向右下方倾，力达脚跟（图 6-60），右腿反之。

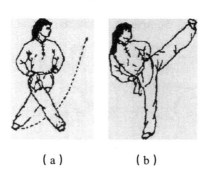

（a）　　　　　（b）

图 6-60　侧踹腿

要求与要点：蹬出的脚内扣，膝关节伸直，髋关节打开。

3.扫转性腿法

（1）后扫腿

两脚并拢，双手握拳置于腰间，拳心向上，扫右腿时，左腿向前跨出一步呈弓步姿势。双手由拳变掌，由下至上从腰间穿出，与肩平齐；上身右转下蹲呈右仆步姿势，双手下落至右腿内侧支撑地面，以左脚为轴，用腰部力量带动右腿逆时针围绕身体转动一周，右脚内扣，目视身体后方（图6-61），扫左腿反之。

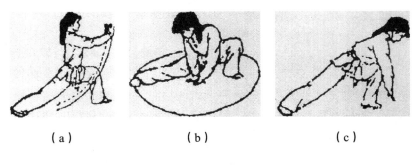

（a）　　　　　　　（b）　　　　　　　（c）

图 6-61 后扫腿

要求与要点：上下肢要协调配合。

（2）前扫腿

一只脚向前上一步，另一只脚向反方向扫转一周，呈仆步姿势勾手亮掌（图6-62）。

图 6-62 前扫腿

要求与要点：上身挺直，以腰部力量带动腿部完成动作。

（三）平衡

1.提膝平衡

提左腿时，右腿膝关节伸直作支撑，左腿提膝，脚面绷直内收，右臂直臂

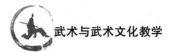

向上，掌心向上，左臂向后抬起呈勾手姿势（图 6-63），提右腿反之。

图 6-63　提膝平衡

要求与要点：挺胸立腰直背，单腿支撑，保持身体平衡。

2. 扣腿平衡

左右腿一前一后，一条腿膝关节屈，呈半蹲姿势，大腿与支撑面平行，大小腿垂直，另一条腿膝关节屈，脚面与半蹲腿膝关节窝处紧贴。勾脚侧手臂直臂向上抬起贴于耳侧，掌心向上，另一侧手变拳，向其侧冲出（图 6-64）。

图 6-64　扣腿平衡

要求与要点：上身正直，一只脚呈勾脚姿势。

3. 燕式平衡

一条腿直膝支撑，脚尖向前，另一条腿提膝抬起，两臂胸前交叉呈十字状，随后抬起的腿向后摆动，脚面绷直，脚底斜向上，两臂展开，上体前倾（图 6-65）。

（a）　　　　（b）

图 6-65　燕式平衡

要求与要点：上体直背前倾，髋关节打开，后摆腿要高于头部。

（四）跳跃翻腾

跳跃翻腾练习主要是为了提高练习者的弹跳力，包括大跃步前穿、腾空飞脚、旋风脚、腾空摆莲、旋子等练习方法。

1. 大跃步前穿

右腿跃步时，左膝上提，左掌前推，掌心向前，四指向上，左臂直臂经体侧摆至身后，掌心斜向前下，右掌从身体右侧由下至上向前穿出，同时左脚下落，右腿蹬地腾空跃起，右臂向上经头顶向后下方划过置于身体后方，掌心向后，左臂直臂向上摆至头顶，掌心向上，左腿小腿向后折叠，右腿自然下垂，随后落地呈右弓步姿势。右掌变拳，右臂屈肘置于腰间，左臂外旋下落至右胸前，眼睛看着左掌（图 6-66），左腿跃步反之。

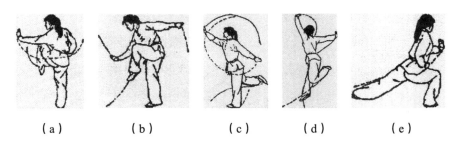

（a）　　　（b）　　　（c）　　　（d）　　　（e）

图 6-66　大跃步前穿

要求与要点：眼随手动，动作连贯，落地轻而稳。

2. 腾空飞脚

右脚飞脚时，右脚上一步，左腿直腿向上提起，右腿蹬地腾空，双臂上抬，右手背与左手掌在头顶击响。腾空后，右腿直腿向前上方抬起，脚面绷直，左腿小腿向后折叠，膝关节内收，左脚跟与左臀紧贴，上体前倾，右掌拍击右脚面，左臂外旋向后变掌为勾手，眼睛看着前方（图 6-67），左腿反之。

（a）　　　（b）　　　（c）

图 6-67　腾空飞脚

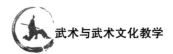

要求与要点：踢出的腿膝关节伸直，踢出高度要高于腰部，掌与脚的拍击时机及位置要准确，动作要连贯。

3.旋风脚

左脚向左前方上一步，脚尖向前，同时左掌从腰间向左推出，与肩平齐，肘关节微屈，掌心向左，指尖向上，右臂直臂上举至头顶上方，掌心向上。身体向左后方转动，右脚脚尖内扣跟进至左脚右侧，随即蹬地腾空，左腿向左上方摆动，右腿上提里合，左掌与右脚在脸前完成拍击，身体随之向左上方逆时针转动一周，双臂随转体摆动（图6-68），向右转动反之。

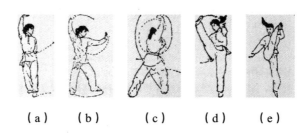

(a)　　(b)　　(c)　　(d)　　(e)

图6-68　旋风脚

要求与要点：上步时，腿充分外展，提起的腿里合贴紧身体，用腰部力量带动身体转动，上下肢要协调配合。

4.腾空摆莲

直腿左虚步挑掌站立。左脚向前上一步，脚跟着地，右腿向右前方迈步，身体向右转动，右臂下落后摆，左臂前摆，右脚由脚跟向前脚掌过渡蹬地起跳，左腿提膝里合，双臂上摆至头顶，两掌交叉扣击，身体随之向右转动，身体腾空，右腿提起外摆，手掌拍击脚面，左腿外摆置于体侧，手臂随之摆动下落，如图6-69所示，另一边反之。

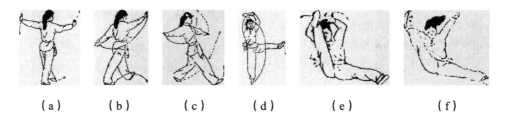

(a)　　(b)　　(c)　　(d)　　(e)　　(f)

图6-69　腾空摆莲

要求与要点：跟步时，脚跟着地，脚尖外展，用腰部带动身体转动。

5. 旋子

两脚开立，身体向右转动，左脚提起离地，左臂向右上方直臂抬起，右臂侧平举。随后身体扭腰左转，左脚落地蹬起，右腿向后抬起，小腿向后折叠，左腿直腿后摆，脚面绷直，两臂向后上方顺势摆动，身体前俯，然后右脚先落地，还原初始动作（图6-70），向左转动反之。

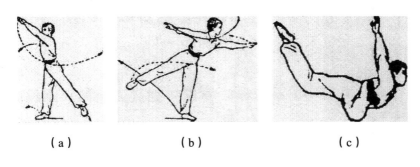

（a）　　　　　　　　（b）　　　　　　　　（c）

图6-70　旋子

要求与要点：两腿后摆高度要高于水平位置，要用腰带动身体完成动作。
练习步骤：腰背挺直，目视前方。

（五）跌扑滚翻练习

跌扑滚翻练习，对身体的平衡及灵活有一定的促进作用，抢背、鲤鱼打挺、乌龙绞柱、侧空翻等是跌扑滚翻常见的练习方式。

1. 抢背

两脚前后分开站立，后脚向前摆动，前脚蹬地发力跳起，低头俯身屈膝向前滚翻，双臂屈肘交叉置于头后（图6-71）。

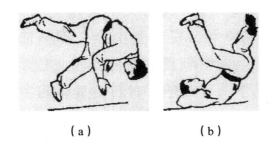

（a）　　　　　　　　（b）

图6-71　抢背

要求与要点：肩、背、腰、臀要依次着地，动作应敏捷灵活。

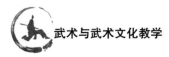
2. 鲤鱼打挺

仰卧，髋关节屈带动下肢直腿向后上方摆动，双手自然置于膝关节处，当脚面与脸相对时，迅速向下摆动，向上挺腰、展腹，双脚落地站起，脚尖向前（图 6-72）。

（a）　　　　　　　　（b）

图 6-72　鲤鱼打挺

要求与要点：借助腰腹力量挺起，双腿快速下摆，两脚落地后间距应窄于肩宽。

3. 乌龙绞柱

侧卧，双手撑地，右腿伸直，脚面内侧着地，左腿屈膝，左脚置于右腿膝关节处；右腿直腿由左向右从身体上方绕一周，左腿顺势自然抬起，两腿直腿在空中相绞，身体变为仰卧，上身抬起，头着地，双臂屈肘，双手置于头后，如图 6-73 所示，另一边反之。

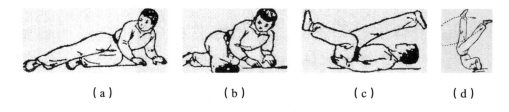

（a）　　　　　　（b）　　　　　　（c）　　　　　　（d）

图 6-73　乌龙绞柱

4. 侧空翻

两脚分开站立，左侧翻时，左腿屈膝蹬地，右腿从体侧向上摆起，左腿顺势抬起上摆，身体向左侧翻一周，右腿直腿先落地（图 6-74），右侧翻反之。

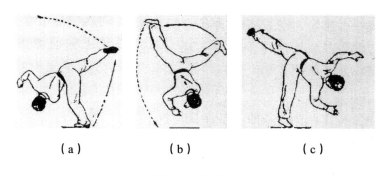

（a）　　　　　（b）　　　　　（c）

图 6-74　侧空翻

要求与要点：两腿伸直，动作要迅速敏捷。

第二节　武术徒手套路教学内容

一、青年拳

青年拳是中学体育课的必修内容之一，其在大学的武术教学中也占有重要的地位。它是长拳类型的套路，动作舒展流畅，具有鲜明的攻防意识。

（一）青年拳的基本功与套路

套路是由不同基本功动作组合而成的，掌握青年拳的基本功是顺利完成套路的前提条件。在青年拳的教学中要激发学生学习的兴趣，提高学生参加体育项目的积极性，进一步促进学生武术意识的形成及武术技能的掌握。青年拳的课堂内容应将基本功动作、功法动作、跳跃动作等紧密结合，并对三组动作进行组合性反复练习，使学生不断将动作信息传递给中枢神经，从而提高学生的感知能力，促进学生身体形成正确的动力定性，使学生充分地体会武术动作的发力、出击时机等情况。同时，还应对学生进行练习方法的教学，为学生的自主练习以及套路练习奠定基础，充分体现学生的主体地位。在熟练掌握基本功的基础上，教师可以通过趣味性强的练习方式对难点进行教学，以提高学生对套路的掌握，使学生更加深入地了解青年拳中蕴含的武术意识与精神。

（二）青年拳甲段动作名称及动作说明

甲段单练共计15个动作，内容包括拳、掌、勾3种手型，弓步、马步、虚步、丁步4种步型，冲拳、托掌、按掌、击掌、架掌5种手法，横肘1种肘法，缠腕1种拿法，以及弹踢、勾踢、蹬腿3种腿法。从套路结构看，步法有进有退、

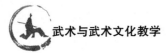

招法有攻有防，并有完整的起势、收势。以下仅以一侧为例展示整套套路，另一侧反之。

1. 起势

（1）并步抱拳

两臂垂于身体两侧，随即两手握拳收抱于腰侧，拳心均向上；目向前平视（图6-75）。

图6-75　并步抱拳

（2）弓步十字手

左脚向前一步呈左弓步姿势，同时两拳变掌，两腕交叉向前平伸，右掌在上，左掌在下，掌心均向外；目视两手（图6-76）。

图6-76　弓步十字手

（3）虚步勾手

重心后移，左脚回收半步呈左虚步姿势；同时两掌变勾手分别向两侧后下方挂勾，勾尖均向上；目向左平视（图6-77）。

图 6-77　虚步勾手

（4）上步对拳

左脚向前半步，右脚向前并步站立；同时两手握拳，直臂由两侧向前平举，拳心均向下；目向前平视（图 6-78）。

图 6-78　上步对拳

（5）抱拳

两拳屈肘收抱于腰侧，拳心均向上；目向前平视（图 6-79）。

图 6-79　抱拳

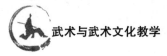

（6）并步按掌

两拳变掌由两侧向上画弧，至头顶时，掌心向下，手指相对，经胸前下落按于腹前，臂微屈；目向左平视（图6-80）。

图 6-80　并步按掌

2. 上步架打

左脚向左一步，身体向左转180度，右脚上一步呈马步姿势；同时两手握拳，右拳向右冲出，拳眼向上，力达拳面，左臂屈肘上架；目视右拳（图6-81）。

图 6-81　上步架打

3. 右架打

上体向右后转180度，左脚上一步呈马步姿势。同时左拳落下由腰间向左冲出，拳眼向上，力达拳面；右拳屈肘架于头前上方，拳心向前；目视左拳（图6-82）。

图 6-82　右架打

4. 弓步托掌

上体向左转 90 度，呈左弓步姿势；同时右拳变掌，由腰间向前上方托起，掌心向上，拇指分开；左拳变掌回收于右腋下，掌心向下；目视右掌（图 6-83）。

图 6-83　弓步托掌

5. 虚步挂掌

重心后移，左脚撤回半步呈左虚步姿势；左掌由下向前上方挂至左耳侧，掌心向右；右掌变拳回收于腰侧，拳心向上；目向前平视（图 6-84）。

图 6-84　虚步挂掌

6. 上步踢腿

左脚向前半步，腿微屈，右脚绷直向前平踢，力达脚尖；同时左掌变拳收于腰侧；目向前平视（图6-85）。

图 6-85　上步踢腿

7. 退步勾挂

右脚后落，上体向右转90度，左脚收至右脚侧呈丁步姿势；同时左拳变掌由体侧向后勾挂，至后方时呈勾手，勾尖向上；目向左平视（图6-86）。

图 6-86　退步勾挂

8. 上步架打

左、右脚先后上一步呈马步姿势，上体向左后转180度；同时右拳由腰侧向右冲出，拳眼向上，力达拳面，左手握拳，屈肘架于头前上方，拳心向上；目视右拳（图6-87）。

图 6-87　上步架打

9. 架踹

上体向右转 90 度，右脚支撑，左脚勾起，以脚跟向前下方踹出；同时右拳变掌屈肘架于头上方，左拳收抱于左腰侧；目向前平视（图 6-88）。

图 6-88　架踹

10. 弓步击掌

左脚向前落步呈左弓步姿势，同时左拳变为立掌向前击出，掌指向上，力达掌外缘，右拳屈肘收抱于腰侧；目视左掌（图 6-89）。

图 6-89　弓步击掌

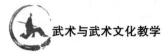

11. 勾踢

①右拳变掌前伸至左腕上，两腕交叉，掌心均向外［图 6-90（a）］。

②上动不停，重心移至左脚，上体向左转 45 度；同时两手分开，左掌屈肘架于头上方，掌心斜向上，右掌变勾经体侧向右侧伸直平举；目向前平视［图 6-90（b）］。

（a） （b）

图 6-90　勾踢

12. 小缠冲拳

①右腿屈膝提起，右勾变拳前伸，左手抓握右手腕［图 6-91（a）］。

②上动不停，右脚震地落步，左脚提起；同时右臂外旋，使两手呈向外抓握姿势回收于右腰侧［图 6-91（b）］。

③上动不停，上体右转，左脚向左落步呈马步姿势；同时左手变拳由腰侧向左冲出，拳眼向上，力达拳面，右拳屈肘收抱于右腰侧；目向左平视［图 6-91（c）］。

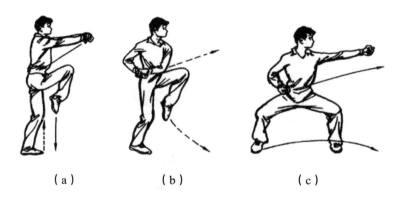

（a） （b） （c）

图 6-91　小缠冲拳

13. 上步击掌

上体向左后转180度，右脚上一步呈马步姿势；同时右拳变掌向右平击，指尖向上，力达掌外缘，左拳屈肘收抱于腰侧；目视右掌（图6-92）。

图6-92 上步击掌

14. 退步横肘

上体向右后转180度，右脚向后退一步，左脚收回半步呈左虚步姿势；同时左手握拳，小臂向右横击；目向左平视（图6-93）。

图6-93 退步横肘

15. 跳步横肘

①右脚蹬地，左脚随即屈膝上摆跳起，同时左拳向左下方带臂摆动［图6-94（a）］。

②上动不停，左脚落步，右腿随即向右落步，两腿屈膝呈马步姿势；同时左小臂由后向前横击；目向左平视［图6-94（b）］。

（a）　　　　　　（b）

图 6-94　跳步横肘

16. 并步按掌

左脚向右脚并步站立，同时两拳变掌由两侧向头上画弧，然后经胸前下落按于腹前，臂微屈，掌心均向下；目向左平视（图 6-95）。

图 6-95　并步按掌

17. 收势

两臂垂直于体侧，五指并拢贴靠于腿外侧；目向前平视（图 6-96）。

图 6-96　收势

（三）青年拳乙段动作名称及动作说明

乙段单练共计16个动作，内容包括拳、掌、勾3种手型，弓步、马步、虚步、仆步、丁步5种步型，冲拳、击掌、横掌、砸拳、勾挂、下压、按掌7种手法，横肘1种肘法，以及垫步、跃步、跳步、进步、退步、撤步6种步法。从套路结构看，招法有攻有防，步法有进有退，架势有高有低，与甲段相配为伍，形成对练。以下也仅以一侧为例展示，另一侧反之。

1. 起势

起势与甲段相同。

2. 垫步冲拳

①上体向左转90度，左脚向前跨跳一步，右腿屈膝提起，两拳抱于腰侧，拳心均向上；目视前方［图6-97（a）］。

②上动不停，右脚向前落步呈右弓步姿势；同时右拳由腰间向前冲出，拳眼向上，力达拳面；目视右拳［图6-97（b）］。

（a）　　　　　　　　　　（b）

图6-97　垫步冲拳

3. 退步横掌

右脚向后退一步呈左弓步姿势，同时左拳变掌向左前方横击，掌心向上，力达掌外缘，右拳收抱于腰间；目视左掌（图6-98）。

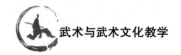

图 6-98　退步横掌

4. 弓步击掌

右拳变掌，向左横击，掌心向下，左掌回收于右腋下，掌心向下；目视右掌（图 6-99）。

图 6-99　弓步击掌

5. 右横掌

①重心后移，左脚后撤半步呈左虚步姿势；同时左手顺右臂向前抓，掌心向前，右臂屈肘至头上方，掌心斜向前上；目视左手［图 6-100（a）］。

②上动不停，左脚向前上半步呈左弓步姿势；右掌向前横击，掌心向上，力达掌外缘，左手握拳收抱于腰侧；目视右掌［图 6-100（b）］。

（a）　　　　　　　　　　　（b）

图 6-100　右横掌

6. 退步砸拳

上体向左转90度，左脚向后退一步呈右仆步姿势；右掌变拳向前下方砸击，拳心向上，力达拳背；目视右拳（图6-101）。

图 6-101　退步砸拳

7. 跳踢

重心前移，左腿屈膝前摆，右脚蹬地跳起；在左脚下落的同时右脚尖绷直前踢，力达脚尖，两拳收抱于腰间；目视右脚（图6-102）。

图 6-102　跳踢

8. 马步横打

上体向左转90度，右脚向右落步呈马步姿势；同时右拳向前横打，拳心向下，力达拳面；目视右拳（图6-103）。

图 6-103　马步横打

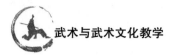

9. 退步横掌

上体向右转 180 度，右脚后退一步呈左弓步姿势；同时左拳变掌，向右横击，掌心向上，力达掌外缘，右拳屈肘收抱于腰侧；目视左掌（图 6-104）。

图 6-104　退步横掌

10. 退步勾挂

左脚收至右脚内侧呈丁步姿势，同时左掌变勾向后勾挂；目视左下方（图 6-105）。

图 6-105　退步勾挂

11. 退步击掌

右脚后撤一步呈左弓步姿势，同时左勾手变掌由腰间向前直击，掌指向上，力达掌外缘；目视左手（图 6-106）。

图 6-106　退步击掌

12. 换步击掌

右脚向前上一步，膝关节屈，左腿退一步，膝关节伸直蹬地，呈右弓步姿势；右拳变掌从腰间向前推出，掌心向前，指尖向上，左掌变拳，左臂外旋收于腰间；目视右手（图6-107）。

图 6-107　换步击掌

13. 挂压

①右脚撤回半步呈右虚步姿势，右掌变拳收抱于腰侧；同时左拳变掌，屈肘架于头上方，掌心向前；目向前平视［图6-108（a）］。

②右腿向右横挂呈右仆步姿势，同时右拳变掌由右向前下方压，掌心向前下方；目视右掌［图6-108（b）］。

（a）　　　　　　　　（b）

图 6-108　挂压

14. 横肘

重心移至右腿上，右腿屈膝半蹲，左脚向前移半步呈左虚步姿势；同时左手握拳，屈肘小臂向左横击，拳心向后，右掌变拳收抱于腰间；目向左平视（图6-109）。

图 6-109　横肘

15. 上步冲拳

①右脚向前上一步，上体向左转 90 度，左脚提起；同时左拳变勾手向下勾挂 [图 6-110（a）]。

②上动不停，左脚前落，上体向左转 90 度，右脚上一步呈马步姿势；同时右拳向右冲出，拳眼向上，力达拳面，左勾手变拳屈肘收抱于左膝侧；目视右拳 [图 6-110（b）]。

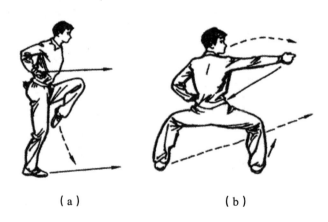

（a）　　　　　　　　　　　（b）

图 6-110　上步冲拳

16. 跳步抈打

①上体向右转 90 度，左腿屈膝前摆，右脚蹬地跳起；同时左拳变掌向前抓掳，右拳屈肘收抱于腰侧 [图 6-111（a）]。

②上动不停，右脚向前落步呈右弓步姿势；同时右拳向前冲出，拳眼向上，力达拳面，左掌变拳收抱于腰间；目视右拳 [图 6-111（b）]。

（a）　　　　　　　（b）

图 6-111　跳步捋打

17. 撤步按掌

①右脚向后撤一步，上体向右转180度；同时两拳变掌向两侧分开［图6-112（a）］。

②上动不停，左脚移向右脚，并步站立；同时两掌向头上画弧，再经胸前下落按掌于腹前，臂微屈，掌心向下；目向左平视［图6-112（b）］。

（a）　　　　　（b）

图 6-112　撤步按掌

18. 收势

还原呈立正姿势，目向前平视。

二、二十四式太极拳

太极拳作为我国非物质文化遗产之一，在中国乃至全世界得到了广泛的传承和发展。二十四式太极拳是在杨式太极拳的基础上改编而成的，其强大的适应性、健身性、直观性以及简洁明了、简单易学的特征使其成为广大人民群众

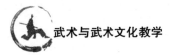

首选的日常运动项目之一，太极拳项目的推广与普及效果显而易见。同时，我国还推行了武术进校园的相关政策，太极拳成为各大、中、小学武术运动项目的首选。太极拳种类繁多、形式多样，但各学校对太极拳教学内容以及教学形式的选择均存在一定问题。学生虽然能够掌握一定的太极拳技术动作，但不能对太极拳所蕴含的中华民族传统文化有深层次的认知与理解，这违背了太极拳普及与推广的本质，更不利于我国传统文化的传承与发展。

（一）"二十四式太极拳"的技法特点

1. 心静体松

太极拳注重对人内在的培养，练拳时应心无杂念，达到忘我的境界，将注意力全部集中到气息与动作的运行上，"静"是习太极拳者应具备的基本能力；含胸拔背、沉肩坠肘、塌腕舒指是对"松体"最贴切的解释，这并不是要求习拳者的身体疲软无力，而是通过神经系统的控制，在意念上促使身体各器官、组织达到最放松的状态。

2. 圆活连贯

太极拳动作行云流水、连绵不断，完成动作的"圆活连贯"程度是判断习拳者对动作的掌握情况以及功夫的高低情况的一个依据。上下肢及躯干的协调配合，是实现太极拳单式连贯性的前提条件，动作的完成应以腰为轴，将力量从腰部向下经过髋、膝、踝、足，向上经过背、肩、肘、手，依次传递，以腰带动全身。单式与单式之间的紧密衔接是实现太极拳整套动作连贯的前提条件。"圆活"则要求太极拳动作路线的圆滑以及动作的自然、活顺、不做作。

3. 虚实分明

"稳"是对太极拳"虚实分明"特征中"实"的准确诠释，主要体现在动作转换过程中重心高低的起伏情况，无论是动作招式的变换，还是左右方向的变化，一套太极拳打下来重心所划过的路径始终能够保持在同一水平线上。在太极拳动作中，虚实在上下肢左右侧不断转换，相互渗透，下肢以支撑腿为实，上肢以体现动作内容的手臂为实。

4. 呼吸自然

太极拳练习的呼吸方法有自然呼吸、腹式顺呼吸、腹式逆呼吸和拳势呼吸。以上几种呼吸方法，不论采用哪一种，都应自然、匀细，徐徐吞吐，要与动作自然配合。"气沉丹田"是对太极拳气息的基本要求。

（二）套路说明

1. 预备势

两脚并拢站立，双臂自然下垂于身体两侧，双手放松，头颈挺直，全身放松；目视前方（图 6-113）。

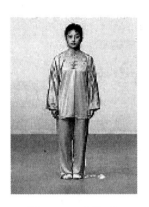

图 6-113　预备势

2. 起势（第一式）

①左脚开立：左脚向左分开，两脚平行同肩宽（图 6-114）。

图 6-114　左脚开立

②两臂前举：两臂慢慢向前举，自然伸直，两手心向下（图 6-115）。

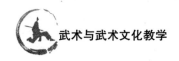

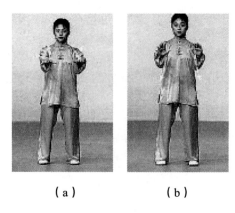

（a）　　　　　（b）

图 6-115　两臂前举

③屈腿按掌：两腿慢慢屈膝半蹲，同时两掌轻轻下按至腹前（图 6-116）。

图 6-116　屈腿按掌

学练要点：两脚脚尖向前，分腿时脚跟先提起，依次过渡到脚尖，要做到轻提轻放，动作柔和。两臂抬起时，两手高度要与肩平齐，肩关节、肘关节、腕关节放松，两肘要与膝关节相对，十指自然弯曲，下蹲动作与两臂下落要同时进行。

3. 左右野马分鬃（第二式）

（1）招式一：左野马分鬃

①抱球收脚：上体稍向右转，左臂外旋向内收于腹前，掌心向上，右臂上提收于胸前，掌心向下，两手掌心相对，环抱呈右抱球姿势，左脚收于右脚内侧，脚尖点地，身体重心落于右腿（图 6-117）。

（a）　　　　　　　　（b）

图 6-117　抱球收脚（左）

②弓步分手：上体向左转面向左前方，左脚向前跨出一步，右腿蹬地伸直，呈左弓步姿势；左掌向左上方提起，高度与眼平齐，掌心斜向上方，右手向右下方按压至身体右侧胯旁，掌心向下，两肘微屈；眼睛平视左手（图 6-118）。

（a）　　　　　　（b）　　　　　　（c）

图 6-118　弓步分手（左）

学练要点：上体保持正直，两臂自然微屈呈弧状，应以腰为轴带动身体转动。弓步时，膝盖不得超过脚尖，左右脚脚跟应分别落在中轴线两侧，左右间距应为 10 ～ 30 厘米。上下肢动作协调配合，各动作间要紧密衔接，不可出现肢体的僵直、动作的间断，身体重心移动轨迹应保持在一条水平线上。

（2）招式二：右野马分鬃

①抱球收脚：上体后坐，左脚尖抬起外撇约 45 ～ 60 度，身体以左脚跟为轴向左转动，左臂内旋收于胸前，掌心向下，右臂外旋向内收于腹前，掌心向上，两掌心相对，环抱呈左抱球姿势，同时右腿向前跟进落于左脚内侧（图6-119）。

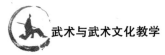

（a）　　　　　　（b）　　　　　　（c）

图 6-119　抱球收脚（右）

②弓步分手：右腿向右前方迈出，左腿自然伸直，呈右弓步姿势；同时上体向右转，左、右手随转体分别慢慢向左下、右上分开，右手高与眼平，肘微屈，左手落于左胯旁，手心向下，目视右手（图 6-120）。

（a）　　　　　　（b）

图 6-120　弓步分手（右）

学练要点：同前左野马分鬃。

（3）招式三：左野马分鬃

同前右野马分鬃，唯方向相反（图 6-121）。

（a）　　　　（b）　　　　（c）　　　　（d）　　　　（e）

图 6-121　左野马分鬃

学练要点：同前左野马分鬃。

4. 白鹤亮翅（第三式）

①跟步抱球：右跟步时，上体稍向左转，右脚脚跟提起，蹬地向前半步落于左脚后；同时左手在上，右手在下，两手掌心相对，肘关节微屈呈抱球姿势（图6-122）；左跟步反之。

图 6-122　跟步抱球

②虚步分手：左虚步时，上体后坐向右转，面向右前方，左脚提起向前一小步，脚尖虚点地，身体再向左转动，面向前方，同时右臂内旋提起至右额前，左手向左下方按压至左侧胯旁，头颈正直，目视前方（图6-123）；右虚步反之。

（a）　　　　（b）

图 6-123　虚步分手

学练要点：动作要含胸拔背，手臂自然弯曲呈半圆形，上下肢动作要协调配合。

5. **左右搂膝拗步（第四式）**

（1）招式一：左搂膝拗步

①收脚托掌：上体向右转动，右手从上方下落至右胯旁，掌心向上，再经体侧向上举至与头同高，掌心向上，左手上摆，上体向右转，左腿提起，重心渐渐转移到右腿，右手至头前下落，经右胯侧向后方上举，与耳尖同高，手心

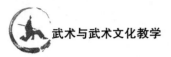

向上，左手向右上方摆动至右胸前，掌心向下；目视右手（图 6-124）。

（a）　　　　　　　　（b）　　　　　　　　（c）

图 6-124　收脚托掌（左）

②弓步搂推：左手下按并向右侧在膝关节上方搂过至身体左胯旁，掌心向下，右臂从耳旁向前推出，掌心向外，高度与眼平齐；上体向左转，左脚抬起向前迈一步，右腿蹬地伸直，呈左弓步姿势（图 6-125）。

（a）　　　　　　　　（b）

图 6-125　弓步搂推（左）

学练要点：转体及双手摆动时要以腰部为轴，提脚落脚时应注意脚尖、脚跟与前脚掌的过渡。

（2）招式二：右搂膝拗步

①收脚托掌：上体后坐，左脚尖抬起外展，以左脚脚跟为轴向左侧转动，右脚脚跟提起向前跟步至左脚内侧；右手内收下落至左胸前，掌心向斜下方，左臂外旋向左上方抬起至与耳同高，双臂肘关节微屈；目视左手（图 6-126）。

（a） （b） （c）

图 6-126 收脚托掌（右）

②弓步搂推：同前弓步搂推，唯左右相反（图 6-127）。

（a） （b）

图 6-127 弓步搂推（右）

学练要点：同前左搂膝拗步。

（3）招式三：左搂膝拗步

与右搂膝拗步动作相同，唯方向相反（图 6-128）。

（a） （b） （c） （d） （e）

图 6-128 左搂膝拗步

学练要点：同前左搂膝拗步。

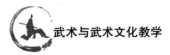

6. 手挥琵琶（第五式）

①跟步展臂：右跟步时，右脚提起向前跟进半步至左脚后侧，右臂内旋前伸（图6-129），左跟步反之。

图6-129　跟步展臂

②虚步合手：左虚步时，上体后坐向左转动，左脚提起前移呈虚步姿势，踝关节屈，脚跟点地；左臂外旋上举至与鼻尖平齐，掌心向右，右臂下落至左肘内侧，掌心向左，左脚尖虚点地面；目视左手食指（图6-130）。

（a）　　　　　（b）

图6-130　虚步合手

学练要点：手臂上举时，肘关节微屈，不可直臂上挑，同时肩关节下沉，不可耸肩；身体后坐、左手上举、右手回收三个动作要协调配合。

7. 左右倒卷肱（第六式）

（1）招式一：右倒卷肱

①退步卷肱：上体向右转动，右臂外旋至掌心向上经腹前由下向后上方划弧平举，左手随即翻掌向上，左脚提起向后退一步，落于右脚后方；目视左手（图6-131）。

（a）　　　　　　　（b）　　　　　　　（c）

图 6-131　退步卷肱（右）

②虚步推掌：右臂屈肘折向前，右手由耳侧向前推出，手心向前，左臂屈肘后撤至左肋外侧，上体稍向左转，重心后移，呈右虚步姿势；上体微向左转，同时左手随转体向后上方划弧平举，右手随即翻掌，掌心向上；左臂屈肘折向前，左手由耳侧向前推出，右臂屈肘时后撤至右肋外侧，同时右腿向后退一步，呈左虚步姿势；目视右手（图 6-132）。

（a）　　　　　　　（b）　　　　　　　（c）

图 6-132　虚步推掌（右）

学练要点：肘关节要自然弯曲，退步时两脚落地应左右分开，不能位于同一条直线上；要用腰部带动身体完成动作。

（2）招式二：左倒卷肱

①退步卷肱：同前退步卷肱，唯左右相反（图 6-133）。

181

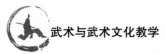

（a） （b） （c）

图 6-133　退步卷肱（左）

②虚步推掌：同前虚步推掌，唯左右相反（图 6-134）。

（a） （b） （c）

图 6-134　虚步推掌（左）

学练要点：同前右倒卷肱。

（3）招式三：右倒卷肱

同前右倒卷肱。

学练要点：同前右倒卷肱。

（4）招式四：左倒卷肱

同前左倒卷肱。

学练要点：同前右倒卷肱。

8. 左揽雀尾（第七式）

①抱球收脚：上体向右转动，右臂内旋向上抬起至胸前，掌心向下，左臂外旋向下摆动收于腹前，掌心向上，两掌心相对，呈抱球姿势；左脚抬起回收至右脚内（图 6-135）。

（a）　　　　　　（b）　　　　　　（c）

图 6-135　抱球收脚（左）

②弓步掤臂：上体向左转动，左脚向左前方上一步，右腿蹬地伸直，呈左弓步姿势；左手抬起架于体前，与肩平齐，掌心向后，右手向下按压至身体右侧胯旁，五指向前；目视左手（图 6-136）。

（a）　　　　　　　　（b）

图 6-136　弓步掤臂（左）

③转体摆臂：上体向左转动，左臂内旋，掌心向前，经体前划圆绕一周，右臂外旋向上画圆，前伸至左臂内侧（图 6-137）。

图 6-137　转体摆臂

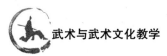
④转体后捋：上体后坐并向右转动，两手经腹前向右后上方画弧，直至右手手心向上，高与肩齐，左臂平屈于胸前，手心向后，目视右手（图6-138）。

图6-138 转体后捋（左）

⑤弓步前挤：上体微向左转，右臂屈肘折回，右手附于左手腕里侧，上体继续向左转，身体前移，后腿蹬地伸直呈弓步姿势，右手推动左臂向体前挤出，掌心向前（图6-139）。

（a） （b）

图6-139 弓步前挤（左）

⑥后坐引手：左手翻掌，手心向下，右手经左腕上方向前、向右伸出，高与左手齐；上体后坐，前腿脚尖抬起，脚跟着地，后腿膝关节屈；左手向下摆动，右手伸出，掌心向下；两手分开与肩同宽，两臂屈收后引收于腹前，掌心斜向下（图6-140）。

（a）　　　　　（b）　　　　　（c）

图 6-140　后坐引手（左）

⑦弓步前按：身体前移呈左弓步姿势；两手从下方向前上推出，高度与肩平齐（图 6-141）。

图 6-141　弓步前按（左）

学练要点：手臂及腕关节要自然放松；要以腰带动全身转动。

9. 右揽雀尾（第八式）

①转体分手：上体向右转动，左脚脚尖内收，右臂经面前向右展开，双臂对称举于身体两侧，掌心向外（图 6-142）。

（a）　　　　　（b）

图 6-142　转体分手

185

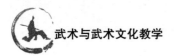

②抱球收脚：右脚提起回收至左脚内侧，右臂外旋向下摆动收于腹前，掌心向上，左手内收至胸前，掌心向下，两手掌心相对，呈抱球姿势（图6-143）。

（a）　　　　　　　（b）

图6-143　抱球收脚（右）

③弓步掤臂：同前弓步掤臂，唯左右相反（图6-144）。

（a）　　　　　　　（b）

图6-144　弓步掤臂（右）

④转体摆臂：同前转体摆臂，唯左右相反（图6-145）。

图6-145　转体摆臂（右）

⑤转体后捋：同前转体后捋，唯左右相反（图6-146）。

图6-146 转体后捋（右）

⑥弓步前挤：同前弓步前挤，唯左右相反（图6-147）。

（a） （b）

图6-147 弓步前挤（右）

⑦后坐引手：同前后坐引手，唯左右相反（图6-148）。

（a） （b） （c）

图6-148 后坐引手（右）

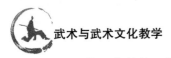

⑧弓步前按：同前弓步前按，唯左右相反（图6-149）。

图6-149　弓步前按（右）

学练要点：上体要保持正直，身体重心要平稳移动。

10.单鞭（第九式）

①转体运臂：上体向左转动，右脚尖内扣，右腿蹬直，左腿膝关节弯曲，身体后坐，重心转移至左腿，左手经体前向左侧平移，右手外旋向下摆动收于腹前；随后上体向左转动，左脚尖内扣，左腿蹬直，右腿膝关节弯曲，身体后坐，重心转移至右腿，左臂外旋向下摆动收于腹前，掌心向上，右手在面前划过至右上方，掌心斜向下（图6-150）。

（a）　　　　　　　（b）

图6-151　转体运臂

②勾手收脚：上体向右转动，左脚收于右脚内侧，脚尖点地，右臂内旋，右掌变勾手，左手翻掌随上体转动收于右大臂内侧，掌心向内；目视勾手（图6-151）。

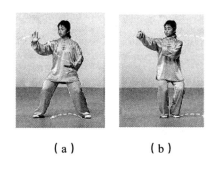

（a）　　　　（b）

图 6-151　勾手收脚

③弓步推掌：上体向左转动，左脚上一步，右腿蹬地伸直，呈左弓步姿势；左手内旋翻掌前推，右手保持原姿势不动（图 6-152）。

（a）　　　　（b）

图 6-152　弓步推掌

学练要点：上体要正直，肩部应下沉，全身动作要协调配合。

11. 云手（第十式）

①转体松勾：上体向右转动，重心右移，左手向下摆动收于腹前，掌心向上，右手变勾为掌（图 6-153）。

（a）　　　　（b）　　　　（c）

图 6-153　转体松勾

189

②左云收步：上体向左转动，右脚收于左脚左侧，两手交叉向左划弧摆动，左手翻掌至掌心向前，右手收于腹前，掌心向上；视线随左手运转（图 6-154）。

（a）　　　　　（b）

图 6-154　左云收步

③右云开步：上体向右转动，左脚向左跨一步，脚尖先着地，右腿微屈下蹲；右手提起从面前划过至右上方，与肩平齐，左臂外旋内收（图 6-155）。

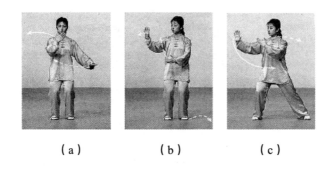

（a）　　　　（b）　　　　（c）

图 6-155　右云开步

④左云收步：同前左云收步（图 6-156）。

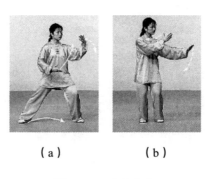

（a）　　　　　（b）

图 6-156　左云收步

⑤右云开步：同前右云开步（图 6-157）。

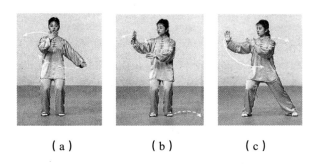

（a）　　　　（b）　　　　（c）

图 6-157　右云开步

⑥左云收步：同前左云收步（图 6-158）。

（a）　　　　（b）

图 6-158　左云收步

学练要点：动作要连贯、不间断，要以腰带动身体转动，重心应无过度起伏。

12. 单鞭（第十一式）

①转体勾手：身体向右转动，右手经面前划过至右肩前，变掌为勾手，左手经腹前向上画弧停于右肩，手心向里（图 6-159）。

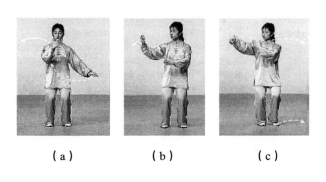

（a）　　　　（b）　　　　（c）

图 6-159　转体勾手

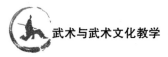

②弓步推掌：同前弓步推掌。

学练要点：同前单鞭。

13. 高探马（第十二式）

①跟步翻手：左腿提起向前跟半步，左手变勾手为掌，两臂外旋翻掌，掌心向上，肘关节自然弯曲，头部向左转动，目视左手（图6-160）。

图 6-160　跟步翻手

②虚步推掌：上体向右转动，左脚提起微前伸，脚尖着地，右手向上抬起回收，从耳边向前推出，左手姿势不变，向后回收至腹前，掌心向上（图6-161）。

图 6-161　虚步推掌

学练要点：上体要保持正直，右手推、左手收与左脚动作要同时进行。

14. 右蹬脚（第十三式）

①穿手上步：左手向上提起插于右手上方，掌心斜向上，上体向左转动，左脚提起向左前方上一步，脚跟先着地（图6-162）。

（a）　　　　　（b）

图 6-162　穿手上步

②分手弓步：重心前移，左脚全脚掌着地，膝关节屈，右腿蹬地伸直，呈左弓步姿势；两手向上从头顶划过，向外展开下落，指尖与鼻尖平齐，掌心向外；目视右手（图 6-163）。

图 6-163　分手弓步

③抱手收脚：右脚向前跟进至左脚内侧，脚尖点地；两手向下做弧形摆动内收至胸前，上手交叉，掌心向内（图 6-164）。

图 6-164　抱手收脚

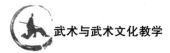

④分手蹬脚：提右膝，脚尖下压，小腿向右前侧 30 度方向蹬出，脚尖勾起，力达脚跟；两手翻掌，两臂外展，腕关节与肩平齐；目视右手（图 6-165）。

（a）　　　　　　　（b）

图 6-165　分手蹬脚（右）

学练要点：右脚脚尖回勾，右臂与右腿相对，分手与蹬腿两个动作要同时进行。

15. 双峰贯耳（第十四式）

①屈膝并手：右小腿折叠回收，双臂外旋内收至右腿膝关节上方，两臂平行，掌心向上（图 6-166）。

（a）　　　　　　　（b）

图 6-166　屈膝并手

②弓步贯掌：右腿自然下落前伸，脚跟着地，膝关节屈。左腿蹬地伸直，呈右弓步姿势；双手变掌为拳，身体微后倾，双臂后引，双拳从腰间向上经耳侧向前推出至头前，拳心向右下方（图 6-167）。

（a） （b）

图 6-167 弓步贯掌

学练要点：上体要保持正直，贯拳时肩关节、肘关节下应沉。

16.转身左蹬脚（第十五式）

①转体分手：身体后倾，右腿脚尖抬起，脚后跟着地，左腿膝关节微屈，上体向左侧转动，右脚尖内扣，变拳为掌，双臂展开从身体两侧下落，掌心向外；目视左手（图 6-168）。

（a） （b）

图 6-168 转体分手

②抱手收脚：左脚回收至右脚内侧，双臂自然下摆内收，抱于胸前，掌心向内（图 6-169）。

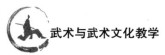

（a）　　　　　　　　　　　（b）

图 6-169　**抱手收脚（左）**

③分手蹬脚：同右蹬脚，唯左右相反（图 6-170）。

（a）　　　　　　　　（b）　　　　　　　（c）

图 6-170　**分手蹬脚（左）**

学练要点：注意脚尖内扣，分手与蹬腿要同时进行。

17. 左下势独立（第十六式）

①收脚勾手：左腿小腿回勾至右小腿内侧；上体向右转动，右臂内收，变掌为勾手，左臂内收至右大臂内侧，掌心向右；目视勾手（图 6-171）。

（a）　　　　　　　　　（b）

图 6-171　收脚勾手

②仆步穿掌：上体向左转动，左腿落下，向左侧伸出，右腿膝关节屈，下蹲呈左仆步姿势；左臂外旋下落，左手经右肋沿左腿内侧向左穿出，掌心向前；目视左手（图 6-172）。

（a）　　　　　　　　　（b）

图 6-172　仆步穿掌（左）

③弓腿起身：身体抬起，重心前移，左腿屈膝，右腿蹬地伸直，呈左弓步姿势；左臂向上抬起，指尖向上，右臂内旋置于身后（图 6-173）。

图 6-173　弓腿起身（左）

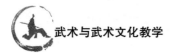

④独立挑掌：上体向左转动，右腿蹬地，提膝向前，左臂内旋向下按压至左侧胯旁，右手变勾手为掌，经体侧由下至上抬起至指尖与眼平齐，掌心向左，指尖向上（图6-174）。

（a）　　　　　　　　（b）

图6-174　独立挑掌（左）

学练要点：穿掌时上体要正直，要注意动作与两脚内外旋转的配合。

18. 右下势独立（第十七式）

①落脚勾手：右脚自然下落至左脚前方，上体向左侧转动，左脚以脚跟为轴，向左侧转动90度，左手变掌为勾手提起至与肩平齐，右手向内划弧至左肩，掌心向左；目视勾手（图6-175）。

（a）　　　　　　　　（b）

图6-175　落脚勾手

②仆步穿掌：同前仆步穿掌，唯左右相反（图 6-176）。

（a）　　　　　　（b）

图 6-176　仆步穿掌（右）

③弓腿起身：同前弓腿起身，唯左右相反（图 6-177）。

图 6-177　弓腿起身（右）

④独立挑掌：同前独立挑掌，唯左右相反（图 6-178）。

（a）　　　　　　（b）

图 6-178　独立挑掌（右）

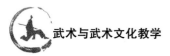

练习要点：右脚下落时，着地点距离左脚约 20 厘米。

19. **左右穿梭（第十八式）**

（1）右穿梭

①落脚抱球：左脚自然下落，向左前方伸出，脚尖外展，右脚向前跟步至左脚内侧，脚尖点地；左手在上，右手在下，呈抱球姿势（图 6-179）。

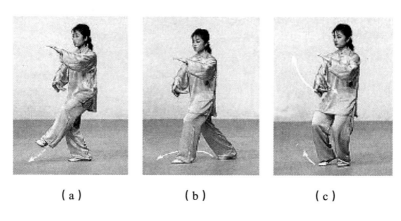

（a）　　　　　　　　（b）　　　　　　　　（c）

图 6-179　落脚抱球

②弓步架推：上体向右转动，右脚提起，向右前方伸出，脚跟着地，重心前移，右腿膝关节屈，左腿蹬地伸直，呈右弓步姿势；右手向上抬起至头顶上方，掌心向上，左手向下按压至腹前，掌心向下；上体向右转动，左臂内旋翻掌，与右臂同时向前推出，高与鼻平；目视左手（图 6-180）。

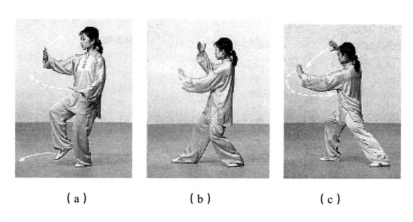

（a）　　　　　　　　（b）　　　　　　　　（c）

图 6-180　弓步架推（右）

学练要点：弓步与推掌同时进行。

（2）左穿梭

①抱球收脚：身体后坐，右脚尖外撇，脚跟着地，左腿膝关节微屈，左腿向前跟步至右脚内侧，脚尖点地，左臂外旋内收至腹前，两手掌心相对，呈抱球姿势（图6-181）。

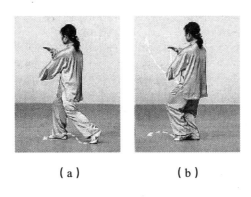

（a）　　　　　　（b）

图6-181　抱球收脚

②弓步架推：同前弓步架推，唯左右相反（图6-182）。

（a）　　　　　　（b）

图6-182　弓步架推（左）

学练要点：同右穿梭。

20. 海底针（第十九式）

①跟步提手：右腿向前跟半步至左脚右后方，右腿屈膝，身体后坐右转，右臂屈肘上提，掌心与右耳相对，左臂收于腹前，掌心向下［图6-183（a）］。

②虚步插掌：上体向左转动并俯身向前，左脚提起，向左前方伸出，脚尖点地；左手向左侧平移置于大腿内侧，右手向前下方斜插；目视右手［图6-183（b）］。

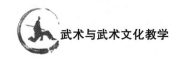

（a） （b）

图 6-183 跟步提手、虚步插掌

学练要点：右手提起高度要与耳朵相平，上体要保持正直。

21. 闪通臂（第二十式）

①提手收脚：上体抬起，左脚收至右小腿内侧，右臂向上抬起至头部右上方，左手上抬置于右腕内侧［图 6-184（a）］。

②弓步推掌：左脚抬起向前伸出，脚跟先着地，膝关节屈，右腿蹬地伸直呈左弓步姿势；左右向前推出，掌心向前；目视左手［图 6-184（b）、（c）］。

（a） （b） （c）

图 6-184 提手收脚、弓步推掌

学练要点：前手、前腿上下要相对。

22. 转身搬拦捶（第二十一式）

①转体扣脚：身体后移，左脚脚尖内扣，身体向右转动，与此同时，左臂向上，掌心向斜上方，右臂向下摆动，掌心向前；目视右手［图 6-185（a）］。

②坐腿握拳：左腿屈膝，右腿伸直，脚尖点地；右手变掌为拳，向下摆动收于腹前，拳心向下；眼向前平视［图 6-185（b）、（c）］。

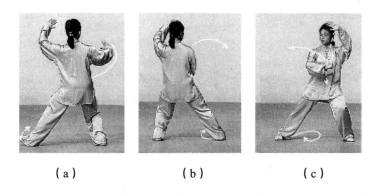

（a）　　　　　　　（b）　　　　　　　（c）

图 6-185　转体扣脚、坐腿握拳

③踩脚搬拳：右脚提收至左脚内侧，再向前迈出，脚跟着地，脚尖外展；右臂外旋，向上抬起，经体前划弧环绕向前搬压，拳心斜向上，与胸平齐，左手向下按压于左胯旁；目视右拳（图 6-186）。

（a）　　　　　　　（b）

图 6-186　踩脚搬拳

④转体收拳：上体继续向右侧转动，右脚脚尖外展，右拳向右后方划过至右胯旁（图 6-187）。

图 6-187　转体收拳

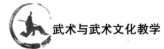

⑤上步拦掌：左脚提起向前跟步，脚跟着地，左臂外旋向前划弧，掌心向右；目视左掌（图6-188）。

（a）　　　　　　　　　　（b）

图6-188　上步拦掌

⑥弓步打拳：上体向左转动，身体前移，左腿膝关节屈，右腿蹬地伸直呈左弓步姿势，右拳从腰间推，与肩平齐，拳眼向上（图6-189）。

图6-189　弓步打拳

学练要点：注意脚尖内扣与外展。

23.如封似闭（第二十二式）

①穿手翻掌：左臂外旋从右臂下方穿出，同时变右拳为掌，向上翻掌，两手交叉举于体前（图6-190）。

（a）　　　　　（b）

图 6-190　穿手翻掌

②后坐收掌：身体后坐，左腿脚尖抬起，脚跟着地，两臂内旋翻掌后引，掌心向下，收于腹前；目视前方（图 6-191）。

（a）　　　　　（b）

图 6-191　后坐收掌

③弓步按掌：重心前移，左腿膝关节屈，右腿蹬地伸直，两臂由下向前上方推出，与肩平齐（图 6-192）。

（a）　　　　　（b）

图 6-192　弓步按掌

学练要点：上体要保持正直。

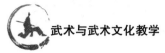

24. 十字手（第二十三式）

①转体扣脚：上体向右转动，左脚脚尖抬起内扣，右腿膝关节屈，右手经体前向右摆动，两掌心向外；目视右手（图6-193）。

图6-193　转体扣脚

②弓腿分手：上体向右转动，右脚脚尖外展，膝关节屈，呈侧弓步姿势，右手划至身体右侧，两臂侧平举，手心皆向外；目视右手（图6-194）。

图6-194　弓腿分手

③交叉搭手：上体向左转动，左腿膝关节微屈，右脚脚尖内扣；双臂下落交叉呈十字状，手心皆向内（图6-195）。

图6-195　交叉搭手

④收脚合抱：上体转正，右脚向左跨一小步至左脚左侧约一脚距离，膝关节伸直，双手向上举起环抱至胸前（图 6-196）。

图 6-196　收脚合抱

学练要点：动作间要连贯、不间断，双手下落时腰背要挺直。

25. 收势（第二十四式）

①翻掌分手：两臂内旋翻掌，向下打开落于身体两侧，掌心向下；目视前方（图 6-197）。

（a）　　　（b）

图 6-197　翻掌分手

②并脚还原：左脚向右跨步，与右脚并拢，恢复成预备姿势（图 6-198）。

207

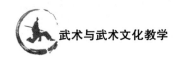

图 6-198　并脚还原

学练要点：双臂分开下落与直膝动作要同时进行。

第三节　武术器械套路精选

一、初级刀术

（一）技法特点

在武术中，刀术套路有着不同的风格和特点，虽然有很多不同的变化方式，但在技术特点上基本相同，可以概括为以下几点。

1. *刀如虎，气势凶猛*

刀的形状是刀的背面厚而钝，刀的刃薄而锋利。刀法以劈、砍为主要招式，讲究快、疾、猛、狠的动作气势，故有"短兵利在速进"之说。程宗猷在《单刀法选》中讲道："刀不离身左右前后，手足肩臂与刀俱转，舒之可刃人于数步之外，敛之可转舞于座间。"刀法操练时，刀快步疾、缠裹绕身、倏忽纵横，给人以猛虎般的气势，因此常将刀法与老虎做比较。

2. *刀法快速而神秘*

刀法讲究虚实结合、刚柔并济、有奇有正，人们在刀法操练的过程中总结出了"刀走黑"的经验，以此来解释刀法的神秘莫测。程宗猷的《单刀法选》说："其用法，左右跳跃，奇诈诡秘，人莫能测，故长技每每常败于刀。"由此可见，刀法不仅如猛虎般凶猛，而且快速、神秘、变幻莫测，这也是其技法的一大特点。

3. *以腰助力，步疾刀猛*

刀法的主要内容是劈、砍、斩、削、扫等。在使用上，习练者很多时候要用腰助力，以增加攻击力。与此同时，习练者通过身法的摇动、俯仰、扭转等大幅度动作，可以增加运动范围，因此，有一种说法是"其用法，唯以身法为要"。要想发挥出刀法的功效，不仅要具有敏捷的身法，还需要灵活的步法，这是最重要的。"短兵进退须足利，足如脱兔身如风"（《手臂录》）。因此，灵活、快速的步法是练习刀法的基本要求。

（二）套路说明

以下仅一侧为例展示整套套路，另一侧反之。

1. 预备势

两脚并立，左手虎口朝下，拇指在前，其余四指放在后面，握住刀柄，手腕部紧贴刀盘，刀刃向前，刀尖向上，刀背紧贴前臂内侧；右手的五个手指并拢，在身体的右侧垂放；眼睛看着前方（图6-199）。

图6-199　预备势

2. 第一段

（1）起势

两手同时握刀，从两侧向额上方绕环，绕到额前上方的时候，右手拇指打开，贴着刀盘，接握左手刀（图6-200）。

图6-200　起势

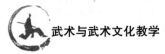

要点：两臂向额前上方绕环的动作必须统一协调。

（2）弓步藏刀

①右腿屈膝，稍微下蹲，左脚向左上一步；右手持刀，从左肩外侧向身后绕行，左臂向内旋转，向左伸出；眼睛直视左侧［图6-201（a）］。

②上身向左转，左腿屈膝，右腿伸直，呈左弓步姿势；右手握刀，手心向上，随转身之势从身后向左前方平扫，至左肋时手臂向内旋转，手心朝下，刀背贴于左肋，刀尖朝后，左臂随之屈肘，举至头顶呈横掌状；眼睛直视前方［图6-201（b）］。

（a）　　　　　　　　　　（b）

图6-201　弓步藏刀

要点：缠头的时候，刀背要贴着脊背绕行；扫刀的时候，刀身要平，扫刀必须迅速、有力。

（3）虚步藏刀

①上身向右转，左腿伸直，右腿屈膝，呈右弓步姿势；右手握刀，手心向下，随转身之势向右平扫，刀背朝前，同时左掌向左侧平落，手心向下；眼睛注视刀身［图6-202（a）］。

②扫刀时右臂向外旋转，手心朝上，使刀背向身后平摆［图6-202（b）］。

③右脚以前脚掌为轴碾地，同时上身左转，左脚后收半步呈虚步姿势；刀尖朝下，从右肩向背后绕行；同时左手由下方向右腋处弧形绕环；眼睛直视左前方［图6-202（c）］。

④右手握刀，从左肩外侧向下、向后拉回，肘略屈，刀刃朝下，刀尖朝前，同时左手呈立掌状向前平推，掌指朝上；眼睛注视左掌［图6-202（d）］。

（a）　　　　　　（b）　　　　　　（c）　　　　　　（d）

图 6-202　虚步藏刀

要点：上述 4 个动作一定要紧凑连贯；扫刀要平，绕刀时刀背要紧贴脊背。

（4）弓步扎刀

左脚稍前移踏实，同时右脚向前上一步，呈右弓步姿势；左掌向后直臂弧形绕环至身后平举变勾手，勾尖朝下，同时右手持刀向前扎刀，刀刃朝下，刀尖朝前；眼睛注视刀尖（图 6-203）。

图 6-203　弓步扎刀

要点：刀尖和右手、右肩要保持在一条线上，上身向前轻探，力达刀尖。

（5）弓步抡劈

①左脚向左斜前方仆步，呈左弓步姿势；右手持刀，手臂向内旋转、屈腕，使刀尖由左斜前方向上挂起，刀刃朝上，左勾手变掌贴于右肘处；眼睛注视刀身［图 6-204（a）］。

②右手持刀从上向右斜前方劈下，刀尖上翘，同时左臂屈肘上举，至头顶上方变横掌；眼睛注视刀尖［图 6-204（b）］。

（a）　　　　　　　　　　（b）

图 6-204　弓步抡劈

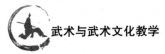
要点：2个动作要连贯有力，和步法保持一致。

（6）提膝格刀

左脚尖向外，同时右腿提膝；刀由前下向左上方横格，并于胸前保持垂直，刀刃向左，刀尖朝上；左掌横放在刀背上；眼睛注视刀身（图6-205）。

要点：整套动作要迅速、连贯。

图6-205　提膝格刀

（7）弓步推刀

①右脚向前落步；右手握刀向后、向下贴身弧形绕环，左掌同时从上向下按在刀背上面；眼睛注视刀尖［图6-206（a）］。

②上身稍微向右转，左脚上一步，呈左弓步姿势；右手握刀，同时向前撩推，刀刃斜朝上，刀尖斜朝下，左掌按住刀背向上；眼睛注视刀尖［图6-206（b）］。

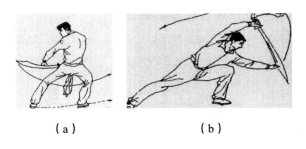

（a）　　　　　　　　　（b）

图6-206　弓步推刀

要点：注意刀法与步法的同步性。

（8）马步劈刀

上身向右转，两腿屈膝半蹲，呈马步姿势；右手握刀从左向上、向右劈下，刀尖上翘，与眉平齐，左拳曲肘横在头顶；眼睛注视刀尖（图6-207）。

图 6-207 马步劈刀

要点：动作要迅速、有力，马步两脚尖向内收。

（9）仆步按刀

右脚向右后方退一大步，同时右腿膝盖弯曲，全蹲，左腿伸直向前展开，呈左仆步姿势；上身稍微向右转，同时右手持刀做外腕花（以腕为轴，刀在右臂外侧向前下贴身立圆绕环），左掌向下按切，附于右手腕，刀尖朝左，刀刃朝下；眼睛注视左侧（图 6-208）。

图 6-208 仆步按刀

要点：退步与外腕花要迅速、有力，整套动作要求协调连贯，注意身体稍微向左轻探。

3. 第二段

（1）蹬腿藏刀

①右腿蹬直站立，左腿提膝独立，右手提刀向后拉，左掌向前方张开朝上；眼睛注视左掌［图 6-209（a）］。

②上身向左转；右手持刀从后往前由左膝下方朝左裹膝抄起，左臂弯曲，左掌贴于右臂；眼睛注视下方［图 6-209（b）］。

③右手持刀从左侧向后绕肩划过，左腿向右前方屈膝跨步，左掌向左平摆［图 6-209（c）］。

④右手持刀从肩膀外侧向前平扫，至左肋部时顺扫刀之势右臂内旋，刀背贴于胸前；左掌向上伸直，在头顶上方呈横掌状［图 6-209（d）］。

⑤右腿向前上方蹬起，脚尖伸直；眼睛注视脚尖［图 6-209（e）］。

213

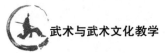

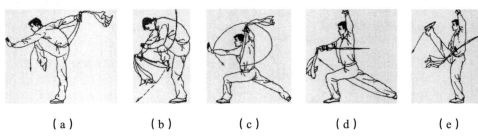

（a）　　　　（b）　　　　（c）　　　　（d）　　　　（e）

图 6-209　蹬腿藏刀

要点：缠头时动作要快，蹬腿要直，整套动作要保持连贯。

（2）弓步平斩

①右脚向前落步［图 6-210（a）］。

②左脚向前上一步，右脚提起的同时向右后方转；右手持刀，转身时平扫一周，左掌从上向后方平摆，掌心向上［图 6-210（b）］。

③右手持刀外旋，刀尖朝下，使刀从右肩外侧向后绕行，右腿向后撤，呈左弓步姿势；右手持刀贴于左肋，左掌向上伸直，在头顶上方呈横掌状；眼睛注视前方［图 6-210（c）］。

④上身向右转，呈右弓步姿势；右手持刀，手心朝下，向右平扫，扫腰斩击，刀尖朝前，左掌同时从上向后平摆，掌指朝后；眼睛注视刀尖［图 6-210（d）］。

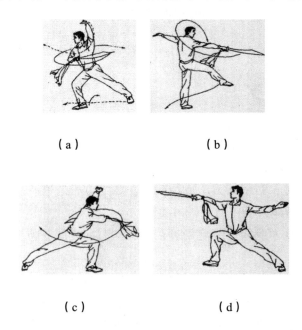

（a）　　　　　　　　（b）

（c）　　　　　　　　（d）

图 6-210　弓步平斩

要点：裹脑时，刀与脊背要紧贴；斩击动作时，刀与肩平齐，动作要有力。

（3）弓步带刀

①右手持刀外旋，刀刃向上，刀尖向下倾斜［图6-211（a）］。

②上身向左转，左腿半蹲，右腿伸直向前平铺；右手持刀向左屈肘带回，左臂屈肘，左掌贴于刀柄内侧；眼睛注视右侧［图6-211（b）］。

（a）　　　　　　　　　　（b）

图 6-211　弓步带刀

要点：整套动作要统一连贯，身体要向左微倾。

（4）歇步下砍

①上身稍微向上挺起；右手持刀，刀尖朝下，从右肩外侧往后绕行；同时左掌向左伸直［图6-212（a）］。

②左脚向右后方捅步；右手持刀从身后往左侧绕行，刀身水平、刀尖朝后，同时左掌向右腋处弧形绕环；眼睛注视右侧［图6-212（b）］。

③两腿全蹲呈歇步姿势；右手持刀在下蹲时向右下方斜砍，刀尖向前，左掌向左上方摆，呈横掌状；眼睛注视刀身［图6-212（c）］。

（a）　　　　　　（b）　　　　　　（c）

图 6-212　歇步下砍

要点：上面3个动作要连贯，下砍要有力。

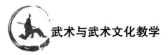

（5）弓步扎刀

上身向左转，双脚碾地，左脚稍微向前半步，呈左弓步姿势；右手持刀，向前伸直直扎，刀尖向前，左掌贴于右腕；眼睛注视刀尖（图6-213）。

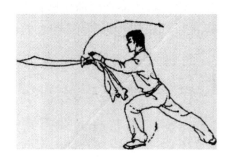

图6-213　弓步扎刀

要点：转身、碾地、上步与扎刀整套动作要一气呵成，扎刀要有力。

（6）插步反撩

①上身直立并右转，右脚不动，左脚向右前方活步；右手持刀，右臂向内旋转，使刀由前向上、向后绕行，左掌贴于右肩前侧〔图6-214（a）〕。

②右脚向左脚前方上一步，呈右弓步姿势；右手持刀向下、向前直臂弧形撩起，刀尖向前，左掌从右肩前向上绕行至头顶，掌心朝上，呈横掌状；眼睛注视刀尖〔图6-214（b）〕。

③右脚内扣，上身向左转；右手持刀，收于腹前，刀尖向上，左掌贴于右腕；眼睛注视刀尖〔图6-214（c）〕。

④左脚向右后方横迈一步呈左插步姿势；右手持刀，向后呈弧形撩刀，左掌向左上方伸直；眼睛注视刀尖〔图6-214（d）〕。

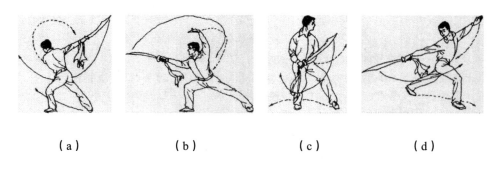

（a）　　　　　　（b）　　　　　　（c）　　　　　　（d）

图6-214　插步反撩

要点：上步要连贯，撩刀要走立圆，刀尖不可触地，力达刀刃前部。

（7）弓步藏刀

①左脚向前上一步，右手持刀内旋，使刀从左肩向后绕行，做缠头动作［图6-215（a）］。

②上身向左转，呈左弓步姿势；右手持刀，从后方向左平扫，顺势将刀贴于左肋，刀身平放，左拳屈肘，在头顶上方呈横掌状；眼睛注视前方［图6-215（b）］。

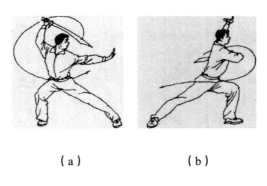

（a）　　　　　　　　（b）

图6-215　弓步藏刀

要点：缠头动作时，刀背要紧贴脊背，扫刀要迅速、有力。

4.第三段

（1）弓步撩刀

①左掌从上向右下弧形绕环至右肩前，眼睛注视左掌［图6-216（a）］。

②身体向左转，右脚上一步，左腿伸直，右腿屈膝半蹲，呈弓步姿势；左掌同时从下往左上方圆形绕环，至身后呈斜上举，掌心朝上，右脚上步时右手持刀，向左下方撩起，刀刃朝上，刀尖朝下；眼睛注视刀尖［图6-216（b）］。

（a）　　　　　　　　　　　（b）

图6-216　弓步撩刀

要点：上述动作要连贯、一气呵成。

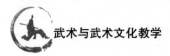

（2）插步反撩

①上身向左转，右腿伸直，左腿屈膝半蹲；右手持刀，从上向右后方弧形绕环，左臂屈肘，左掌贴于右胸，眼睛随刀转动［图6-217（a）］。

②上身向右转，左脚向身体右后方插步；右手持刀，从下往右反臂弧形撩刀，刀刃斜朝上，左掌同时以横掌向左推出，掌心向前，左肘略屈；眼睛注视刀尖［图6-217（b）］。

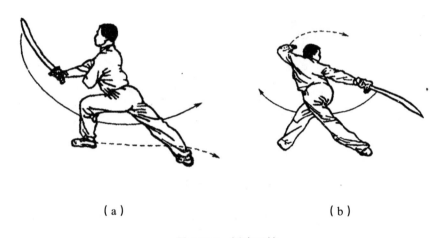

（a）　　　　　　　　　　　　（b）

图 6-217　插步反撩

要点：上述动作要一气呵成，插步反撩时上身应略向前俯。

（3）转身挂劈

①两脚以前掌为轴碾地，身体向后转；右手持刀，手腕向手背方向弯曲，使刀尖翘起，同时从下向左上方挑挂，刀刃向前，刀尖朝右上方，左掌随身体转［图6-218（a）］。

②身体继续后转，左腿在前，右腿在后，呈交叉状；右手持刀，同时从上向左下方弧形绕环，左臂屈肘，左掌贴于右腕；眼睛注视刀尖［图6-218（b）］。

③右脚向右跨步，右手持刀臂内旋，刀刃朝上；左掌从右向左下方弧形绕环［图6-218（c）］。

④右腿伸直，左脚抬起屈膝在腹前，上身向右倾；右手持刀，同时从上向右用力下劈，刀刃朝下，刀尖向上；左臂屈肘向上，举至头顶呈横掌状；眼睛注视刀尖［图6-218（d）］。

（a）　　　　　　　　　　　　　　（b）

（c）　　　　　　　　　　　　　　（d）

图 6-218　转身挂劈

要点：挂刀时注意反屈腕，刀尖不要扎地；整套动作要连贯。

（4）仆步下砍

①左腿屈膝，在左侧落步，右腿伸直；右手持刀，向外旋屈肘，刀刃向后，刀尖向下，从身后沿肩背绕行，左掌从上向下往右胸前弧形绕环，呈侧立掌状，掌指朝上［图 6-219（a）］。

②左腿屈膝下蹲，右腿伸直向前，呈仆步姿势；右手持刀从背后向左、向前、向右下方绕行平砍，刀刃朝右，刀尖朝前，左臂屈肘，左手在头顶上方呈横掌状；眼睛注视刀身［图 6-219（b）］。

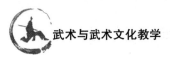

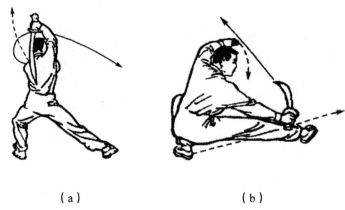

（a） （b）

图 6-219 仆步下砍

要点：平砍时，着力点在刀身后段。

（5）架刀前刺

①左腿蹬地起立并向右侧上一步，身体从右向后转，右腿屈膝；右手持刀臂向内旋转，刀刃朝上横架，左掌贴于右手腕处；眼睛注视左侧［图 6-220（a）］。

②左脚以前脚掌为轴碾地，右腿屈膝提起，身体向右后转；同时右手持刀上举，转身后，两臂屈肘使刀平落［图 6-220（b）］。

③右脚屈膝半蹲，向前落步，左腿挺膝伸直；右手持刀向前直刺，同时左掌向左后方平伸，掌指朝上；眼睛注视刀尖［图 6-220（c）］。

（a） （b） （c）

图 6-220 架刀前刺

要点：整套动作必须连贯、一气呵成；转身时注意刀尖的方向不变。

（6）左斜劈

①两脚以前脚掌为轴碾地，同时上身向右转；右手持刀臂向内旋转，刀尖朝下，从左肩外侧向后方绕行；左手从右向左前方弧形平摆；眼睛注视左手［图6-221（a）］。

②左腿屈膝提起，右手持刀从后沿身前向左下方绕环下劈，左掌附于右前臂，上身稍微前倾［图6-221（b）］。

③劈刀时右臂屈腕向内旋转，使刀尖向左后上方摆起［图6-221（c）］。

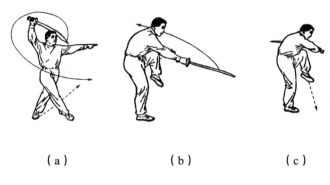

（a）　　　　　　　（b）　　　　　　　（c）

图 6-221　左斜劈

要点：提膝要稳，斜劈要快速有力。

（7）右斜劈

①左脚向前落步［图6-222（a）］。

②身体向右后转，同时右腿提膝抬起；右手持刀从左向右下方绕弧斜劈，同时左掌向左上方斜举；眼睛注视刀尖［图6-222（b）］。

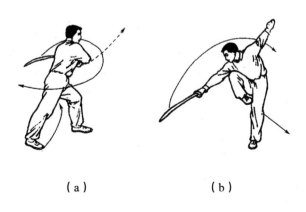

（a）　　　　　　　　　（b）

图 6-222　右斜劈

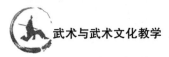

要点：提膝要稳，斜劈要快速有力。

（8）虚步藏刀

①右脚伸直向后落步，左腿屈膝；同时右手屈腕，持刀臂向外旋转，使刀尖朝下沿右肩外侧向左后绕行［图6-223（a）］。

②身体重心向后，右腿屈膝，稍微下蹲，左脚向后退半步；右手持刀从背后向左绕行，同时左掌向下、向右腋处弧形绕环［图6-223（b）］。

③右手持刀从左肩外侧向下、向后拉回，肘略屈，刀刃朝下，刀尖朝前，同时左掌以侧立掌平直推出，掌指朝上；右腿半蹲，左腿屈膝，呈右实左虚之虚步姿势；眼睛注视左掌［图6-223（c）］。

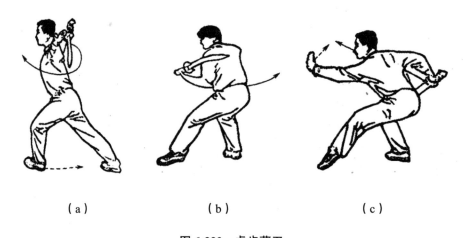

$$（a） \qquad\qquad （b） \qquad\qquad （c）$$

图6-223　虚步藏刀

要点：绕刀时，刀背要紧贴脊背；藏刀时，右手腕部尽量上翘，使刀尖朝上。

5. 第四段

（1）旋转扫刀

①左脚踩实；右手持刀臂向内旋转，刀尖朝下，沿左臂外侧向左肩部绕行，同时左臂屈肘，左掌贴于右手腕拇指［图6-224（a）］。

②左脚尖向外，右脚上一步，身体向左转；右手持刀从背后向右肩绕行，同时左掌从右向左平摆；眼睛注视右侧［图6-224（b）］。

③左脚从后向右插步，同时右手持刀继续从背后向右肩外侧绕行，眼睛注视右手［图6-224（c）］。

④两腿屈膝全蹲呈歇步姿势；右手持刀，从右肩外侧向前下方迅速平扫；眼睛注视刀身［图6-224（d）］。

⑤身体从左向后转，同时右手持刀低扫一周；转身后，两腿直立；右臂向内旋转，使刀尖朝下，将刀贴于左臂外侧，左掌贴于右手腕拇指处〔图6-224（e）〕。

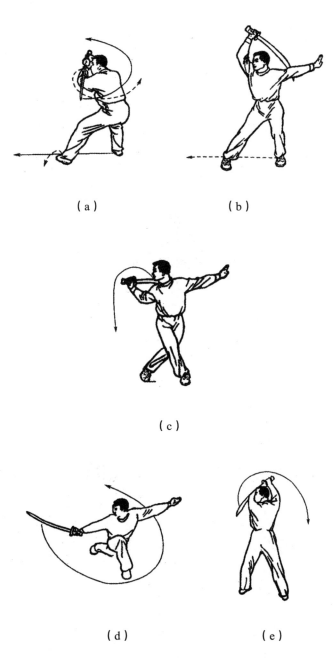

（a）　　　　　　　　　　（b）

（c）

（d）　　　　　　　　　　（e）

图6-224　旋转扫刀

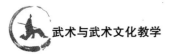

要点：扫刀要迅速，刀身要保持低平。

（2）翻身劈刀

①上身向右转；同时右手持刀向右侧下劈，左掌贴于右前臂；眼睛注视刀尖［图6-225（a）］。

②右脚向左侧摆，左脚蹬地起跳，同时身体向左后方旋转，右脚向前落地；同时，左掌从右前臂处沿下方向左上弧形绕环，在头顶屈肘呈横掌状，右手持刀从下方向左后撩起，刀刃朝上；眼睛注视右手［图6-225（b）］。

③身体向后转，左脚向右后方落步，左腿屈膝全蹲，右腿向前伸直呈仆步姿势，上身稍微向右前方倾斜；同时右手持刀从上向前劈下，左掌向下、向后、向上绕环摆起呈横掌状；眼睛注视刀尖［图6-225（c）］。

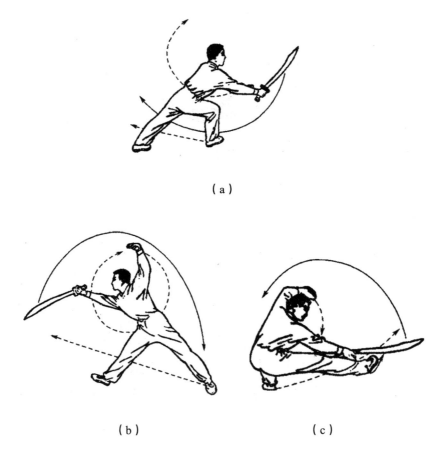

（a）

（b）　　　　　（c）

图 6-225　翻身劈刀

要点：翻身跃步要远不要高，劈刀要抡圆。

（3）缠头箭踢

①左腿蹬直，上身直立；左臂屈肘，左掌收于右肩前方，右手持刀向内旋转，刀尖朝下，从左肩向后绕行；同时左脚向前摆，右脚蹬地跳起，左掌从右肩向左平摆［图 6-226（a）］。

②在空中，右手持刀做缠头动作，从背后沿右向身体左侧绕环平扫，同时左掌屈肘在头顶呈横掌状；右脚用脚跟向前蹬踢，同时左脚用前脚掌落地［图6-226（b）］。

（a）　　　　　　　　　　　（b）

图 6-226　缠头箭踢

要点：缠头和箭踢必须一先一后，协调统一；缠头要快速，箭踢要有力，膝部要伸直。

（4）仆步按刀

①上身向右转；右手持刀由左肋处从前向后下方斜劈，左手向左斜举，手心朝上；眼睛注视刀身［图 6-227（a）］。

②右腿屈膝向内收；右手持刀向外旋转，刀尖朝下，同时刀从右肩外侧向背后绕行；眼睛平视右侧［图 6-227（b）］。

③身体向右后转，左脚蹬地跳起，同时右脚下落；右手持刀从右肩外侧向背后绕行，左掌屈肘贴于右手腕拇指处［图 6-227（c）］。

④右腿屈膝全蹲，左脚向左侧落步，左腿伸直平仆呈仆步姿势；左手贴于右手腕，与右手向下按切，刀尖朝左，刀刃朝下；眼睛直视左侧［图6-227（d）］。

（a）

（b）

（c）

（d）

图 6-227　仆步按刀

要点：劈刀要迅速有力；仆步时，左脚尖朝里，两脚不要离地，上身稍微向左前方倾斜。

（5）缠头蹬腿

①右腿蹬直站立，左膝提起，呈独立姿势；右手持刀向右后拉回，左掌向左前方推出，掌指朝上；眼睛注视左手［图 6-228（a）］。

②上身向左转；右手持刀从后向前由左膝下方朝左裹膝抄起，左臂屈肘，左掌附于右前臂；眼睛直视前下方［图 6-228（b）］。

③右手持刀从背后向右肩外侧沿肩背绕行，左掌向左平摆，掌心朝下；同时左脚向左斜前方落步［图 6-228（c）］。

④左腿屈膝半蹲，右腿伸直，呈左弓步姿势；右手持刀从背后向左肋处绕行平扫，至左肋时手臂向内旋转，使刀背贴于左肋，同时左掌屈肘，举至头顶呈横掌状［图6-228（d）］。

⑤右脚尖上翘，右腿顺势向上蹬腿抬起，眼睛注视脚尖［图6-228（e）］。

（a）　　　　　　　（b）　　　　　　　（c）

（d）　　　　　　（e）

图6-228　缠头蹬腿

要点：缠头时，刀背要紧贴脊背，动作要快；蹬腿与缠头要连贯，一气呵成。

（6）虚步藏刀

①右脚向前落步［图6-229（a）］。

②左脚向前跃步，同时右脚提起，跃步时身体向右后方旋转；右手持刀，手心朝下，身体旋转时平扫一周，左掌从上向左后方平摆，掌心朝上［图6-229（b）］。

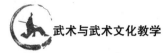
③右脚向后落步；右手持刀，右臂向外旋转，使刀从右肩外侧向后绕行〔图6-229（c）〕。

④左掌由下方向右腋处绕环，之后贴于右腕处，右手持刀，从右肩外侧沿身后向左肩绕行〔图6-229（d）〕。

⑤右腿屈膝半蹲，左腿膝盖略屈，右脚踏实，左脚尖点地呈虚步姿势；右手持刀向下、向后拉回，刀尖朝前，同时左掌向前平推，掌指朝上；眼睛注视左掌〔图6-229（e）〕。

（a）　　　　　　（b）　　　　　　（c）

（d）　　　　　　（e）

图6-229　虚步藏刀

要点：跃步、转身、落步必须与刀的平扫、绕背动作协调一致。

（7）弓步缠头

①左脚向左前方进半步，左腿伸直；右手持刀向内旋转，刀尖朝下，使刀从背后向右肩绕行，做缠头动作［图6-230（a）］。

②右腿伸直，左腿屈膝半蹲，呈左弓步姿势；右手持刀从背后向右侧沿身体平扫一周，至左肋时手臂向内旋转，使刀背贴于左肋，刀尖朝后，同时左臂屈肘，左掌举至头顶呈横掌状；眼睛直视前方［图6-230（b）］。

（a）　　　　　　　　　　　　（b）

图6-230　弓步缠头

要点：缠头时，刀背紧贴脊背，扫刀要快。

（8）并步抱刀

①左腿伸直，右腿屈膝下蹲，上身向右转；右手持刀向右平扫，同时左掌向左平摆，掌心朝上；眼睛注视刀尖［图6-231（a）］。

②顺扫刀之势右臂向外旋转，使刀背向身后平摆；眼睛注视右手［图6-231（b）］。

③右腿伸直，左脚与右腿靠拢直立；右手持刀，刀尖朝下，刀刃朝后，将刀把举起至额头上方，左掌同时也举起，拇指张开，握住刀把，将刀从右手接回；眼睛注视右侧［图6-231（c）］。

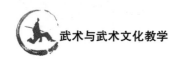
武术与武术文化教学

（a）　　　　　　　　　　（b）

（c）

图 6-231　并步抱刀

要点：整套动作要求流畅、协调一致。

二、初级剑术

剑术的技巧特征与剑的外部形态息息相关。在中国几千年的兵器发展历史上，剑的外形随着人们的不同需求而发生着变化，剑术也在不断地改进和发展。

归纳起来，剑术的特点主要是轻快敏捷、身活腕灵、气韵洒脱。

（一）技法特点

1. 轻快敏捷

剑的外形是轻薄纤巧、锋芒于尖的，具有能快速出剑、灵活运用的使用特点。因此要配合轻快的步伐和跳跃，才能体现出剑术中"间器轻清"的优势。习练者应以此为动作原则，在练习剑术时，要注意身体的轻巧和灵敏，发力点应多集中于剑的前端或尖端处。

2. 身活腕灵

剑术动作是否能做到轻快和准确，剑术动作之间的衔接与变化能否做到自然和优美，都仰赖于身体与手腕的灵巧与力度的结合。换句话说，要使身体、手腕、剑三者融为一体，就应用扣、旋、转、收、握等方式灵活用剑，实现剑术动作的灵活和准确，使柔中带刚、刚柔并济。

3. 气韵洒脱

气韵指的是剑术中的运剑节奏和运剑气度。运剑节奏，是指剑术动作的刚柔、轻重和起落，其中的韵律感受到剑法、战术和身法的影响和制约。运剑气度是指剑术动作的动静、疾缓等节奏变化所呈现出的韵律感，它与剑法、剑势以及手眼身法等因素相连，并受其引动。《手臂录》是由明末清初的武学家吴殳所作的一部枪术训练手册，他在书中强调枪身与手、眼、身、步之间的协调关系，他认为要练好枪术就要达到内外贯通、身械和谐的状态。剑术也是如此。

（二）套路说明

以下仅以一侧为例展示整套套路，另一侧反之。

1. 准备姿势

第一步，要求两脚并拢站立，左手肘关节微屈，持剑，置于身体左侧。右手做出剑指形态，垂放于身体右侧。目视前方、收腹挺胸、双肩微沉［图6-232（a）］。第二步，两臂手肘弯曲，呈提撑形态，右手腕微微内扣，头部转向左边，目视左前方［图6-232（b）］。注意：屈肘动作、转头动作都要迅速。

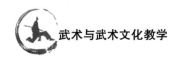

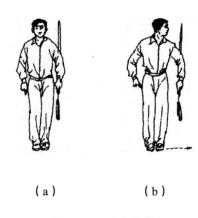

（a）　　　　　　　（b）

图 6-232　准备姿势

2. 第一段

（1）并步持剑前指

身体向左转 90 度，左脚向前迈一步并呈弓步姿势，左手持剑随转体抬至肩高处，剑尖后指，剑柄向外［图 6-233（a）］。右脚向左脚靠拢，呈并步姿势，左手回到身体左侧。右手以剑指形态从耳侧向前伸出，目视前方，身体稍向前倾［图 6-233（b）］。

（a）　　　　　　　（b）

图 6-233　并步持剑前指

（2）虚步接剑

右脚后撤，左脚微屈，左手持剑平举至肩高。右手向后举至肩高，掌心向下，目视前方［图 6-234（a）］。重心后移至右腿，右腿屈膝呈半蹲姿势，左脚后撤呈虚步姿势，左臂收回胸前，右臂亦收回胸前，右手呈剑指状，掌心向左，做接剑的准备［图 6-234（b）］。

（a）　　　　　　　　　　（b）

图 6-234　虚步接剑

（3）弓步刺剑

左脚向前迈步呈弓步姿势，重心前移至左腿，右手接剑后向体前刺出，左手呈剑指状向身后伸出，手臂略低于肩（图 6-235）。

图 6-235　弓步刺剑

（4）插步斩剑

右脚向前一步，膝盖微屈，脚尖外旋；左脚脚跟离地，左腿伸直与右腿呈交叉状。身体上半部分向右转，右手握剑向后斩出，右手臂与肩同高。左手呈剑指状绕至头部左上方，目视剑尖（图 6-236）。整个动作要注意协调一致，手臂要呈一条直线。

图 6-236　插步斩剑

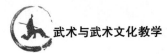
（5）弓步劈剑

身体稍向左转，左脚向前迈步呈弓步姿势，右手握剑由上向前下劈，右手臂与肩同高，左手呈剑指状举至头部上方（图 6-237），要注意左右手动作要同时进行。

图 6-237　弓步劈剑

（6）提膝截剑

身体向右转，以左腿为重心和支撑，右腿屈膝抬起，右手握剑斜向下刺向身体的右后侧，手臂与剑体保持一条直线，左手呈剑指状抬至右肩处（图6-238）。

图 6-238　提膝截剑

（7）歇步崩剑

右脚向前落步，身体向右转 90 度，两腿微屈，右手持剑落于腹前；左手呈剑指状轻附于右手手腕处，目视剑尖［图 6-239（a）］。随后左脚向后撤步，右手臂内旋向下，持剑向外撩出，左手呈剑指状向左侧体后伸出［图 6-239（b）］。右脚向后插步，身体下蹲，右手握剑外旋、扣腕，剑尖朝上略高过头部，左手呈剑指状上举至头部上方，目视前方［图 6-239（c）］

（a）　　　　　　　（b）　　　　　　　（c）

图 6-239　歇步崩剑

（8）弓步削剑

身体立起，向右转 90 度，右手持剑与腰同高，左手呈剑指状附于右手手腕处，目视剑尖［图 6-240（a）］。身体再次向右转 90 度，重心移至右脚，同时右脚随身体转向右前方呈弓步姿势，右手臂持剑向身体前方削出，剑尖微微高于头顶；左手呈剑指状后伸，掌心向下，与腰同高［图 6-240（b）］。

（a）　　　　　　　　　　（b）

图 6-240　弓步削剑

（9）丁步点剑

左腿膝盖弯曲，右腿伸直，身体重心移至左腿；同时右手握剑使剑身斜立于手臂一侧，左手呈剑指状搭在右手腕处，目视剑尖［图 6-241（a）］。右腿半蹲，左脚收回，移至右脚内侧，以脚尖点地，右手握剑向身体右下方出剑，左手抬至头上方，眼神随剑尖走［图 6-241（b）］。

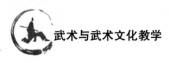

（a）　　　　　　　　　　　（b）

图 6-241　丁步点剑

3. 第二段

（1）并步刺剑

　　身体向左转90度，左腿随之向前一步，右手持剑，手腕内旋，提剑于胯边；左手以剑指状向体前挑起，与肩同高，目视前方［图 6-242（a）］。右脚向左脚靠拢，两腿膝盖微屈呈半蹲姿势，右手持剑向身体前方刺出，同时左手呈剑指状附于右手臂内侧，目视剑尖。注意在做动作时要保持抬头、挺胸、敛臀［图6-242（b）］。

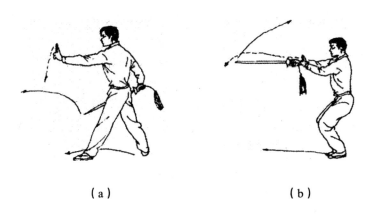

（a）　　　　　　　　　　　（b）

图 6-242　并步刺剑

（2）弓步挑剑

　　右腿膝盖弯曲，迈步上前呈弓步姿势，右手持剑上挑，剑尖朝上；左手以剑指状前指，手臂与肩同高，目视前方（图 6-243）。

图 6-243　弓步挑剑

（3）歇步劈剑

左脚向前上一步，脚尖外展，同时重心前移，右脚跟离地，随后两腿全蹲呈歇步姿势，右手臂握剑直臂向体前下劈，保持剑尖与腰同高（图 6-244），同时还要注意歇步时两腿应盘紧。

图 6-244　歇步劈剑

（4）上步截剑

身体立起，左脚前点呈虚步姿势，右手以手腕为轴心，让剑尖逆时针划圆一周后架起，目视前方。左脚向前一步，右脚随之向前呈虚步姿势。右手以手腕为轴心，让剑尖顺时针划圆一周后向上托起，左手呈剑指状由左向上绕至头部上方（图 6-245）。

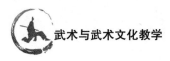

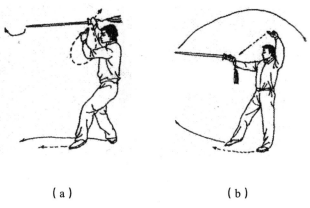

（a）　　　　　　　　　　　　　（b）

图 6-245　上步截剑

（5）跳步撩剑

左脚向前一步，脚尖朝外旋，身体随之左转，右脚借力向身体右侧摆起；右手持剑从上往左最后落于腹前，左手呈剑指状附于右手手腕处[图 6-246(a)]。左脚蹬地起跳，下落时以右脚为支撑点站立，左腿后踢，右手握剑向后刺出，剑尖略高于头部，左手呈剑指状向上挑起，手臂与肩同高［图 6-246（b）］。

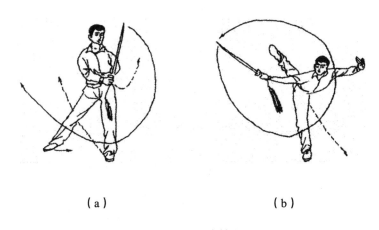

（a）　　　　　　　　　　　　　（b）

图 6-246　跳步撩剑

（6）仆步压剑

向右转体约 90 度，左腿微屈，向身体左侧后撤，右手以手腕为轴心，持剑在体前绕圆一周，随后手心翻转向上，身体重心左移，左腿全蹲，右腿伸直呈仆步姿势［图 6-247（a）］。右手肘弯曲使剑体回带，将其下压于腹前，左手呈剑指状搭在右手手腕处［图 6-247（b）］。

（a）　　　　　　　　　　　（b）

图 6-247　仆步压剑

要注意左腿全蹲，左脚跟不得离地，挺胸立腰。立剑绕环要灵活轻快。

（7）提膝刺剑

重心移至右腿，以右腿为支撑点独腿站立，左腿向上提起。右手持剑向身体右侧方直臂刺出，手臂与肩同高，左手呈剑指状向上，举至头顶上方（图6-248）。

图 6-248　提膝刺剑

（8）上步左右挂剑

身体向左转约90度，左脚向前，右手手臂握剑内旋，剑身随之向上、向前最后向后挂起，左手呈剑指状附于右手手腕处［图 6-249（a）］。右脚上前一步，左脚脚跟离地，右手持剑向身体后侧挂起，剑尖朝上，左手呈剑指状向前伸出，略高于头部，眼睛看向剑尖方向［图 6-249（b）］。

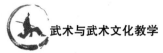
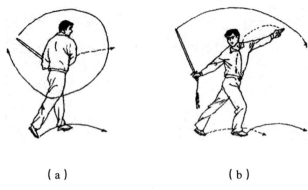

（a）   （b）

图 6-249   上步左右挂剑

（9）提膝点剑

首先，身体略微向右转，左脚随转体向前跃一步，落地呈屈膝姿势，右脚向左侧后方斜插，以前脚掌着地。右手持剑位于腹前，左手呈剑指状搭在右手手腕处［图 6-250（a）］。其次，身体向右转约 180 度，身体立起，右手持剑绕头上划圆，暂停于头部上方，左手呈剑指状斜指向左下方［图 6-250（b）］。最后，以右腿单腿支撑站立，左腿屈膝上提，右手持剑由上方向右下方刺出，左手呈剑指状举至头部上方，目视剑尖［图 6-250（c）］。

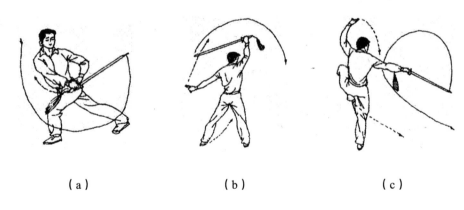

（a）   （b）   （c）

图 6-250   提膝点剑

（10）歇步反刺剑

左腿向右腿后方插步，两腿全蹲呈歇步姿势；右手持剑扣腕，使剑尖从上至下，最后向右侧方刺出（图 6-251）。要注意臂伸直，力达剑尖。

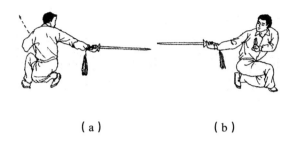

（a）　　　　　　　　（b）

图 6-251　歇步反刺剑

（11）行步穿剑

身体立起，身体向左转约 90 度，左脚尖点地；同时左剑指向上、向前弧形摆至体前斜上方［图 6-252（a）］。右手握剑向上、向前抡摆，同时左剑指向下绕至体后，目视剑尖［图 6-252（b）］。身体向左转 90 度，右脚向右前弧形上一步，脚尖外撇。同时右手握剑下落于体前，剑尖经左腰侧向体前平穿，剑尖与胸同高；左手呈剑指状随转体向上，经体左侧绕至头左上方，目视前方［图 6-252（c）］。左脚经右脚内侧向前上一步［图 6-252（d）］。右脚经左脚内侧向前上一步，脚尖外摆［图 6-252（e）］。身体稍向右转；左脚经右脚内侧上一步，脚尖内扣［图 6-252（f）］。

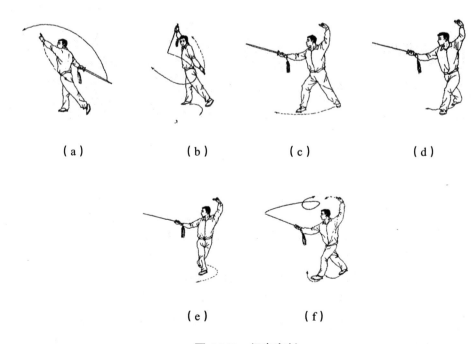

（a）　　　　　（b）　　　　　（c）　　　　　（d）

（e）　　　　　　　　（f）

图 6-252　行步穿剑

241

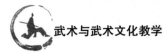

（12）弓步崩剑

身体向右旋转约270度，同时右脚向左脚靠拢，呈并步姿势。右手持剑向上摆起，使剑身置于脸上方平行位置，目视斜前方［图6-253（a）］。右脚向右侧迈一步，屈膝呈弓步姿势，同时持剑的右手向身体右侧下落，沉腕、内旋，使剑尖朝上崩起，握剑柄于腹前，目视左前方［图6-253（b）］。

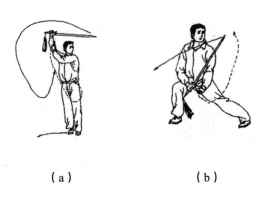

（a）　　　　　　　　　　（b）

图6-253　弓步崩剑

（13）弓步压剑

重心移至左腿，左腿屈膝后撤呈弓步姿势，右手持剑，以手腕为轴心向下压，挑高剑尖，使其与肩同高，左手以剑指状由下至左绕至头上方，目视剑尖（图6-254）。注意重心转换要平稳。

图6-254　弓步压剑

（14）转身云接剑

身体保持直立状态，左脚向右移动半步，右手向右侧持剑平摆，与肩同高，左手以剑指状向左侧平摆，与肩同高；目视剑尖［图6-255（a）］。随后右脚向左脚并拢，身体向左转约360度，右手握剑随转体向前、向上摆起，抬头，使剑位于脸部上方，左臂微屈，呈剑指状上举；目视剑柄［图6-255（b）］。

（a）　　　　　　　　　　（b）

图 6-255　转身云接剑

（15）虚步持剑与收势

右脚向身体右后方撤步，同时身体向右转约 90 度，右腿膝盖微屈；左手接剑，手腕下压使剑身贴近左臂，剑尖向后，右手以剑指状向右摆起，略高于肩膀位置；目视剑指方向［图 6-256（a）］。随后身体向左转约 90 度，右腿膝盖弯曲呈半蹲姿势，左脚稍往内收，脚尖点地呈虚步姿势，左手握剑呈直立状立于胸前［图 6-256（b）］。

（a）　　　　　　　　　　（b）

图 6-256　虚步持剑

收势是整套剑术的最后一步。身体直立，右脚与左脚并拢，右手呈剑指状自然垂落于身体右侧，左手持剑放于身体左侧，剑身紧贴左臂，剑尖朝上；目视前方（图 6-257）。

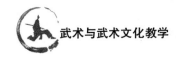

图 6-257　收势

三、初级枪术

（一）技法特点

在不同的武术流派当中，尽管枪术的演练风格各有不同，但使用枪的基本方法和要求却是一致的。

1. 枪扎一条线

枪术最重视直扎，正是用扎，才使得枪尖的技击功效得到充分的展现。直扎能够充分发挥枪的优势，而扎这一技法不仅是枪术中最主要的演练方法，更是枪术中最重要的进攻技法。在进行扎枪时，要特别注意沿枪身纵轴用力，从而使枪身直线扎出，并力求将力量传递到枪尖，发出寸劲。扎枪技法的基本要求为出枪要快、准、狠，就具体操作方法而言，应特别注意要使枪尖、鼻尖、脚尖在同一纵面内，通过伸后腿、蹬后脚、拧腰、顺肩、挺腕在一条直线上向前用力。但在发力时注意不能太过僵硬，发力要迅速，并在发力的过程中要逐渐加速，并提前明确发力点。

2. 持枪贵四平

"四平"即顶平、肩平、枪平、脚平。这里讲的"四平"其实就是对持枪姿势的高度总结。正确的持枪姿势应该是，头正、颈直、下颌微收、两眼平视而炯炯有神。习练者只有在持枪时两肩松沉，上半身挺拔有力，才能对枪进行灵活的控制。此外，还要注意使两只手与枪尖三点保持在同一水平线上，这样可以兼顾攻守，并在一定程度上提升出枪的速度。就站立姿势而言，要注意两膝坐屈，双脚踏平，轻微调整重心使重心自然下垂，保证身体在演练过程中始终保持平稳。"四平"又叫作"中平枪"，《纪效新书·长兵短用说篇·二十四枪势》对此有一段描述：中平枪法，"为六合枪之主，作二十四势之元，妙变无穷"。从这里我们能够看出，"中平枪"被认为是枪术中最基础的技术，这种技术在格斗过程中具有作战姿态不易改变的基本特点。

3. 前管后锁

前管后锁是在枪术操作的整个过程中，双手控制枪身的基本原则。具体而言，为了保证枪体在操作过程中不会滑落，在枪身中部的前手应当如同一个"管"一样，让枪杆自由进入其中，并对枪体的运动路线和基本运动方向进行准确的控制，这种控制枪体的思路即"前手如管"。而"后手如锁"则是指，在后方的手应当紧紧握住枪柄根部，就像一把"锁"将枪的根部锁住，并以此为支撑点发力，推动枪体的运动。这种持枪技术能够对枪尖的运动进行灵活控制，并能够将腰部力量顺畅地引向枪尖。

4. 艺工于一圈

在实战演练当中，两枪较技，要实现防守，就要特别注意与来枪相交，如拦、拿、缠等动作技法的运用。而要实现进攻，首先要做到避开对方的来枪，如拦扎、拿扎、缠扎等技法的运用。尽管在实战过程中，双方的枪法变幻莫测，但整体上看不外乎平枪走弧线，或整圈或半圈，或大半圈或小半圈等，因此要想熟练地掌握枪法技术的实战运用，最重要的是掌握圈的技法。

（二）套路说明

以下仅以一侧为例展示整套套路，另一侧反之。

1. 起势

起势时，右手先松握枪杆中段，保持枪身笔直，上半身自然挺拔，目光自然向左方平视。随后，左脚向前迈出半步，并保持左虚步动作，上体随之向左扭转；随后右手边上挑边滑向把端，握于枪把，左手随枪头由上向左后方下落时下滑，握于枪杆的上段。在定势时，右肘做微屈动作，臂前伸，大约与肩平高；左臂向左后下方伸直，与膝同高；目向左平视。左脚向左侧跨出大概一步的距离，先呈半马步后呈左弓步姿势扎枪。在进行扎枪动作时，要注意枪体平直，发力迅速。此外，要注意用右手猛力向前推送，与此同时，右脚蹬地，腰部随之转动，进而促进力量由腰部发出并传递至枪尖，此时左手保持原有高度，目光凝视枪尖。

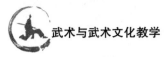

2. 第一段动作

（1）插步拦、拿中平扎枪

首先，向右转动上体，并呈半弓步姿势，随后右手撤枪至右腰，并将左手握在枪杆的中段位置，此时注意目光随枪尖移动［图 6-258（a）］。其次，右脚从身后向左插步，进而形成拦枪动作，并始终保持目光凝视枪尖［图 6-258（b）］。再次，左脚向身体左侧横跨一步，并呈半弓步姿势，与此同时完成拿枪动作［图 6-258（c）］。最后，在扎枪时要注意，右腿必须努力发力向后完成后蹬动作，呈左弓步姿势扎枪，目光凝视枪尖［图 6-258（d）］。

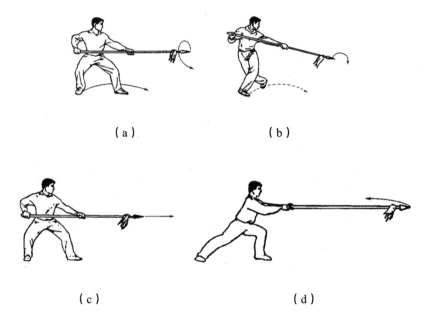

（a）   （b）

（c）   （d）

图 6-258　插步拦、拿中平扎枪

（2）跳步拦、拿中平扎枪

先移动右脚，使右脚从左脚前方向身体左侧提迈，然后双手握枪并完成基本的拦枪动作［图 6-259（a）］。随后，左脚发力蹬地，使整个身体跳起，在落地时，注意先右脚后左脚的顺序［图 6-259（b）］；落地后双脚保持半马步姿势，此时双手握枪做拿枪动作［图 6-259（c）］。紧接着，右腿挺膝并努力蹬直，上体向左转呈左弓步姿势，双手继续保持握枪，并完成扎枪动作［图 6-259（d）］。需要特别注意的是，在完成跳步与拦枪、跨步与拿枪、弓步与扎枪动作时，必须将弓步与扎枪动作协调配合起来，避免动作不连贯、发力不足、力量传输不到位等问题。

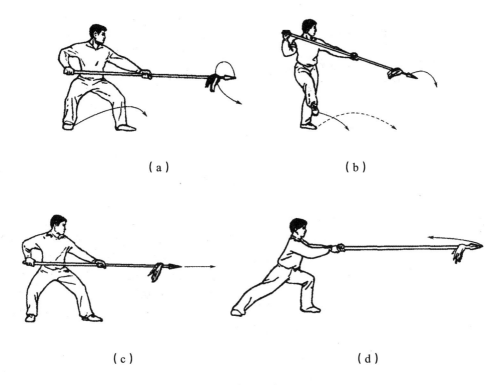

（a）　　　　　　　　　　　　　（b）

（c）　　　　　　　　　　　　　（d）

图 6-259　跳步拦、拿中平扎枪

（3）绕上步拦、拿中平扎枪

上体向右转呈马步姿势，两手握枪撤回，右脚向左脚尖前上一步，两手做拦枪动作［图 6-260（a）］，左脚继续向前上一步，两手做拿枪动作［图 6-260（b）］。右脚绕过左脚内侧向左脚的左前方弧形上一步［图 6-260（c）］，上体向左转，两手握枪向前平扎，目视枪尖［图 6-260（d）］。

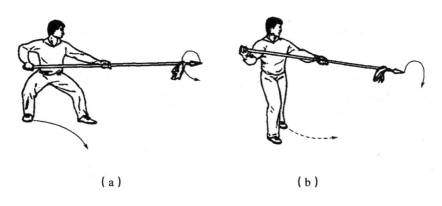

（a）　　　　　　　　　　　　　（b）

图 6-260　绕上步拦、拿中平扎枪

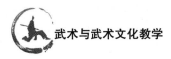

（c）　　　　　　　　　　　（d）

图 6-260　绕上步拦、拿中平扎枪（续）

（4）插步拦、拿中平扎枪

上体稍向右转，两手握枪撤回。左脚向前上一步，右脚向左腿后插一步，同时，左掌由左上向左下经体前划弧向前抓握住枪身中段，右臂外旋，使手心向上握把［图 6-261（a）］，左脚不动，右脚经左腿后向左插步的同时，左手将枪提起，把枪身平托于胸前，右手向上翻腕，两手做拦枪动作［图 6-261（b）］。右脚不动，左脚向左跨一大步，两腿半屈膝，呈半马步姿势，两手做拿枪动作［图 6-261（c）］。上体向左转呈左弓步姿势，两手握枪向前平扎，目视枪尖［图 6-261（d）］。

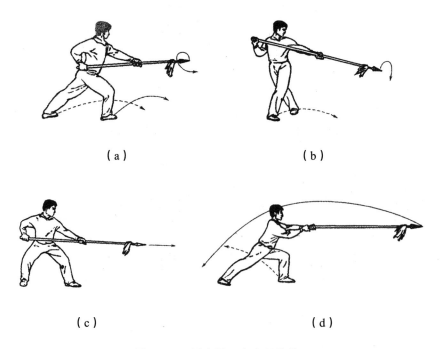

（a）　　　　　　　　　　　（b）

（c）　　　　　　　　　　　（d）

图 6-261　插步拦、拿中平扎枪

3. 第二段动作

（1）转身弓步中平枪

左腿屈膝向上提起，上体顺势向左后方完成约180度的转动。同时，右手抽枪，左手滑把，并尽量使枪体与身体靠近［图6-262（a）］。在落步与拿枪动作同时完成之后，右手和腰部发力同时完成左弓步向前平扎枪动作［图6-262（b）］，注意目光随枪尖移动。

（a） （b）

图6-262　转身弓步中平枪

（2）上步弓步推枪

身体重心后移，上体向右转，呈半马步姿势，同时两手握枪撤回；目视枪尖［图6-263（a）］。右脚向身体左前方上一步，左脚再上一步，同时两手握枪，枪尖向上、向后、向下、再向前划一立圆；目视枪尖［图6-263（b）、（c）］。右脚继续向左前方上一步，屈膝半蹲，左腿挺膝蹬直，呈右弓步姿势；同时，两手握枪向前平行推出，右手握枪把停于头部右侧，与头部平齐，紧接着左臂向身体左前方伸直，此时手心朝上，枪尖指向斜下方；目视枪尖［图6-263（d）］。

（a） （b）

图6-263　上步弓步推枪

249

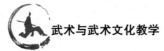

（c）   （d）

图 6-263　上步弓步推枪（续）

（3）仆步低平枪

左脚向身体的左前侧迈出一步，并呈左仆步姿势。此时注意上体略微向左前侧倾俯；并注意后手触及前手，枪身与地面平行；目视枪尖（图 6-264）。

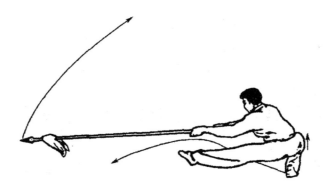

图 6-264　仆步低平枪

（4）提膝抱枪

身体起立微向左转，右脚先向前方迈进一步，此时左手在下、右手在上，枪尖向上［图 6-265（a）］。左脚向前上一步，枪尖向上、向后摆动［图 6-265（b）］。右腿屈膝提起，左腿伸直独立站稳，双手紧握枪杆，带动枪尖由后向下靠近身体右侧画一个立圆后，将枪托抱于身体左侧。这时，注意两肘略屈，右手松握枪杆，并保持与肩同高，左手紧握停于左胯旁，使枪尖向前上方指去；目视枪尖［图 6-265（c）］。

250

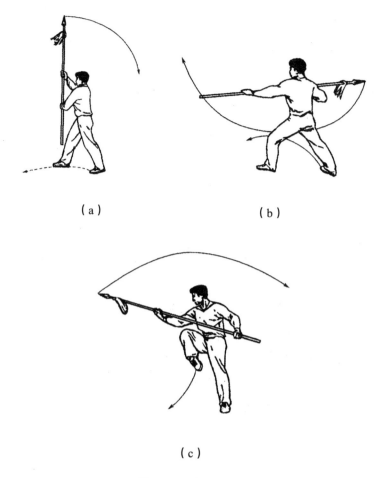

（a）　　　　　　　　　　　　　　（b）

（c）

图 6-265　提膝抱枪

（5）提膝架枪

　　右脚向前完成落步动作，身体随之向左转动；同时，双手再次换握枪杆位置，此时注意右手应当握住枪杆的下段，左手握在枪杆中段，通过发力带动枪尖在转体的过程中向上、向后划弧，并最终指向后上方，注意动作过程中保持目视枪尖［图 6-266（a）］。随后，左脚向前迈出一步，同时带动身体向右方转动，枪杆上段继续向下、向前划圆，枪尖指向前下方；目视枪尖［图 6-266（b）］。左腿屈膝提起，右腿呈独立姿势；紧接着，左手握枪，将枪体向前方平伸，并完成前推动作，注意手心朝上，右手滑握于枪把，然后臂部发力向后上方举起，此时枪尖仍指向前下方，并保持与膝平齐的高度；目视枪尖［图 6-266（c）］。

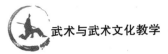

（a）

（b）

（c）

图 6-266 提膝架枪

（6）弓步拿、扎枪

左脚向前落步，上体稍向右转呈半马步姿势；同时右手由上向下翻转划圆，做拿枪动作；目视枪尖［图 6-267（a）］。上动不停，右腿挺膝蹬直，上体向左转呈左弓步姿势；同时两手握枪向前平扎；目视枪尖［图 6-267（b）］。注意落步、拿枪到左弓步扎枪的动作要保持连贯顺畅，身体各部位运动要协调自如。

（a）

（b）

图 6-267 弓步拿、扎枪

252

（7）马步盖把枪

上体向右转呈半马步姿势，同时两手握枪撤回，目视枪尖［图6-268（a）］。身体中心向后方移，并呈马步姿势站立，两手顺枪杆上滑，此时注意枪体随身体一同向后方移动，保持枪尖向前上方倾斜，与鼻平齐［图6-268（b）］。之后，右脚向前迈一步，上体随脚步动作向左后方转动，注意此时两腿半蹲呈马步姿势，并配合上体的动作下蹲，并给予枪把向下的压力，使枪把从后向上、向身体右侧用力劈盖，大约同肩部平齐。这时，右臂向右平伸，注意手心向下，左手屈抱胸前，使枪身保持略平的状态，目视枪把［图6-268（c）］。

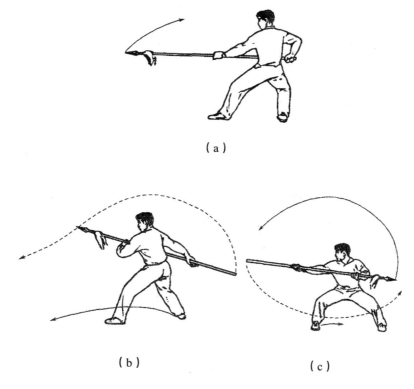

（a）

（b）   （c）

图 6-268   马步盖把枪

（8）舞花拿、扎枪

身体向右转，右脚略后撤，呈高虚步姿势；左手握枪向上、向前下压，右手握枪经腹前向左腋下绕行，枪尖由左向上、向前抡圆，枪把沿左腿外侧向下、向后抡圆；目视枪尖［图6-269（a）］。上动不停，左手继续下压，右手伸向身体左侧，同时上体向右转，枪尖由前沿着右腿外侧拨至身后［图6-269（b）］。

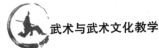

左脚向右脚前方上一步；右手握枪向下、向后摆，停于右腰侧，左手则向上、向前抡摆，枪身水平横于腰间；目视枪尖［图 6-269（c）］。右脚经左脚后向左插一步，身体向后转；两手握枪向下、向左推出，右手滑至把端置于头上方，左手水平伸出，枪尖向左下方［图 6-269（d）］。左脚向左侧进半步，右腿挺膝蹬直，上体向左转，呈左弓步姿势；两手做拿枪动作，继而向前平扎［图 6-269（e）］。在这一技法中，要一边完成贴身立圆舞花动作，一边完成上两步并向右后方转身动作，注意转身幅度大约为 180 度。

（a）

（b）

（c）

（d）

（e）

图 6-269　舞花拿、扎枪

4.第三段动作

（1）上步劈、扎枪

身体重心后移，上体向右转，呈半马步姿势；两手握枪撤回；目视枪尖［图6-270（a）］。上体略向左转，右脚提起向前平蹬，脚尖朝向身体右侧；左手握枪上提，枪尖向前上方挑起，高过头顶；目视枪尖下方［图6-270（b）］。右脚向前落步，脚尖外撇，两腿半蹲呈交叉状；左手下压，枪尖由上向前下劈至腰平；目视枪尖［图6-270（c）］。左脚向身体左侧上一步，右腿挺膝蹬直，上体向左转，呈左弓步姿势，并向前扎枪［图6-270（d）］。

（a）　　　　　　　　　　　　（b）

（c）　　　　　　　　　　　　（d）

图6-270　上步劈、扎枪

（2）挑把转身拿、扎枪

身体重心后移，上体向右转，呈半马步姿势，同时两手握枪撤回［图6-271（a）］。右脚向前方迈一步，同时发力将枪把沿着右腿外侧向前挑起。右臂向前方伸出，大约保持与肩同高；左臂屈肘于左腰侧。注意此时手心朝下，目视枪把［图6-271（b）］。然后，左腿屈膝向上方提起，上体随腿部动作向左后方转动大约180度，进而使枪尖沿着左腿外侧向转体后右下方绕行，此时注

255

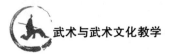

意目视枪尖［图6-271（c）］。随后，左脚向身体左侧落步，呈左弓步姿势；此时双手紧握枪杆做拿枪动作，并顺势发力向前平扎［图6-271（d）］。

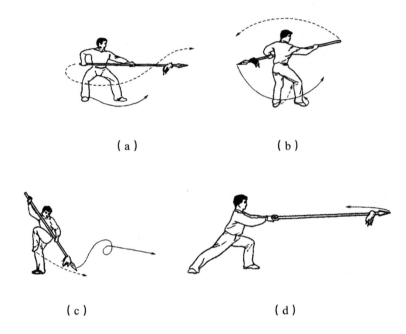

（a）　　　　　　　　　　　（b）

（c）　　　　　　　　　　　（d）

图 6-271　挑把转身拿、扎枪

（3）横裆步劈枪

身体重心后移，上体向右转，呈半马步姿势，同时两手握枪撤回［图6-272（a）］。右脚向身体后方退一步，并落在左脚后侧，此时注意双手紧握住枪体，使枪尖继续由下向身后、向上、向前下劈，枪尖指向左前下方，高度大约与膝盖平齐，左臂向前伸出，手心朝下，右手停于右肋侧［图6-272（b）］。注意上体应当略微向右前方倾斜，进而增加身体压力，双目应注视枪尖。

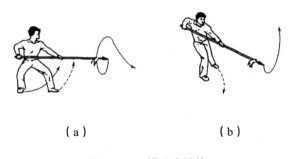

（a）　　　　　　　　　　　（b）

图 6-272　横裆步劈枪

（4）虚步下扎枪

左脚向前一步，同时两手握枪使枪尖由下向身前、向上绕行［图6-273（a）］。右脚从左脚内侧绕过向前上一步，两手握枪使枪尖由上向后、向下绕行［图6-273（b）］。左脚继续向前上一步，脚尖点地，随后保持高虚步姿势；与此同时，双手握枪，并带动枪尖逆时针绕行后向前下方扎出［图6-273（c）］。注意双目应注视枪尖。

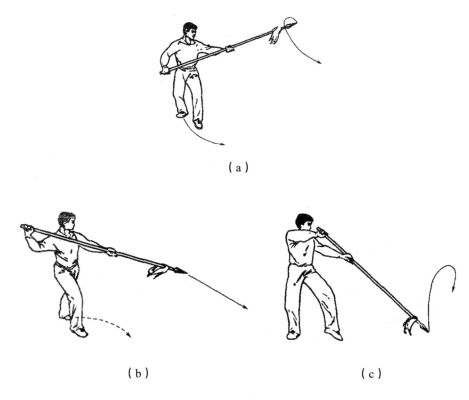

（a）

（b）　　　　　　　　　　　（c）

图6-273　虚步下扎枪

（5）歇步拿枪

上体向左转，同时右手握枪把从上向右、向下划半圆至腹前，左臂内旋、前伸，手高与胸平，枪尖由下向左上方绕行［图6-274（a）］。双腿做下蹲动作，并呈歇步姿势；与此同时，双手握住枪体，做拿枪动作。此时注意，枪尖应当继续向下方做划圆动作。之后，左臂前伸，并保持平直状态，注意手心朝上，将枪身放平，双目应注视枪尖［图6-274（b）］。

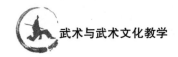

（a）　　　　　　　　　　　　　　（b）

图 6-274　歇步拿枪

（6）马步单平枪

　　首先，右脚向前方迈进一步，身体随脚步动作向左转动，随后双腿屈膝下蹲，并呈马步姿势站立；与此同时，手松握枪把，当与右手接触时，迅速松开，将枪体交于右手，并完成向右平扎枪动作（图 6-275）。此时左手向左平伸并呈立掌状，注意双目应注视枪尖。

图 6-275　马步单平枪

（7）插步拦、拿中平扎枪

　　右脚尖外撇，左脚尖内扣，上体向右后转。同时右手握枪把撤至右腰侧，左手随即向下左腰侧前伸，握住枪杆中段［图 6-276（a）］。左脚向身体左侧跨一步，继而右脚向左倒插一步，同时两手握枪做拦枪动作［图 6-276（b）］。左脚向身体左侧跨一步，两腿屈膝半蹲呈半马步姿势，两手握枪做拿枪动作［图 6-276（c）］。上动不停，右腿挺膝蹬直，上体向左转，呈左弓步姿势，两手握枪向前平扎［图 6-276（d）］。在完成这一动作时，注意身体向右转动的同时左手必须反应敏捷，顺势接住枪杆；除此之外，插步拦枪、半马步拿枪、弓步平扎枪的动作技法与之前完全相同；还要注意双目应注视枪尖。

258

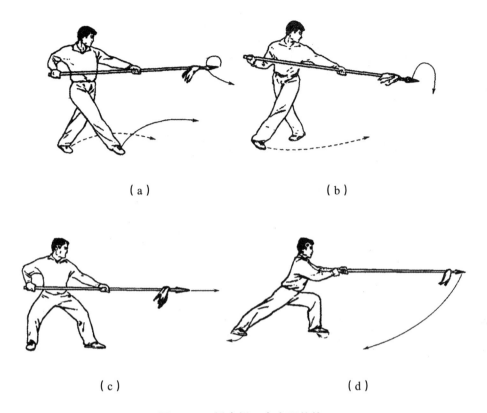

（a）　　　　　　　　　　　　（b）

（c）　　　　　　　　　　　　（d）

图 6-276　插步拦、拿中平扎枪

（8）弓步拉抢

上体向右转动，同时形成右弓步。此时，双手手腕做内旋动作，右手握住枪把并使枪把跟随身体的转动拉向右肩前方，左臂则略微内旋、同时下压，使枪尖向后下方绕行（图 6-277）。注意此时枪尖应当与踝关节同高，双目应注视枪尖。

图 6-277　弓步拉抢

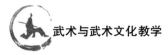

5.第四段动作

（1）转身中平枪

左脚向右侧跨出一步，屈膝，右腿蹬直，上体和持枪姿势同前［图 6-278（a）］。紧接着右脚移动到左脚内侧，上体和持枪姿势不变，目视枪尖［图 6-278（b）］。随后调整重心，落于左脚，身体随之向左后转，转动幅度大约为 180 度。之后右脚顺势向身前上一步，并呈右弓步姿势；与此同时，左手向身体前方伸出，大约保持与腰部同高，右手握枪，并由右肩前向下、向腹前肚脐处绕行，枪尖由下向身后、向上划圆［图 6-278（c）］。上动不停，双手握住枪杆，并向身体前方进行平扎动作［图 6-278（d）］。

（a）　　　　　　　　　　（b）

（c）　　　　　　　　　　（d）

图 6-278　转身中平枪

（2）转身拉枪

身体突然向左转，左腿屈膝提起，右脚独立。调整右脚尖，使其略向内扣，身体随即向左方转动，同时完成提膝、拉枪动作。特别需要注意的是，这一系列动作必须迅速而有力，各个分解动作之间应当毫无缝隙地连接在一起，保持动作的流畅性。与此同时，右手握枪把置于右胸前，左手则滑握于枪杆中段，大致与踝关节同高，目光落于枪尖（图 6-279）。

图 6-279　转身拉枪

（3）插步拨枪

左脚向左侧落地，呈横裆步姿势；左手向前下方推送并稍向右手附近滑握，右手向左下推枪把，枪尖向前下方拨动；目视枪尖［图 6-280（a）］。右脚经左腿后向左插步；左手握枪高度不变，右手握枪把拉向右肋前，枪尖向后下方拨动；目视枪尖［图 6-280（b）］。在插步拨枪动作的进行过程中，需要特别注意前拨枪与落步、后拨枪与插步间的密切配合。

（a）　　　　　　　　　　　（b）

图 6-280　插步拨枪

（4）并步下扎枪

首先迈动左脚，向左边横跨出一步；与此同时，双手握枪，并枪尖由下向前上方划弧挑起，枪尖与头部同高［图 6-281（a）］。其次右脚应当向左脚靠拢，此时两腿应当尽量伸直，呈并步姿势站立。随后完成向下扎枪动作，然后，左手应当向前方伸出，高度大约与肩平齐［图 6-281（b）］。注意手心朝向前上方，目光应注视枪尖。

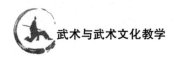

（a）   （b）

图 6-281   并步下扎枪

（5）跳步中平枪

左脚发力蹬地，同时右脚向前跃一步；右手握枪把做拿枪动作，左手则向前方伸出，并滑握于枪杆的中段部分［图 6-282（a）］。紧接着，左脚向前落步并保持左弓步姿势，双手握住枪杆，向前方做平扎动作，注意目光应注视枪尖［图 6-282（b）］。

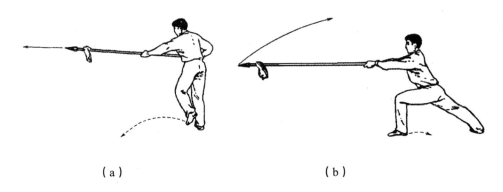

（a）   （b）

图 6-282   跳步中平枪

（6）拗步盖把枪

身体重心后移，上体稍向右转，左脚后撤；两手握枪使枪杆后缩，左臂平屈胸前，右手撤至右胯侧，枪尖向前上方，高与头平；目视枪尖［图 6-283（a）］。上体向左转，身体重心前移；右手由后向上、向前绕行，手心向下，使枪把由后向上、向前盖劈，注意这一分解动作必须走立圆，高度大约与头部齐平，左手收至右腋下方；目光落于枪把［图 6-283（b）］。

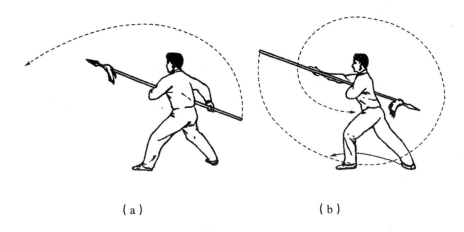

（a） （b）

图 6-283 拗步盖把枪

（7）仆步劈枪、弓步中平枪

双手立舞花枪技法中，最核心的部分是枪把的绕行技巧。右手继续向下、向左摆动，枪把由前经左下侧向后上方绕行，画一个立圆，枪尖指向左后上方［图 6-284（a）］。然后右脚先向前上方提起，随后左脚发力蹬地，使身体跳起。之后，左手向前滑握于枪杆中段，同时右手移握住枪把［图 6-284（b）］。紧接着，右腿完全下蹲，左脚向前方迈出一步，腿伸直平铺并做左仆步动作。与此同时，左手发力，使枪杆上段下辟，左臂向前方伸出，右手则继续置于右肋旁边。在此基础上，上体向左前方做侧倾俯动作［图 6-284（c）］。随后，调整重心逐渐向前移动，做左弓步动作，此时双手握住枪杆向前做平扎动作，目光落在枪尖处［图 6-284（d）］。

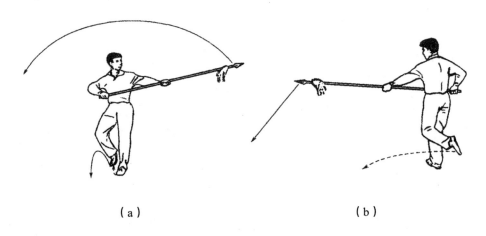

（a） （b）

图 6-284 仆步劈枪、弓步中平枪

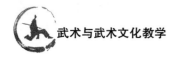

（c）　　　　　　　　　　　　　　　（d）

图 6-284　仆步劈枪、弓步中平枪（续）

（8）转身弓步中平枪

身体重心稍向后移，两手握枪使枪杆水平后缩，目视枪尖［图 6-285（a）］。之后，右脚向前上一步，屈膝前弓，右手握枪使枪把向后、向下、向前上挑起，枪把与头同高，左手停于左胯旁，目视枪把［图 6-285（b）］。紧接着，左膝提起，呈右独立姿势，右手握于枪把，随后向上举起并超过头部，注意此时枪尖的高度应保持与左脚背同高［图 6-285（c）］。然后，左脚向左侧方迈出一步，此时双手握住枪杆做拿枪动作，并顺势向前方做平扎动作，注意最后将目光落在枪尖处［图 6-285（d）］。

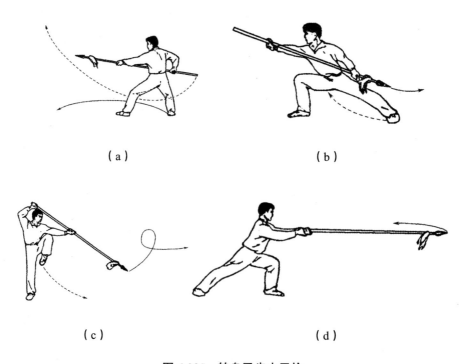

（a）　　　　　　　　　　　　　　　（b）

（c）　　　　　　　　　　　　　　　（d）

图 6-285　转身弓步中平枪

6.收势动作

在做收势动作时，首先，上身先向右方转动，然后再向左方转动，同时右手向胸前摆起，此时左手应当握于枪杆中段，并使枪尖从左后上方向下弧形绕行，注意左脚同时向前方迈出半步，并保持高虚步持枪姿势，目视枪尖［图6-286（a）］。其次，枪尖从左下方向垂直方向摆动，同时双腿并步直立，紧接着右手稍向上滑，握住枪杆的中下段，左手撒把后放松，并自然下垂［图6-286（b）］。

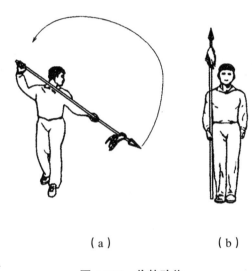

（a）　　　　　　　　（b）

图6-286　收势动作

第四节　武术文化教学的问题分析

武术教育的本质是"教育"，"武术"则是其主要的教育内容与文化载体。作为一项培养人的文化实践形式，武术教育具有十分独特的价值。在当代社会，普及武术的文化教育不仅可以使人们更加深刻全面地了解武术，也能够促进社会群体接受、热爱、推广武术，并最终促进中华民族重塑尚武之风。可以说，不管是从武术自身发展还是从推动社会发展进程来看，加强武术文化的传承均有鲜明的时代意义和现实价值。

武术文化教学主要通过学习武术来塑造民族精神，它不仅武术文化推广的一种方式，也是武术文化传承的一个重要渠道。

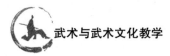

一、弘扬和培育民族精神

自古以来，武术便以其强身健体、内外兼修的作用为历代民众所喜爱。民间也有"社稷兴亡，匹夫有责"这一展示爱国情怀的理论说法。然而，近年来随着过度重视竞技体育以及"金牌效应"，越来越多的武术从业者将武术技术练习提到了无可比拟的高度，这本无可厚非，但是对于作为"高于体育，属于文化"的中国传统武术而言，则显得有些过于肤浅。武术虽以其技术特点有强体功效之外，其深处所蕴含的仁爱、礼义、信勇、谦恭、和谐等特点则更应为人们所重视，也就是现在所强调的民族精神与爱国情怀。通过习练中国传统武术，不仅可以强健自身的体魄，还可以在日益激烈的民族文化博弈中，保持住国民性格中诸如进取精神、温良恭谦、匡扶正义、扶弱救贫、阳刚之气等一些具备正能量的特征。

二、继承与创新传统文化

武术的教育性与时代背景息息相关，不同的时代背景赋予了武术教育不同的文化内涵。比如在西周时期，武术教育就与"礼"的教育相互融合，"古者，天子以射选诸侯、卿、大夫、士。射者，男子之事也，因而饰之以礼乐也……"（《礼记·射义》）。孔子说："君子无所争。必也射乎！揖让而升，下而饮。其争也君子。"这种倡导礼仪与射艺结合的方式就是较早关于武术传习教育性的体现。[①]

春秋战国时期涌现的儒家、道家、兵家等思想与武术文化相互渗透进而交汇融合极大地丰富了武术文化的内涵和教育内容。此后的南北朝时期武术与宗教文化的结合也推动了武术文化的进一步丰富。唐代以后的武举制度更是将传统的文化内容贯穿其中，使中华文化的内容与思维方式贯穿于武术的技艺与文化之中。历史上武术发展的每一个时期都与教育和文化的本身有着密切的关系。教育本身就是文化的一个表象和重要组成部分，它们之间相互依存、相互促进、相互制约。因此教育在一定程度上具有传承文化的属性，同时教育又是文化的组成部分，而文化也需要借助教育的方式进行传递和深化，因此武术教育传承本身也必须是一种武术教育和武术文化的并行体。武术文化最直接的方式是通过武术教育进行传递，通过武术教育可以加深对武术文化的认识和理解。如果没有武术文化，武术教育将停留在简单的体育项目层面，而武术教育的真正目

---

① 高守清."人文奥运"视角下的民族传统体育文化发展走向[J].体育与科学，2009（5）：43-45.

的是对传统文化的传承和发展，而不是仅仅停留在技术层面的传播。武术之所以能在中国几千年的历史发展中表现出惊人的生命力正是由于它动作背后所体现出的文化魅力。习武者在锻炼身体的同时也能领悟到武术文化的价值。

从武术发展的整个历史进程来看，武术文化价值的传承让武术教育传承更加具有魅力和生命力，更加体现出了武术教育中文化传承的时代意义和现实价值。

三、保护武术文化的生态

我国当前的"文化生态"发生了巨大变化——外来文化与中国传统文化相互融合。在外来文化的强烈冲击下，中国传统文化面临着逐渐消失或者即将消失的尴尬境地，部分传统文化被异化。武术作为中国传统文化的一部分，同样面临着现代与传统的冲击，在不同程度上同样被多元异化。

当代中国武术的生存背景极为艰难，尤其是受到日韩的柔道与跆拳道的冲击，以及入奥运会受阻，在这样的情况下，中国武术发展出了现代竞技武术和传统武术。但是，由于现代竞技武术更容易融入西方竞技体育之中，导致当今的传统武术正处于一种进退维谷的境地，而在改造中诞生的适应竞技的武术动作逐渐"体操化"，形成了没有中国传统文化内涵的武术，这样的武术是无法发展的。

传统武术师徒之间"口传心授"的方式和师徒的传承制度是武术传承的文化空间。大多数学者认为使武术进入学校是对我国传统武术传承的一个较好的办法。虽然武术进入学校后从某种程度上取得了一定的成绩，但学校中的武术教育过多强调对武术技术层面的传授，忽略了对武术文化内涵的教育，从而导致我国传统武术没有得到真正的传承。武术文化传承应是全面的、整体的，在传承的过程中不仅要注重传播，更应注重传承。

要保护武术文化的生态环境，可以贯彻非物质文化遗产属性的保护原则，在整个保护过程中对武术文化内涵进行还原与传承，在遵循社会发展规律的基础上，防止武术文化的发展出现整体性分离。这为传统武术的保护和传承提供了新的途径，也是对武术教学中出现的问题的启发与思考。

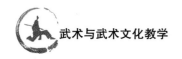

第五节　武术文化教学的实践创新

中国传统武术的发展在一定程度上受到了西方文化的影响，武术的教学不仅是为了掌握运动技能、提高身体素质，更是为了传承中国传统武术文化。因此，如何将武术文化的内涵与精神无形地渗透到武术课程的教学中已经成为武术教学者及研究者研究的热点。

一、武术文化教学的创新分析

（一）教学内容与教学形式的创新

创新教学内容与教学形式是武术在学校顺利开展的有效方法。武术包含的内容繁多，教学内容的合理选取是促使学生接受武术课程的基础。学生是课堂的主体，教师在选择教学内容时，应考虑学生自身的感受，应选取学生喜欢的武术项目作为教学内容，再通过调查等方式了解学生对武术的认知情况以及学生对武术中哪种类型的内容更感兴趣，根据学生的需求制订教学目标，还可以根据武术项目特征开设多门武术课程，通过学生自主选课的方式，让学生参与到武术课堂中，更有利于激发学生的运动兴趣。

在教学形式上，应区别于教师教、学生学、学生以模仿为主的传统教学模式，学校可借助多媒体技术，让学生观看武术类影片、武术文化纪录片或武术技术动作讲解视频等，让学生更加直观地了解武术的特征及风格，加深学生对武术项目的印象。另外，学校还可以组织学生开展外出研学活动，到武术发源地或训练基地参观学习，在强烈的武术文化氛围下，让学生切身地感受我国传统武术文化的内涵与精神，提高学生对武术文化的认知与理解，更有利于武术课程的顺利开展以及学生武术兴趣的提高。

（二）思想理念和教学模式的创新

1. 思想理念的创新

思想引导着人们的行动，思想的活跃是武术课程创新的前提。现代武术课程的教学与开展存在一定的问题，解决问题的关键在于要有创新性的思想，要能顺应当今社会的发展趋势，同时学校武术的教学理念也要与时俱进。

2. 教学模式的创新

武术经过数千年的发展，已经形成了完整的理论体系及技术体系，但在学校中发展缓慢。教学模式的创新在学校武术教学中至关重要，大部分学校更注重武术技能的教学，缺少武术理论的课程，学生并不理解武术的真正含义，只是一味地进行武术技术动作的重复性练习。研究发现，有的学生自己进行武术文化研习，这一现象表明，学生对武术文化理论有一定的需求。因此，在武术课程教学中，应注重武术理论与武术技能的结合，让学生从根本上认识武术。

二、武术文化教学的创新思路

（一）明确武术课程教学目标

教学目标是一节体育课的重要组成部分，整节课的教学都应围绕教学目标进行，制订正确的教学目标是实现一节体育课的价值的前提。高校武术课程大多强调对武术技术动作的教学，注重学生运动技能的掌握以及身体素质的提高，而武术中蕴含的博大精深的中国传统文化则不被作为教学重点，甚至不被纳入武术课程的教学内容中。这种武术教学形式不利于学生从根本上了解武术的内涵，更不能使学生通过武术课程的学习来提升自身的道德思想素质。因此，应转变现代高校武术的教学形式，提高教师对武术文化的认知及重视程度，明确武术课程教学目标，将武术文化纳入武术教学内容中，促进武术文化的发展。

（二）提高武术教师的文化水平

教师是课堂的组织者、知识的传播者，学生的知识以及运动技能都是通过教师获取的，因此教师的业务水平能力直接影响教学质量。教师的语言组织能力、运动技能以及文化知识水平是教师不可或缺的三项基本能力。当今高校武术课程注重武术运动技能的传授，武术教师自身忽视对武术文化知识内容的学习与掌握，这使得学生不能从教师这里获取武术文化的相关知识，阻碍了我国高校武术文化的传授。因此，高校应注重教师武术文化水平的提升，可采取定期考核、组织培训等方式来保障教师的武术文化水平。

（三）提升校园武术文化活动的氛围

良好的武术文化氛围有利于提高学生参与武术运动、了解武术文化的积极性，武术协会的开展是营造高校武术文化氛围的重要形式，但是当前高校武术协会中不只包含传统武术套路，还包括散打、搏击等项目，学生参与热情远不及其他球类协会，学生也不能从武术协会中获取武术文化知识。因此，学校应加大对武术协会的投入及宣传力度，在基础设施及师资力量上予以支持，同时应定期开展武术文化的传播活动、组织武术表演或竞赛等，提升校园武术文化

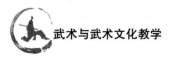

的氛围，为学生创造良好的武术技能练习及武术文化研习的条件，促进我国文化的发展。

三、武术文化教学的创新策略

（一）提高对传统武术文化教学的重视程度

在武术授课过程中，教师应将武术技能的练习与武术动作中蕴含的武术文化一同传授给学生，这样文武结合的教学形式，不仅有利于学生运动技能的掌握，还能够加深学生对民族精神和武术文化的认识，有利于学生爱国主义情感的培养以及武术文化的传承与发展。

（二）挖掘博大精深的武术文化

中国传统武术历史悠久，种类繁多，不同的武术类别具有不同的风格特点，所蕴含的内在文化不尽相同。武术教师应通过各种方式，获取与武术相关的更为全面的资料，在武术课堂中，通过教学的方式将武术项目中蕴含的民族精神与武术文化传授给学生，让学生充分地感受武术的魅力。同时学校可以让学生与教师一起参与到武术文化的挖掘过程中来，在探索中发现，这既能够激发学生对武术探究的积极性，又能够提高学生的实践能力，开阔学生的眼界。

（三）创新教学方法，丰富教学内容

教师可采用新颖的教学方法，借助多媒体等教学辅助道具丰富教学内容，给学生提供富有趣味性的课堂，激发学生学习的积极性，通过专业武术动作展示或表演，让学生更直观地感受不同武术类别的风格特征，有利于学生对武术文化的理解。

（四）将武术文化渗透到武术教材中

教材是理论课程的基础，教材的好坏直接影响到教学质量的高低。但就目前来看，教材编排的不科学、不合理，在一定程度上将导致预期的教学目标难以实现。为了解决上述问题，教育工作者需将武术文化渗透到高校武术教材中，并通过融合一些武术名家的优秀事迹和名言名句来增强教材的趣味性，最终为预期教学目标的实现打下坚实基础。除此之外，在编排武术教材时，教育工作者还需要多请教武学名家，以加强对武术基础理论的理解，并在教材中将自身理解的内容由浅入深地逐级渗透进去，以此来规避学生抗拒心理和抵触情绪的产生，从而为教学目标的实现打下坚实基础。

（五）加强对教育工作者武术文化意识的培养

在高校武术教学过程中，课时安排的不合理也是影响教学质量的重要因素。但就目前来看，要想从根本上有效地提高课程教学质量和教学效率，教育工作者还需对课程教学课时进行合理化安排，从而确保武术文化德育功能的充分发挥。在武术课程教学中，教师需不断地调整文化课的课时比例，只有确保学生充分了解武术文化内涵，后期各项教学活动的开展才能落到实处。另外，教师还需对武术文化课堂实践教学形式和内容不断优化，在提高实操型教学内容比例的基础上，激发学生的主观能动性。除此之外，为从根本上切实保障高校武术德育教学效益的充分发挥，高校还需加强对教育工作者武术文化意识的培养力度，从而为学生武术文化意识的不断增强打下坚实基础。

（六）建立健全科学完善的教学体系和评价体系

课程教学体系的不完善，从某方面而言，不仅导致教育工作者自身的引导作用和组织作用无法充分发挥，学生在课堂教学中的主体作用也将受到一定影响，所以为从根本上规避一系列其他问题的产生，教师需根据多年的教学经验，并综合考虑当下学生的学习能力和认知规律，在不断丰富课程文化教学内容的基础上，使学生增加对武术的了解，让其充分感受中华武术的魅力所在，并为教学体系的合理化构建创造良好条件。在建立完善的评价体系时，为确保体系建立的科学性、合理性和规范性：一方面教育工作者需结合学生对武术文化的理解能力、对理论知识的掌握程度以及自身的学习能力，建立全面而科学的教学考核体系，对学生的课程学习内容进行客观、科学评价，从而为教育教学质量的不断提高奠定良好基础；另一方面学校还需加大对武术文化的考核力度，从而在提高学生对武术文化重视程度的基础上，为科学评价体系的建立打下坚实基础。

（七）加大教师的培训力度，转变教师的教学理念

教师是传授知识的载体，教师教学水平及个人能力的高低对教学质量有一定的影响，因此，要想从根本上有效地改善当前的教学现状，就应加强教师团队建设。在课堂实践教学过程中，学校需做好如下教学工作。其一，聘请专业人士参与到教学中。虽然近年来我国提高了对体育课程教学的重视程度，但由于武术课程属于一门新型课程，师资力量薄弱导致了武术课程的难以开展，因此学校除了要加强对现有教师的培训外，还要聘请专业人士参与到具体教学中，从而在帮助学生了解武术礼仪和规矩的基础上，激发学生的学习兴趣。其二，

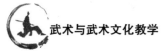

提高教师选择标准。在进行人员选拔时，学校需提高人员选拔的标准，确保聘用人员无论是专业能力还是综合素养都满足学校的教学要求，最终为预期教学目标的实现打下坚实基础。其三，积极转变教育工作者的教学理念。在提高学生运动技术水平、增强学生体质的基础上，教师还需积极转变教学理念，提高对武术文化教学的重视程度，从而在培养学生良好品德的基础上，为武术文化育人功能的充分发挥创造良好条件。

第七章　武术教育改革与未来展望

武术教育在新的时期进行改革是众望所归，也是必由之路，对于武术教育我们已经有了充分的认识，基于此，本章从新时代武术教育理念的内涵重塑、武术教育国际化发展研究两个方面来对武术教育未来的发展方向进行深入讨论。

第一节　新时代武术教育理念的内涵重塑

一、武术教育深化"文化武术"的主体理念

文化主体是新时代武术教育理念的内生动力。新时代是文化共享、经济繁荣发展的时代，是文化在提升综合国力的竞争中占据主导地位的时代。习近平总书记曾指出，一个国家、一个民族的强盛，总是以文化兴盛为支撑的。2017年以来，国家先后出台多份与传统文化有关的政策文件，体育产业、教育改革等工程实施中多次提到"中华武术""太极拳"，中华武术在对外文化传播交流中已经成为最具影响力的文化符号。进入新时代的中华武术在发展模式上可以有自己的多样化，这种发展模式推广的对象不再是"竞技体育"，而更多是"中国武术文化"。新时代中的武术与艺术联系，与教育携手，与生活镶嵌，与健康交织，形成了具有较大开发价值和开发空间的文化形态。

中华武术蕴藏的独一无二的民族文化理念、思维智慧、处事气度等，对学校开展传统文化知识教育、技能教育、社会实践教育和爱国主义教育都能产生很好的效果。

武术教育向以传承传统文化为教学理念、以传统武术为主要教学内容、以重视身体体悟为教学途径、以营造武术大教育环境为条件保障的方向回归，是重塑武术教学中文化教育性的必要途径。学校是普及发展武术教育的重要场所，

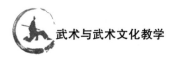

武术教师应秉承"心中有道德、脑中有智慧、体中有力量"的育人思想理念，使青少年真正认识并接纳武术最核心的文化理念。自武术融入教育大家庭中，它的文化个性是教育传承的有效载体。

中华文化经历了几千年的积淀，是在几千年文化熏陶下孕育而生的，武术的传承吸收了沉甸甸的文化精髓。习练传统武术不仅是为了强健体魄、愉悦身心、防身自卫，更是为了传承民族体育文化的精神风貌。武技是身体的文化，与西方体育运动项目有不同之处，更多的是修炼身心，即体悟"。"拳练千遍"强调的是对身体技能的整合，通过反复地练习身体动作，可以更加体悟拳理的微妙、神韵及智慧气息。"太极拳十年不出门"同样阐明了打磨身体与文化内涵的重要性。因此，文化理念的并入是武术整体发展的关键，新时代学校武术教育体系中应始终不渝地树立文化理念，只有这样才能保证学校武术的健康发展。

二、武术教育重视"武术立德"的过程理念

中华优秀传统文化蕴含着丰富的道德理念和规范。深受"德性文化"熏陶的中华武术一直高举"以德服人"的旗帜，"以德服人"用"忠勇仁义礼智信"等文明信条建立和谐关系，其中"德"是指武术人的言谈举止与行为规范，蕴含着谦虚、仁义、团结、尊敬等理念与智慧。武术教育追求的是一种"教化"，"它重在对人、对生命、对自然宇宙的理解和体悟，重在对人的心灵德性、人格身躯的涵养和化通"。武术教育过程是一种主体化、审美化、规范化、系统化的教学活动。在此活动中，武术教育以教学方案、培养目标、教学计划为表现形式，促使人在逆境中不自卑、不气馁，追求更高的人生境界。

教育的最终目的是让学生形成能够受用终身的正确价值观与价值目标，强健体魄、陶冶情操。新的时代，武术教育不再喊打喊杀，而是有了传承民族文化的象征意义。"育人为本"是学校武术教育的终极目标，立德是武术教育的基本要义，也是根本追求，如果说文化教育对德性的培养是精神陶冶，那么武术是通过有形的身体实现立德为本的追求。

优秀的武术教育思想是人们在长期的武术教育活动中总结出来的先进教育观念，在任何时候都有很强的适用性。民间武术经过持续地良好发展，已经成为武术教育思想传播的主要载体之一。特别是师道思想，随着人际交往越来越密切，有了更广泛的传播空间，在人际网络的辐射中，也为师道文化的重塑做出了重要贡献。在国家提出让武术进入学校的政策后，学校的武术教育如雨后

春笋般迅速发展起来，同时也带动了学校师道精神的回归，有利于提升教师的专业素养。

教师与学生之间相互尊重的良好师生关系的形成，是学生与教师共同努力的结果。教师通过高尚的职业素质和道德修养可以为学生建立起尊师的意识，这与中国古代教育中所提倡的尊师重道的思想不谋而合。但如今，在一些学校中，学生缺乏对教师应有的尊重，教师也很难获得学生的认可。因此，当学校中有一批知识渊博、德高望重的教师时，可以更容易地教育学生养成尊师重道的习惯，从而使学生形成良好的行为原则。

三、武术教育塑建"育人武术"的效果理念

武术教育是一种有目的、有计划的系统教育活动，当前的武术教育改革必须在符合教育属性的范畴下，回归教育本真，强化学校武术教育的育人功能，达到弘扬民族精神的目的。新时代武术文化的传承与发展必须与教育牵手。走进校园、融入学生生活，是武术教育的最佳选择。塑建武术教育的育人理念必须强势进行。传统的习武育人功能自古一直备受重视。如今学校《体育与健康课程标准》规定，提高核心素养，培养学生终身发展的社会适应能力，是落实立德树人的一项根本举措。武术教育更应该取其精华，去其糟粕，赋予武术新的时代育人内容，古为今用，落实新时代立德树人的根本任务，对学生起到极其深刻的导向作用。

武术内在的精气神是其源远流长的基础保障，是优秀传统文化的集中体现。新时代我们要树立育人为本的武术教育理念，这也是学校体育发展的第一目标。武术教育不仅能强健体魄，还能强健心智，提高民族文化的自尊心、自信心，激发青少年的爱国热情，最终形成民族自豪感和个人责任感。

四、武术教育树立"健康武术"的目标理念

健康的身体是一切行为和良好生活的源泉，健康生活是一个时代的记忆特征，习近平总书记在十九大报告中强调"人民健康是民族昌盛和国家富强的重要标志"，这是国家首次将人民健康提升到国家战略的高度。武术教育中要着重强调实用性和教育性的协调统一，以此突出学校武术"以人为本、健康第一"的教育理念。[①]健康武术是一种精神，中华武术的博大就源于人类对健康体魄的追求，以及老少咸宜的适应性。

---

① 温搏.中国武术教育模式现状及其反思 [J].北京体育大学学报，2011，34（9）：24-27.

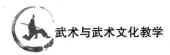

《国家中长期教育改革和发展规划纲要（2010—2020年）》明确指出，未来我国青少年体育与健康课程改革发展仍将坚持"健康第一"的指导思想，发挥体育课的健身育人功能，重点培养学生顽强拼搏、勇于进取、挑战自我的精神和品格。学校是孩子生活的重要家园，武术教育对青少年的健康成长有重要作用，要切实掌握青少年的生理指标、健康元素等，科学、系统地制定与健康成长相适应的教学内容，以强健体魄为目的。

素质教育时代下立德树人是根本，武术教育应更多地融入健全人格理念。"健康武术"的育人功能是让更多的学生享有自然武术，内外兼修，以求内壮外强，促进身心全面发展。健全的人格一定要积极心理大于消极心理，懂得控制自己。学校还应把武德教育贯穿于武术教育的整个过程，以传承民族文化、发扬中国精神、强大中华少年。

五、武术教育引领"人文价值"的回归理念

"人文价值"以人性为本，核心在于人，即尊重人性为本的价值理念。"人文价值"反映了人的形态、意识、思想、情感的文化水平和道德修养。"人文价值"着重探讨人的存在、价值、意义，以实现人的全面自由发展。随着文艺复兴和思想启蒙运动浪潮的席卷，人的价值受到了充分肯定，各种思想文化开始更多地关注人文主义，而之后进行的科技革命促进了技术的进步，自由与平等的世界观开始形成并向世界传播。在时代的发展中，人的非理性因素，如情感、信念、欲望、意识等的地位逐渐下降，取而代之的是理性因素开始占据重要地位。技术的进步使世界进入工业化时代，人在大生产时代下沦为工具。在这种背景下，我国武术教育暴露的问题不仅在于武技操作等方面，更重要的是缺乏对人文的关怀。要通过武术的训练起到"以武育人""以武立人"的作用，这正是武术的人文价值。因此，当下武术教育中最重要的任务就是引领人文价值的回归。

在当下的武术教育实践中，我们似乎走进了一条死胡同，面临着过于强调武术的功能和价值，却忽视了对学生的关怀，忽视了学生喜欢学什么样的武术，我们又应该提供怎么样的武术教育等一系列问题。而对于过分强调的武术价值和功能应该怎么样具体落实到实践中去，也是一筹莫展。其实，我们应该转变教育思维，武术教育不单单是教授武艺，它还属于整个教育系统下的一个子系统，所以，武术教育的目标也要与整个教育系统的目标相吻合，即通过武术的学习，最终实现人的自由全面发展。这就要求我们不能只局限在武术教育的框

架下，而要通过武术这一优秀的中国传统文化培育更加完美的人，时刻保持对学生的人文关怀。只有如此，学生才能得到真正的成长和发展，武术教育也会愈发完善。

要明确武术教育的目的，许多研究者将当今武术教育失败落后的局面主要归咎于教学方法的落后、武术师资力量的薄弱、学生对武术兴趣的持续下降等。然而这些都只是武术教育黯淡局面的表层原因。要想将武术教育拉回正轨，我们必须透过现象看本质，最重要的就是思考清楚我们开展武术教育的目的，并进行深入的分析。无论是武术教育还是文化教育，"育人"是我们要达到的最终目的，也是我们开展教育的本质和初心，这为我们的教育实践活动指明了前进的方向。而当下的武术教育逐渐偏离了这个方向，我们更多地只关注武术本身的发展道路，不知不觉中逐渐沦为武术发展中的工具人，并迷恋武术的表面形式而逐渐丧失了对其深层的理解和科学的认识，更不必说对武术教育本质的探讨了。

武术教育必须重回教育的初心，重视人文价值，尊重人的主体意识，实现武术与人的共同发展。同时，武术教育作为教育活动的一种，要积极向其他教育活动学习，吸收它们优秀的教育理念，并与武术教育自身的优势结合，建立起独一无二的能够彰显中国传统文化特征的武术思想教育体系。在当前西方文化、西方思想教育体系占主流的背景下，武术教育难以体现自身的文化特征，这对武术教育的发展是极为不利的。只有拥有了自身的文化自信，武术的人文价值才能得到传承和发展。

六、武术教育强化"民族文化"的认同理念

在这里强调深化民族文化认同，意味着所属成员精神异化的消解、群体归属意识的增强以及民族关系理性的提升，因而具有普遍的历史进步意义。在经济全球化发展中，东西方文化产生了不可避免的冲突与融合。在激烈的碰撞中，各种西方文化铺天盖地地涌入中国，面对各式各样的前所未见的新式文化，中国的一些年轻人逐渐对本土文化感到迷茫和矛盾。加强民族文化教育，找到自身的民族文化归属感是十分重要的任务。

民族文化是民族精神诞生的摇篮，民族文化象征着中华民族的民族精神，对民族文化的归属感和认同感就是坚定地相信并学习民族文化的独特优势，继承和发扬优秀的民族文化。武术作为民族文化的精髓，既吸收了中国传统文化中的优秀基因，又具有自身的独特文化脉络，与中国传统文化是同宗同源的关

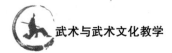

系，是中国传统文化的一种外在表现。从诞生以来，武术就被当作一种教育手段。在古代，武术是中国贵族学习的"六艺"中的一种，如今更成为学校体育教育的重要内容。武术教育在一定程度上蕴含了民族文化的精髓，是民族精神的重要体现。新时代中华民族伟大复兴的历史伟业迫切需要民族精神的培养，因此，武术教育在其中扮演着越来越重要的角色。

武术教育思想承载着中华民族共同的文化价值观，因此是实现价值认同的思想精髓，因为民族文化的价值表达源于相应的物质基础和思想源流。价值认同主要是一个国家的民族成员对相应价值观的认可、赞赏以及共享，由于长期浸染于共同的文化表征及社会特征下，那些被认可的价值标准总是符合本民族发展的。

七、武术教育重塑"尚武精神"的品质理念

尚武精神至今也没有明确的定义，尚武精神指涉较广，它是中华民族长期以来积淀的优秀精神品质，是一种崇尚忠诚、正义、勇敢的优秀精神品质。尚武精神展现出了一种愿保家卫国、舍己为人的民族气节，这种民族气节就是当今社会迫切呼吁的民族精神。

近几十年来，中国迎来了飞速发展，经济迅速腾飞，人们的生活水平得到了明显的改善。但同时，随着生活节奏的加快，不规律的生活习惯带来了一系列问题，如青少年近视、肥胖人数所占比例连年上升等。在这种大背景下，呼唤武术教育的回归势在必行。如今，大部分学校开展了武术教育，教授武术文化，中国传统文化也得以传承和发展。武术教育思想是武术先贤思想智慧的精华部分，是优秀的传统文化。中国武术教育思想的发展打破了西方体育教育思想的枷锁，并在发展实践中逐渐领悟出了符合自身特点的发展道路，吸引了大批真正热爱武术、热爱武术精神、热爱传统文化的学生。同时习武人数的发展壮大，也更好地促进了武术教育的进一步发展。

第二节　武术教育国际化发展研究

国际化的浪潮从经济领域发展到各个领域，文化教育事业也从国内走向国际，一种关于文化的发展是趋向同质化还是趋向更加多元化的争论开始出现。民族文化认同的危机是武术教育的挑战还是机遇？这是目前要思考的问题。在建设体育强国的背景下，我们对于武术教育的发展要有科学的态度和长远的目光。

一、武术教育国际化发展的机遇

长期以来，人们对中国传统武术文化的关注始终局限于表面，没有认真公正地审视其深层次的内涵所在。中国传统武术文化要想持续保持其生命力，获得更广阔的发展，就离不开武术教育。如今，在全球经济一体化的背景下，文化的联系也日益密切，这就为我国武术文化向世界传播提供了有利契机，也为我国武术文化同世界其他优秀文化的交流、互鉴、学习搭建了平台。历史已经证明，一个民族的文化不能故步自封，必须走出国门、走向世界，在发展中不断创新、不断融合，只有这样才能反过来促进自身的更好发展，才能拥有顽强的生命力，源远流长。

（一）传统武术与竞技武术的发展格局

中国武术现已发展形成竞技武术和传统武术两大格局，目前，中国竞技武术国际化进程明显快于传统武术，这与中国大力推广竞技武术有很大关系。竞技武术已经具备一套比较完善的技术体系和竞赛体系，而传统武术明显滞后，没有一套规范的技术体系和竞赛体系。中国传统武术派系林立、分类混杂，始终没有形成一个统一的整体。因此，要想全部走向世界困难重重。我们必须重新审视传统武术，对其认真甄别，找出适合向全世界推广的武术派别。竞技武术育和传统武术作为中国武术发展的两大格局，必须一视同仁。传统武术象征着中华民族的民族精神，蕴含了丰富的民族内涵，是向世界展示中华文明的一张名片，当务之急是要推动传统武术向世界发展。

（二）国际化的学校教育道路

孔子学院是国际上传播中国传统文化的重要途径。2004 年，世界上第一所孔子学院在韩国首尔建立，截至 2018 年 12 月，中国已经在世界上 154 个国家建立了 548 所孔子学院。孔子学院在推广汉语言与中国传统文化中做出了巨大的贡献，已成为中国传统文化在国际上的重要象征。如今，武术教育要想尽快融入世界，应该以孔子学院为切入点，借助遍布世界各地的孔子学院将中华武术向世界传播，做好"树立武术教育国际化的教育观念""建构武术教育国际化的远景目标"和"围绕武术教育国际化的远景目标，建设武术教育的课程体系，编写武术教学教材"三方面的工作。

近些年来，我国走上了引进外资、合作办学的新的教育发展道路。各种由中外合资或外国独资建立的学校在全国各地发展起来，比如上海纽约大学、深圳北理莫斯科大学、西交利物浦大学等。这些都为武术教育的国际化发展提供

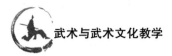

了有利契机，也为武术教育的发展开辟了一条崭新的道路，既可以向外通过孔子学校传播到世界，也可以在国内利用外资进行办学。

（三）武术教育的民族化发展

在经济全球化的背景下，世界上各个国家、各个民族的文化相互交流、融合、借鉴，一方面，中国传统文化得以向世界传播，但同时，其他国家的文化也会对我国传统文化造成一定的冲击。外来武术文化的渗透，不仅仅是简单的文化交流，还有可能演变成对我国武术文化的入侵，长此以往，我国传统文化会逐渐消失甚至被人遗忘。因此，在经济全球化的背景下，我们要立足于中国传统文化，继承和发扬中华武术文化，并在此基础上积极吸收融合优秀的外来武术文化，兼容并蓄、求同存异。

二、武术教育国际化发展的挑战

（一）对武术的功能定位分析

就像对传统武术与竞技武术发展格局的认知一样，我们对武术功能的定位也要有深刻的认知。技击性是武术的本质属性，冷兵器时代，武术在军事战争中扮演着重要的作用，因此，技击性在武术中始终处于主体地位。新式火器的出现标志着冷兵器时代的结束，伴随着武术在战争中的作用持续弱化，武术的技击性也开始减弱，武术想要继续发展就要转变发展思路，另辟蹊径。如今，社会安定，经济迅速发展，人们在基本生活水平得到保障的前提下，开始追求生活质量的提高。健身成为时下许多人的业余生活方式，武术的健身功能便被凸显出来。与此同时，在各国各民族文化相互碰撞、交流、融合的情况下，武术作为中国优秀传统文化的代表，应承担起将我国的优秀传统文化推向世界的重任。因此，随着时代的发展和进步，武术的功能也在不断发生着变化，只有顺应时代潮流，赋予武术新的内涵与形式，武术才能持续健康地发展下去。

（二）对武术教育媒介的分析

如今，我国武术教育正面临着尴尬的境地。首先，我国传统武术博大精深，涉及了哲学、宗教、文化等一系列错综复杂的内容，因此，找到合适的切入点进行系统的学习是比较困难的，其次，我国中小学、大学虽然普遍开设了武术教育课程，也制定了一系列教育制度，但总的来说，各个地区、各个学校的教学课程、程序五花八门，没有形成统一的教育规范与标准，而且在考核方面，即使建立了段位制，教学评价也始终落实不到位。相比之下，韩国跆拳道、日本的空手道具有很大优势。其内容简单易学，并在制度、服饰方面，都有统一的规定。在经济全球化的背景下，世界各国逐渐变成一个整体，信息化科学技术的发展为我国武术文化的传播指明了新的道路，成为武术文化走向世界的新媒介。因此，利用新兴信息化技术发展武术文化已成为大势所趋。同时，我们也要学习外来武术的教学经验，改革现有的武术教学模式，引进新的教育理念，从而提高我国武术教育在世界上的竞争力。

（三）对武术教育者的分析

当下的武术教育中，武术教育者面临三方面的挑战：①武术教育者需要更高的职业素质，需要有专业的学术研究能力、创新能力等；②在经济全球化时代背景以及新兴技术飞速发展的情况下，武术教育者必须能够熟练掌握信息化教学的方法，并不断提高自身教学水平；③在中国古代，师生关系是一种上下级关系，正如"一日为师终身为父"的说法，而现在，师生变成了平等关系，是相互尊重、相互理解的新型师生关系，这就需要武术教育者转变思想，接受角色变化的现实。

三、武术教育国际化发展的分析

（一）树立国际化的教育观念及目标

中国武术文化要想在经济全球化浪潮下更好地发展，就要积极融入时代发展的潮流中。我们应该充分了解世界各国各民族人民的文化观念和可接受的文化习俗，从而有针对性地向各个地方传播武术教育，派遣优秀的武术教育专家、教练等到国外教授武术课程，亲自参与武术传播，推广武术文化。我们还可以在一定条件下开设武术专业，招收外国留学生到中国学习武术，再将他们作为武术传播的桥梁推广到世界。

在此基础上，我们还可以将武术作为中国传统文化向世界传播的助推器，在将武术推向世界的同时，也让优秀的中国传统文化广泛地向世界传播，使中国武术成为中国形象的又一个象征，在世界范围内得到推广和普及。

（二）保持我国武术教育的民族性

全球化不仅促进了世界经济的发展，也使世界范围内的各种文化互相交流、碰撞、融合，在此过程中，西方主导的文化始终占据主体地位。西方国家凭借政治、经济、科技等方面积累的强大力量，将西方文化主流价值观传播到了世界各地，得到了世界各国人民的认可。这种文化输出打破了原本的以精英文化

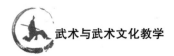

主导的世界文化格局。大众文化迅速崛起，以其新颖的内容在世界迅速传播。同时，我国民族文化也受到了西方大众文化的影响。例如，我国民族文化中引入了新的文化形式，这为中国传统文化的发展提供了足够的竞争力，有利于中国传统文化向着良性方面不断融合新形式、不断发展，但同时也要注意到，西方大众文化越来越受人们的认可，反而中国传统文化的关注度正在逐渐降低。因此，武术教育中我们必须重视民族化，既要吸收外来武术文化中的先进内容，取其精华去其糟粕，同时也要立足于中国传统文化，切不可"捡了芝麻丢了西瓜"。

（三）注重我国武术教学的改革和课程建设

为了进一步弘扬中华武术精神，提升我国的武术教学质量，各级院校、各个机构都开展了不同规模的武术教学改革。武术教学改革，必须以中国传统文化的民族性为基础，不断吸收外来先进的教育思想和制度、理念等。在中国古代，武术传承一般都靠师徒间的一脉相承，采用言传身教的教学方式。但如今，这种方式已难以适应现代社会的需求，武术教育也必须紧跟时代，利用新兴科学技术进行教学。

武术文化作为源远流长的中国传统文化，既有精华也有糟粕，我们必须以客观的眼光看待它，要取其精华，去其糟粕。这就要求我们在编写相关武术教材的时候，应结合当前社会发展需要，并融入新的文化思想，在当前国家课程、地方课程与学校课程三级课程共同管理的模式之下，编制出适合我国武术教育的教材，以此来规范并强化我国传统武术教育。

参考文献

［1］蔡龙云. 武术运动基本训练［M］. 上海：上海教育出版社，1979.

［2］杜晓红. 学校武术论：基于课程理论的学校武术教育教学研究［M］. 北京：北京体育大学出版社，2017.

［3］郭玉成. 中国武术传播论［M］. 上海：复旦大学出版社，2008.

［4］华博. 中国世界武术文化［M］. 北京：时事出版社，2007.

［5］江百龙. 武术运动丛论［M］. 武汉：湖北科学技术出版社，2009.

［6］旷文楠. 中国武术文化概论［M］. 成都：四川教育出版社，1990.

［7］黎华. 武术与艺术［M］. 昆明：云南大学出版社，2009.

［8］李德祥. 中华武术［M］. 上海：上海交通大学出版社，2006.

［9］林小美. 大学武术［M］. 杭州：浙江大学出版社，2008.

［10］刘俊骧. 武术文化与修身［M］. 北京：中央编译出版社，2008.

［11］鲁家政. 大学武术与健身［M］. 北京：科学出版社，2010.

［12］马小龙. 基础武术实用教程［M］. 北京：化学工业出版社，2010.

［13］乔凤杰. 武术哲学［M］. 北京：社会科学文献出版社，2007.

［14］邱丕相. 武术文化传承与教育研究［M］. 北京：高等教育出版社，2011.

［15］邱丕相. 中国武术史［M］. 北京：高等教育出版社，2008.

［16］唐波. 武术［M］. 北京：北京师范大学出版社，2008.

［17］王伟，孙嫄，薛阳. 武术教学的现代发展之路探究［M］. 北京：中国原子能出版社，2012.

［18］温力. 中国武术概论［M］. 北京：人民体育出版社，2005.

［19］席建平，马宏霞. 武术［M］. 2版. 北京：化学工业出版社，2016.

283

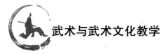

［20］叶伟，崔建功，曹云清．散打运动入门［M］．北京：人民体育出版社，2009.

［21］余清水．中国武术史概要［M］．武汉：湖北科学技术出版社，2006.

［22］虞定海，牛爱军．中国武术传承研究［M］．北京：人民体育出版社，2010.

［23］赵光圣．武术格斗基础教程［M］．北京：高等教育出版社，2010.

［24］支川．中华武术文化概论［M］．北京：清华大学出版社，2016.

［25］左文泉，肖作洪，杨庆辞．武术［M］．北京：北京师范大学出版社，2011.

［26］刘雪朋．我国学校武术教育理念的历史溯源、表现特征与内核变迁［D］．长春：吉林体育学院，2019.

［27］朱丞．中国武术当代使命研究［D］．济南：山东师范大学，2018.

［28］王晓晨．学校武术教育百年变迁研究（1915—2015）［D］．上海：上海体育学院，2017.

［29］关博．论武术教育的文化性［D］．长春：东北师范大学，2017.

［30］王凯．非遗视阈下传统武术发展的案例研究［D］．北京：首都体育学院，2018.

［31］宿继光．学校武术教育的当代困境与出路［D］．太原：山西大学，2016.